MÉMOIRES

SECRETS ET INÉDITS

SUR LES COURS DE FRANCE

AUX

XVe, XVIe, XVIIe ET XVIIIe SIÈCLES.

IMPRIMERIE DE LACHEVARDIERE,
RUE DU COLOMBIER, N. 30, A PARIS.

MÉMOIRES

DE

GABRIELLE D'ESTRÉES.

TOME TROISIÈME.

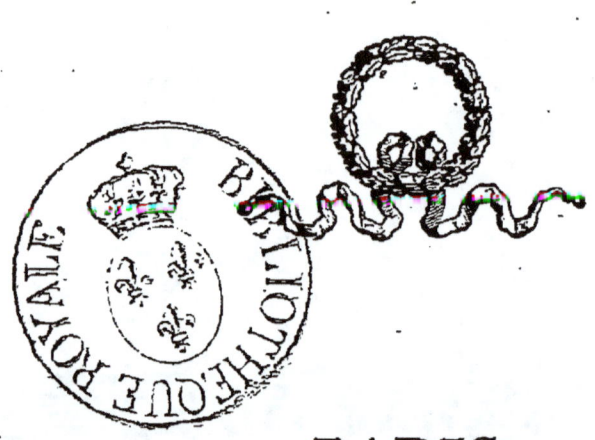

PARIS,

Mame et Delaunay-Vallée, Libraires,

RUE GUÉNÉGAUD, Nº 25.

1829.

MÉMOIRES
DE
GABRIELLE D'ESTRÉES.

CHAPITRE PREMIER.

M. de Bellegarde gouverneur de Quillebœuf. — La couronne. — Obstination du mari. — L'autorité royale. — La femme sans dot et la dot sans femme. — Madame Gabrielle. — Conférences de Gisors. — Villeroi, Jeannin et Zamet, envoyés de Mayenne. — Intrigues du cabinet espagnol. — Embarras de Henri IV. — Plaintes de MM. de Nevers et de Rosny. — Siége d'Épernay. — Exploits amoureux de M. de Cheverny. — Un baiser au plus vaillant. — Belle défense de Quillebœuf par Bellegarde. — Fâcheux pronostic. — Le maréchal de Biron entre deux vins. — Un seul homme pour prendre une ville. — Curiosité. — La tête qui branle. — A la grâce de Dieu ! — Le fils et le père. — Le coup de fauconneau. — Mort du maréchal. — Le coup de hache. — Prise d'Épernay. — Mort de madame Babou d'Estrées. — La mendiante. — Orgueil blessé. — Les aumônes. — Chute d'un portrait. — La bonne sœur. — Récit de Françoise d'Estrées. — Haine publique. — Deux conspirateurs. — Singulière mode. — L'émeute. — Siége du château d'Issoire. — La garde-robe. — Les corps morts et les rubans. — Fuite. — Messes des morts. — Le roi rassemble son armée. — Succès des royalistes en province. — Le duc de Joyeuse et le tyran Maxence. — Une dépêche du Maheutre. — Conjectures. — Mort du duc de Parme. — Oraison funèbre. — Le mort capucin. — M. de Bouchage défroqué. — Pauvre Maheutre!

« Sire, dis-je à Henri seule à seul, qu'avez-vous fait de M. de Bellegarde ?

» — Vive Dieu ! ma fille, penses-tu jà à le

revoir? Moi, le roi, dont il est premier gentilhomme de la chambre et grand-écuyer, je m'accommode volontiers de son absence.

» — Je vous en rends mes actions de grâces; car M. de Bellegarde me plaît davantage de loin que de près; d'autant qu'il fut cause d'un différend entre vous et moi.

» — A ce prix je lui garde rancune; mais pour l'éconduire honnêtement, je lui donnai le gouvernement de Quillebœuf, qu'il fait remparer et défendra contre les ligués de Rouen.

» — Mademoiselle de Guise doit être bien en peine de son chevalier, et elle enverra quelque armée pour le prendre dedans Quillebœuf.

» — Oh! non pas, la belle; la place n'est guère forte; mais Bellegarde a plus de bravoure que personne au monde.

» — Après vous, sire. »

Le roi me déclara sur sa parole royale que je ne serais onc femme de M. de Liancourt ni d'aucun autre; car il me voulait épouser en cas que je lui fisse des enfants.

«Quant à Margot, dit-il, en payant ses dettes et ouvrant l'arène à ses galants, je la rendrai bien contente, et le pape plutôt qu'elle dira non à notre divorce.

» — Par mon saint patron! on quitte, ce me semble, un mari; mais non jamais une couronne aussi riche qu'est celle de France.

» — Oui dà, mon cœur; est-ce donc la couronne qui plus vous agréerait en nos épousailles?

» — Vous savez bien que répondre à ma place, Henri, et je vous aime tant que ladite couronne à moi appartenante me duirait mieux en partage avec vous.

» — Hélas! ma mie, il me tarde de changer en pur or ma couronne, qui est de fer, sans compter les pointes de souci qui la hérissent. Le grand profit d'être roi sans finances!

» — Sire, Zamet m'a écrit qu'il avait cent mille écus en coffre à votre convenance.

» — Ventresaintgris! que si je deviens roi régnant au Louvre, j'aurai de belles dettes en argent et surtout en reconnaissance à payer à ce digne ligueur plus royaliste que mes gentilshommes. »

Sa Majesté ayant décidé à mon égard que dorénavant, soit en paix, soit en guerre, je ne le délaisserais que le moins possible, M. de Liancourt fut mandé en conférence à trois. Monsieur mon mari, bien certain qu'il ne le serait que de nom, pour tout bien se promit à l'avance de profiter des avantages à tirer de la faveur royale; d'autre part Henri se souciait peu du prix que l'époux mettrait à ma possession. Quant à moi j'aurais donné gros pour être démariée séance tenante :

« Monsieur, commença le roi en riant, êtes-vous bien affermi en ce dessein de me ravir ma dame et amie?

» — Et vous, sire, repartit M. de Liancourt, à l'encontre de toute justice divine et humaine, m'ôterez-vous madame ma femme, comme le berger Pâris fit madame Hélène, épouse du roi Ménélas?

» — Ventresaintgris! mon maître, n'est-ce

point vous qui le premier avez séduit celle-là que j'aime plus que mon royaume et deux autres avec.

» — Sire, je suis bien laid, je le confesse à la honte de mes père et mère; mais je suis gentilhomme, et partant incapable d'un mauvais fait.

» — Donc, puisque je réclame un trésor que je ne cèderai qu'au plus fort, vous ne serez assez osé ni malavisé pour me le retenir?

» — Sire, de vrai, je suis des plus laids qui soient au monde, mais par-devant la sainte église catholique je suis époux de madame Gabrielle.

» — Nenni, sur ta tête! l'ami; car le mariage ne fut point consommé; ce dont je me réjouis pour toi.

» — Sire, madame ici présente est témoin que de force je me suis abstenu, et que son plein vouloir est seul coupable de ce qui s'est passé.

» — J'entends bien, monsieur de Liancourt, que rien ne s'est passé entre vous;

si ce n'est une messe conjugale, et la preuve est que d'hier madame fit une fausse couche.

» — Je m'en lave les mains, le passé vous regarde; à mon tour désormais.

» — Vive Dieu! monsieur, c'est trop batailler sur ce point, et comme maître et protecteur de mes sujets, j'empêcherai que madame soit à votre merci, d'autant qu'elle vous hait de toute sa puissance.

» — Certes, dis-je avec des pleureries, je ne vous aimais aucunement d'abord, et voici que vos méchants procédés vous font haïr par-dessus tout.

» — Toutefois, madame, dit-il, je ne vous épousai qu'à bon escient et selon votre bon plaisir.

» — Eh! monsieur, fis-je, êtes-vous assez aveugle de votre petit mérite pour ne voir pas que par dépit je prenais un mari, et le plus laid, pour mes péchés?

» — Madame, reprit-il, donc vous pensez que ni tôt ni tard vous ne parviendrez à m'aimer, quoique, pour être laid, je sois de bon accommodement ?

» — Monsieur, le monde durât-il l'éternité, et notre mariage autant que le monde, je vous atteste et proteste que ma grosse haine croîtrait jusqu'à la fin des siècles.

» — Je me tiens pour averti, madame, et voudrais déjà être divorcé.

» — Bien parlé, monsieur mon maître, s'écria le roi, et l'ingratitude ne sera pas mon fait.

» — Sire, je suis bien laid, repartit M. de Liancourt, mais je m'immole en holocauste et renonce au plus grand bien en l'amour de madame, que je n'ai pas même baisée au visage.

» — Par gratitude, fis-je, il vous est loisible de me baiser en signe d'adieu.

» — Je suis bien laid, dit M. de Liancourt usant de son droit; mais en ce baiser conjugal il y a de quoi renouveler maint regret par souvenir du reste.

» — Or çà, compère, reprit le roi, par pro

vision je vous concède tout le pays qui est environnant Liancourt?

» — Sire, je ne doute pas que ma femme ne soit heureuse en votre amitié.

» — Vive Dieu! si vous consentez à un échange, monsieur d'Amerval, je vous donne en plus madame Marguerite de France, la reine des catins.

» — Sire, je suis si laid que je craindrais d'avoir de petits monstres pour progéniture.

» — Mon cher d'Amerval, pour vous embellir, je prétends que vous soyez le plus riche gentilhomme de Picardie.

» — Ainsi vous aurez la femme sans la dot, et moi la dot sans la femme?

» — Sire, dis-je à propos, en temps que vous faites le généreux envers M. de Liancourt, il ne vous coûtera guère de lui rendre la part de son nom que le mariage m'a octroyé.

» — Oui, sire, ajouta monsieur mon mari, je serais bien aise que madame notre épouse s'abstînt de prendre ledit nom jusqu'à l'entier divorce?

» — Ventresaintgris! monsieur, s'exclama le roi, j'en sais de meilleure lignée qui se glorifieraient d'être si bien en cour par le moyen de leurs femmes.

» — Pour ce qui est de moi, sire, poursuivis-je, loin que je me glorifie d'être madame de Liancourt, j'en désire effacer les traces.

» — Soit donc, ma chère âme, s'il vous plaît ainsi; demeurez comme devant madame Gabrielle : ce sera de bon augure pour nos amours. »

En effet, depuis lors le roi fit savoir à tous que je devais être appelée madame Gabrielle comme avant mon mariage; plusieurs nonobstant persévérèrent à me traiter de madame de Liancourt, et je les excusai plutôt que leur vouloir du mal. Les uns toutefois le firent pour me chagriner.

De Chauny le roi alla loger à Gisors, où le joignirent des députés secrètement envoyés par M. du Maine (1), aux fins de dresser un

(1) C'est ainsi que l'on désignait souvent M. de Mayenne; mais nous avons préféré ce dernier nom comme étant plus connu et moins

bon traité de paix à l'insu de l'Espagnol. M. de Villeroi, le président Jeannin et Zamet, tous les trois royalistes au fond du cœur et amis de Mayenne, poussèrent ardemment à la conclusion de cette entreprise. Zamet principalement, que le roi en cette circonstance estima un de ses plus loyaux serviteurs, s'épuisa en prodigieux efforts pour la cessation des guerres civiles et des troubles de France. MM. Jeannin et Villeroi, maîtres en l'art des négociations et fort las de la tyrannie espagnole, ne demandaient pas mieux que de reconnaître le roi, pourvu qu'il se rendît catholique; mais d'un autre côté M. de Mayenne, en qui la Ligue était incarnée, quoique, pour vrai, nécessiteux de la paix, voulait que la sainte Union conservât ses chefs, ses villes et son empire au-dedans de

---

sujet à induire en erreur. Nous ne ferons que signaler plusieurs changements de ce genre qui sont notre fait: tels que *M. d'Estrées*, que nous avons mis au lieu de *M. de Cœuvres* ou *de Valicu*. En plusieurs endroits, M. le grand-écuyer Bellegarde était, selon l'usage du temps, nommé *M. le Grand*. Nous avons fait disparaître ces diverses qualifications d'une même personne ; la clarté du texte y gagnera.

(*Note de l'Éditeur.*)

l'État; chose de soi impossible. Néanmoins on en aurait eu meilleur marché si par trahison les ligueurs espagnolisés n'eussent pris ombrage de ces conférences, et si Mayenne, lequel ne se sentait pas assez fort pour rompre avec l'Espagne, n'avait fait cesser lesdits pourparlers pour les reprendre ensuite. Le roi Philippe, à qui cette conduite donnait à penser, imagina de se faire déclarer roi de France par les états-généraux assemblés; mais il n'en vint pas à son but, et, comme je dirai, sa méchanceté fut toute camuse d'échouer au port. « Vive Dieu! s'écriait Henri en réponse aux plus vilaines nouvelles, j'ai appris à ne désespérer de rien tant que Mayenne et l'Espagne seront divisés et s'embrasseront prêts à se mordre. »

Les Espagnols, plus fourbes que renards, essayèrent de payer Mayenne en pareille monnaie, et dépêchèrent au roi des négociateurs qui lui offraient aide et secours moyennant la cession de deux provinces de son royaume. Sa Majesté jeta ces propositions par-dessus les moulins, et fit bien. Parmi son armée à cette occasion des levains de discorde furent semés et fermentés ; on chuchota bas à l'oreille d'abord, puis on parla haut ; et tandis que les Suisses, Anglais et Hollandais se dépitaient de n'être point soldés, les gentilshommes catholiques se plaignaient d'être leurrés trop long-temps, et menaçaient de se liguer en cas que le roi, suivant ses promesses, ne se fît instruire ; MM. les huguenots, et notoirement les gens de consistoire, maugréaient contre le roi, qu'ils prévoyaient devoir abjurer. M. de Lanoue, fils du Bras-de-Fer, bon protestant d'ailleurs, dit à Sa Majesté que pour entrer à Paris il faudrait passer par la messe. M. le maréchal de Biron, avant que de se rendre en Champagne au siége d'Épernay, excitait les esprits mécontents, si bien que le baron son fils, indigné de ces malveillances, dit hautement que le roi était bon et indulgent de ne point faire trancher la tête à son père. Enfin ce grand roi, moitié par argent, moitié par promesses desquelles il n'était guère économe, apaisa maint tumulte de ce genre : « Ah ! ma mie, disait-il, je souhaite que ces gens me retirent leurs services plutôt que de m'en faire reproche! » M. de Nevers et M. de Rosny, l'un catholique, l'autre huguenot, quêtaient toujours des grâces, et le moindre refus leur faisait mal au cœur : « Diantre ! disait M. de Nevers, les rois Charles neuvième et Henri troisième, que j'ai moins servis, m'étaient plus gracieux, et je leur eusse demandé une manche de leur pourpoint, qu'ils me l'auraient donnée de grand cœur. »

« Par la barbe de monseigneur mon père ! disait M. de Rosny, vous avez la mémoire courte, sire : pour être employés à votre cause, mes bois ont été coupés, mes fermes vendues ; et j'ai dessus le corps plus de vingt-quatre blessures reçues sous vos drapeaux. Le bon Dieu me rémunérera du tout après qu'un coup de canon aura délivré Votre Majesté d'un importun tel que je suis. »

Depuis ses noces en second avec madame de Châteaupers, il devint plus âpre encore à la curée, d'autant qu'il avait deux ambitions à repaître.

Le roi me conduisit au siége d'Épernay, que le maréchal de Biron menait raidement. Madame de Sourdis eut permission de m'accompagner, comme de ma maison, et M. de Cheverny, qui se modelait dessus l'exemple du roi, poussait de gros hélas pour un peu que sa maîtresse s'absentât.

« Monsieur Huraut, ce disait le roi, vous êtes jeune encore d'appétit, et votre amie, je gage, ne s'aperçoit point que vous avez barbe grise.

» — Sire, repartait madame de Sourdis, M. votre chancelier a des retours de jeunesse, et tous les mois environ je jurerais qu'il n'a que vingt ans sans plus.

» — Par mon chef! sire, reprenait M. de Cheverny, je souhaite qu'à mon âge vous en fassiez autant, pour votre honneur; car en l'année 1544, qui fut seulement ma seizième, le feu roi François Ier, ébahi de me voir hanter les dames et les demoiselles, s'enquit de mes grands coups, et dit à madame Marguerite, sa sœur : « Le petit Cheverny n'est pas fils de son père, qu'il joue au preux chevalier avec les plus fines gouges de ma cour. »

» — Vraiment, dis-je, prenez-y garde, madame ma tante, mal de ventre vient sans qu'on y pense. »

Il arriva que j'ai prédit aussi juste que Périnet : à peu de temps de là je fus marraine du fait de madame de Sourdis.

Le vingt-septième de juillet, soleil levé, et moi couchée, le roi entra dedans ma chambre avec Bellegarde. Ce visage naguère si chéri me fut plus terrible que la tête de Méduse, laquelle transformait les regardants en rochers. Je jetai de peur une clameur soudaine, et par les draps du lit je cherchai une retraite où ne pas voir ni être vue.

« Gabrielle, dit le roi, comme au vieux temps de la chevalerie, je t'amène le plus brave à récompenser d'un regard et d'un baiser.

» — Sire, fis-je sans montrer la tête hors de ma cachette, obligez-moi d'attendre que je sois vêtue et accoutrée plus décemment.

» — Tu n'as que faire, ma mie, d'une robe

de velours et d'un chapeau à plumes pour complimenter M. de Bellegarde à cause de la belle défense qu'il a faite en la bicoque de Quillebœuf contre les troupes de M. de Villars.

» — Monsieur, fis-je découvrant ma face tout empourprée, soyez le bienvenu après ce grand fait d'armes, et je vous en estime davantage.

» — Ventresaintgris! s'écria le roi, l'accueil est bien froid pour d'anciens amis comme vous êtes.

» — Sire, interrompis-je rougissant plus fort, de mon embarras ayez quelque pitié.

» — Sire, ajouta Bellegarde, excusez-moi d'être importun à l'égard de madame Gabrielle.

» — Non, mon fils, dit le roi, j'ordonne que tu la baises pour prix de ton héroïque courage ; ce sera en outre une franche réconciliation entre nous. »

Un roi veut être obéi avant tout, et je tendis la joue au baiser que Bellegarde y planta, non si timidement que j'aurais cru.

« Çà, reprit Henri, mes enfants, que ce ne soit point une émulation à recommencer de vous aimer ; car si j'aime moult un vaillant capitaine, je ne fais pas de comparaison entre lui et ma chère dame.

» — Ne fûtes-vous point blessé, monsieur de Bellegarde ? dis-je par intérêt d'amitié.

» — Le plus étrange, c'est que je ne fus pas tué, repartit-il. Pour rompre tout l'effort de M. de Villars, j'avais quarante-cinq soldats et dix gentilshommes de ma maison, plus, le brave Crillon (1), MM. le comte de Thorigny, Vieuxpont et Neufbourg.

» — Maintenant, dit le roi, on peut croire à la fable d'Horatius Coclès arrêtant seul le choc d'une armée.

» — Les remparts, continua Bellegarde, n'étaient encore élevés qu'à demi-pied de terre, et les fossés peu profonds et sans eau eussent été franchis d'un saut ; nous avons pourtant été battus de trois mille cinq cents coups de canon.

(1) J'ai partout écrit *Crillon* au lieu de *Grillon*, comme il y a dans le manuscrit ; j'ai sacrifié à la popularité du nom de Crillon cette légère nuance de localité. (*Note de l'Éditeur.*)

» — Je sais de vos nouvelles, monsieur de Bellegarde, dit Périnet survenant ; vous avez fait merveilles en votre gouvernement de Quillebœuf, et vous voilà de retour sain et sauf, malgré canonnades et arquebusades, tandis qu'un non moins brave que vous trouvera la mort au sortir de table.

» — Quelle maudite prophétie est-ce là ? se récria le roi. Ma mie, votre astrologue nous porte malheur, ce me semble.

» — Monsieur Périnet, reprit Bellegarde, faites savoir au diable ou à ses suppôts que Sa Majesté n'a pas trop nombreux amis, et que la mort du plus petit serait encore une grande perte.

» — Sire, dit Périnet, il ne m'appartient aucunement de fixer les destins, et maintes fois je souhaiterais n'y savoir pas lire.

» — La volonté du ciel s'accomplisse ! » fit le roi avec un soupir élancé au ciel.

Or voici comment la prédiction de Périnet passa pour vraie.

Vers l'après-dînée Bellegarde contait les détails du siége de Quillebœuf au roi et à ses gentilshommes les plus affectionnés, MM. Duplessis-Mornay, de Cheverny, d'O et autres; madame de Sourdis et moi étions seules de femmes en cette assemblée, et les admirables prouesses de Bellegarde nous semblaient bonnes à entendre. M. le maréchal de Biron, la visière obscurcie des vins qu'il avait bus à son dîner, vint sur la fin du récit de Bellegarde, et de jalousie fit mille grimaces. Cependant, la narration faite, il s'écria d'une voix avinée :

« Sire, M. de Bellegarde trois semaines durant a défendu Quillebœuf, et moi, sous vos yeux, je prendrai la ville d'Épernay demain sans faute.

» — Monseigneur, reprit Périnet, gardez de vous laisser prendre en cette entreprise.

» —Tôt et bien ne vont pas ensemble, ajouta maître Guillaume.

» — Cap, dé Diou! messieurs les bouffons, repartit le maréchal, c'est affaire à Chicot et à ses pareils de se laisser occire par son prisonnier; à cette heure, vous dis-je, Épernay est à moi.

» —Monsieur de Biron, répondit Sa Majesté, je vous en ai offert le gouvernement, et tiendrai ma parole; mais, par une folle impatience, n'allez pas choir à la porte avant que d'y entrer.

» — Sire, dit M. de Biron, je réussis quand il me plaît, et vous seriez présentement maître de Rouen si j'y avais mis les mains.

» — Je crois que vous raillez, monsieur, repartit le roi, car si j'avais l'assurance que vous menez mes affaires à votre guise, je vous prierais de ne vous occuper que des vôtres.

» — Par pénitence, sire, reprit-il, permettez que je vous rende maître d'Épernay.

» — Volontiers; mais demain vous verrez plus clairement à donner l'assaut.

» — Sans doute, et de ce pas je vais reconnaître les lieux et lever les plans.

» — Ainsi est de la nature humaine, objecta Périnet d'un ton bas et grave; s'il était écrit que vous devez glisser en un précipice, mes avis, prières et tous efforts n'aboutiraient à vous sauver du péril.

» — Par la casse! s'écria maître Guillaume, je suis curieux de voir une ville prise par un seul homme. »

Le maréchal de Biron, ferme en son dessein, s'en alla l'exécuter à l'étourdie. La nuit, sans lune et sans étoiles, avait mis son manteau de ténèbres.

« Messieurs, dit le roi, n'êtes-vous point stupéfaits de l'assurance que témoigne M. de Biron au plus singulier projet qu'on puisse tenter? M'est avis qu'il faut être présent à l'évènement.

» — Sire, dit madame de Sourdis, voici madame Gabrielle et moi qui souhaitons voir l'expédient dont usera M. le maréchal.

» — Vive Dieu! mesdames, dit le roi, les ligueurs sont couchés en leurs casemates, et les mèches éteintes, donc je ne vois inconvénient à vous mener à la fête. Qui m'aime me suivra! »

Le roi exhorta la compagnie à faire peu de bruit, et pour donner l'exemple il me parlait bas en l'oreille. Nous rencontrâmes M. de Biron à la sortie du camp.

« Sire, dit-il, tenez-vous à distance, car les canons et les mousquets se font ouïr de loin.

» — Monsieur le maréchal, dit Périnet, serait prudent de bien tenir sa tête.

» — Cadédis! reprit M. de Biron, entends-tu par là que d'avoir porté des santés au roi mon chef branle?

» — Monsieur de Biron, dit Bellegarde, c'est exposer votre vie sans cause ni effet.

» — Nargue des conseils et conseilleurs! répliqua le vieux maréchal, si monsieur mon fils était là, il se hasarderait à me molester comme un tas d'envieux. Adieu, sire, je ne reviendrai qu'avec les clefs de la place, comme fit Villeneuve, qui, lui tout seul, après la victoire d'Ivry, s'empara de la forte ville de Mantes.

» — Monsieur le maréchal, dit le roi, je ne m'opposerai à ce que vous avez résolu; mais pour un digne général âgé de soixante-huit ans, l'entreprise est plus que téméraire.

» — A la grâce de Dieu ! fit M. de Biron en s'éloignant.

» — Il le fallait retenir, m'écriai-je ; il court à une ruine certaine et sans profit.

» — Le maréchal, dit Bellegarde, a le cerveau dérangé, ce me semble.

» — Hélas ! reprit Périnet, j'appréhende qu'il n'y ait plus de remède.

» — Sire, s'écria le baron de Biron accourant vers nous, quelle rumeur est venue à mes oreilles ? Monsieur mon père, ce me dit-on, s'en va seul assiéger la ville ?

» — Mon ami, répondit le roi, vous savez que le maréchal est de fer en ses fantaisies, et vous-même n'auriez eu la puissance de l'arrêter.

» — Quoi ! messieurs, vous n'avez point, de gré ou de force, détourné cette insigne folie ! et M. de Biron s'en est allé dessous le feu des canons !

» — Monsieur, reprit Bellegarde, aucun de nous, sinon Sa Majesté, n'avait droit d'entraver la départie de monsieur votre père, qui se dévoue à un danger inutile.

» — Pensez-vous que je le puisse joindre avant qu'il soit aux poternes du fort ?

» — Monsieur, répondit Périnet, Dieu même ne saurait empêcher ce qui doit être. »

Au même temps qu'il parlait, un coup de fauconneau parti des remparts nous éclaira d'une lumière soudaine, et attrista nos âmes de son tonnerre sinistre.

« Bon Dieu ! m'écriai-je, nous sommes aperçus, et les artilleurs de la ville nous envoient ces volées.

» — Cor dé Diou ! se récria M. de Biron allant en avant, pourvu que monsieur mon père soit encore en vie !

» — Holà ! messieurs, cria le roi l'épée au poing, courons à l'aide du maréchal !

» — Il n'en a plus besoin désormais, sinon de vos prières, murmura Périnet.

» — Aux armes ! à l'assaut ! » crièrent les gentilshommes.

Les troupes saillirent du camp tout en armes, et madame de Sourdis m'entraîna en hâte hors de la portée du canon. Nous vîmes passer maître Guillaume, portant à bras un corps mort sans tête ; c'était le maréchal de Biron, hardi et expérimenté capitaine, quoique mieux dévoué à l'argent qu'au parti royal, tellement que les ligueurs se vantaient de pouvoir l'acheter à beaux deniers.

« Madame, dit en passant Périnet, voyez ci le maréchal de Biron ayant la tête emportée, il en sera de même de son fils ; mais alors la hache fera ce que le canon a fait.

» — Monsieur le prophète, dit maître Guillaume, faites en sorte que le procureur La Regnardière n'entende vos horoscopes de malheur ; car possible est qu'ils fissent seulement du tort à votre tête.

» — Le vilain présage ! m'écriai-je ; la hache est l'arme ordinaire du bourreau. »

La mort du maréchal de Biron eut cet avantage, que la ville d'Épernay, assaillie par des gens en humeur de venger cette mort, fut prise d'emblée. Le roi se consola moins aisément que je n'eusse pensé de la perte de ce maréchal, lequel s'opposait à ce que la guerre prît fin, de peur de retourner planter ses choux à Biron, comme il le dit à son fils.

De retour à Mantes avec Sa Majesté, qui envoya le cardinal de Gondi et le marquis de Riani à Rome pour le fait de sa conversion, je fus informée de la très déplorable mort de madame Babou de La Bourdaisière, ma mère, et femme de M. d'Estrées, par notre sœur Françoise, laquelle demeurait à Issoire en la maison du gouverneur M. d'Alègre, baron de Meillau.

Un dimanche, à la sortie de la messe, j'avisai parmi la foule un visage connu, et tout soudain s'élança en mes bras une fille mal vêtue et de mauvaise mine, qui n'était autre que ma sœur Françoise. Je me serais volontiers exemptée de ses accolades mêlées de cris et de sanglots.

« Gabrielle, madame ma sœur, disait-elle, m'avez-vous chassée de votre souvenir, que vous ne me connaissez plus ?

» — Par mon saint patron ! repris-je, qui vous a réduite à ce fâcheux état ?

» — Hélas ! il a plu au bon Dieu que je survécusse à madame notre mère !

» — Eh quoi ! madame Babou est-elle défunte pour l'honneur de notre père ?

» — Elle fut assassinée en une émeute populaire, avec M. d'Alègre.

» — Quant à icelui, le châtiment fut bien mérité, et nul ne le plaindra. »

Ce disant les larmes m'égouttaient des yeux. Or je remarquai à temps que cette visite en pleine rue avait sommé bien des gens de s'arrêter là autour, et les haillons de ma pauvre sœur m'émurent de compassion. « Françoise, dis-je rougissant, venez çà en mon logis changer de linge et de hardes, car, à vous voir, on se demande si vous sortez de quelque ville mise à sac. »

Je marchais devant, toute vergogneuse d'être en la compagnie d'une mendiante comme paraissait ma sœur. Quand elle arriva à mon hôtel, les gardes ne la voulaient recevoir, la renvoyant avec de dures paroles quêter l'aumône ailleurs ; mais sur mon ordre elle me suivit en mon appartement, où je la fis nettoyer, parfumer, laver et accommoder de mes propres habits.

« Ma sœur, dis-je, comment d'Issoire à Mantes avez-vous fait la route ?

» — Sans un denier vaillant, repartit-elle, et par la voiture de mes jambes.

» — Comment, par la voie, avez-vous gagné votre pauvre vie ?

» — La nuit je dormais dessus la paille en quelque chétive chaumine, et je ne mangeais de pain que par charité des manants.

» — Sainte Vierge ! ce fut une rude épreuve dont vous profiterez au centuple en paradis. »

Sur ces entrefaites vint le roi, qui ne se fit nullement faute de baiser Françoise de pied en cap, et me dit pour s'excuser :

« Ventresaintgris ! mon cœur, je pensais que ce fût vous.

» — De fait, repartis-je, les vêtements sont les miens.

» — N'est-ce pas d'Issoire que vous venez,

ma fille? Contez-nous des nouvelles de par-delà.

» — Sire, reprit Françoise, madame notre mère est morte, comme aussi M. d'Alègre, le gouverneur du château.

» — Oui-dà! s'écria le roi; j'avais ouï parler de troubles survenus en Auvergne, et ne vous en dis rien, ma chère Gabrielle, crainte de vous causer du souci.

» — Madame, continua Périnet, vous souvient-il que le mois précédent la portraiture de madame Babou chut à terre du clou qui la soutenait, sur quoi je vous dis énigmatiquement: La voilà massacrée du coup?

» — Françoise, dis-je, rapportez-nous en détail ce triste fait, que je le mande à M. d'Estrées...

» — Lequel, ce pensé-je, interrompit Henri, ne sera guère marri de la perte.

» — Depuis un an et plus que j'étais à Issoire sous la tutelle de madame ma mère et de mon second père, M. d'Alègre, j'eus mainte occasion de voir combien l'un et l'autre étaient haïs, M. d'Alègre à cause de sa dureté et tyrannie, madame Babou comme excitant M. d'Alègre à ce faire. C'est moi qui, d'après de mauvais propos ouïs par les rues d'Issoire, conseillai notre mère de vous écrire, ma sœur, aux fins de réclamer de Sa Majesté un autre gouvernement pour M. d'Alègre. Faute de l'avoir fait, vous êtes donc complice de ce qui est advenu...

» — Ciel et terre ! s'écria madame de Sourdis se précipitant par la chambre avec des crieries de toute sorte, est-ce une chose véritable que ce grand deuil ? Ma très chère sœur madame d'Estrées est-elle décédée ? Oh ! comme de son vivant je l'aimais ! Ce me sera un éternel regret de l'avoir perdue !

» — Ô la bonne âme ! fit le roi éclatant de rire ; je ne la vis tant aimer sa sœur qu'après le trépassement d'icelle ; et, je gage, elle ne voudrait pour aucun prix racheter la vie de la défunte, laquelle, à parler sans feinte, était la plus franche catin qui se trouvât d'Issoire à Usson, où se vautre la reine mon épouse.

» — Sire, la parole est dure, interrompis-je, et vous deviez vous en abstenir en présence des filles de notre mère. Françoise, achevez votre récit.

» — La haine des gens d'Issoire contre M. d'Alègre et madame d'Alègre, ainsi qu'on appelait notre mère, n'était pas dénuée de fondement; car ledit M. d'Alègre levait des taxes, gabelles et corvées qui opprimaient le petit peuple. De cet argent mainte dépense folle avivait le luxe qu'aimait sur toutes choses madame Babou. Admirez que dans ce château bruissant de danses et de festins, je n'ai point rencontré un mari et une alliance honnête; car, des personnes qui prenaient part à ces plaisirs et réjouissances, pas une n'avait le cœur porté au mariage, et au contraire tous se ruaient en débauches, orgies et libertinages. Madame Babou n'y trouvait à redire, et s'offrait en exemple. Cependant parmi les bourgeois et métiers d'Issoire, la colère faisait de gros progrès, et aux jours de marché, ce n'étaient qu'invectives et tempêtes contre le gouverneur. Un soir, de ma fenêtre, j'entendis au bas deux hommes se concertant de cette façon :

« Sang de Jésus-Christ! disait l'un, le porc n'est-il pas suffisamment engraissé à nos dépens, que nous attendons pour le saigner?

» — Nos amis, repartit l'autre, ne veulent agir qu'après la Notre-Dame d'août, de peur d'offenser la sainte mère de Dieu, de laquelle on va chômer la fête.

» — Ce serait plutôt l'encenser dignement que de lui présenter en holocauste le châtiment de ces deux païens maudits.

» — Nenni, l'église a horreur du sang, et mieux vaut s'absoudre à l'avance de tout péché en achetant des indulgences.

» — Pour Dieu! à quoi s'emploient les taxes dont ces hérétiques nous accablent?

» — Sans doute ils amassent quelque trésor caché, et dépensent le reste à mainte prodigalité.

» — J'ai ouï conter que, pour plaire à son galant, madame d'Alègre se pare les endroits les plus secrets du corps avec des rubans de mille couleurs.

» — Je sais d'elle un tas d'infamies dont la moindre damnerait un chrétien. »

» Je me retirai de la fenêtre pour n'en point ouïr davantage, et je m'en allai du même pas avertir madame Babou d'une entreprise sur ses jours. Elle se moqua de mes terreurs et me somma de les taire vis-à-vis M. d'Alègre, d'autant que pour découvrir les deux vrais coupables il en ferait pendre plus de vingt aux portes de la ville. Voici comme je me repentis d'avoir gardé le silence.

» Peu de jours après la Notre-Dame d'août une grande sédition s'émut dans Issoire, et les habitants, hommes et femmes, vinrent par bandes assiéger le château, dont la garnison se rendit moyennant la vie sauve; mais le plus grand nombre périt en mettant bas les armes. La tourbe emplit les salles et les plate-formes, aucuns en quête de M. et madame d'Alègre, la plupart courant au pillage sans se soucier du but de l'émeute. Aux premières approches de l'assaut, épouvantée de cette multitude furieuse, je m'enfuis en la chambre de ma mère, qui, en ce commun danger, s'efforçait à sauver M. d'Alègre.

« Mon fils, s'écriait-elle mi-vêtue, cachez-vous, fût-ce aux entrailles de la terre!

» — Ce n'est point à moi qu'ils en veulent, repartait M. d'Alègre sans plus se hâter de quitter le lit.

» — Monsieur, dis-je, ils sont bien là cinq mille portant des torches et des armes; oyez d'ici leurs féroces clameurs!

» — Souvenez-vous des ligueurs en l'hôtel de la rue d'Enfer, reprit madame d'Estrées.

» — Une volée de mes canons, dit M. d'Alègre, nettoiera les chemins aux dépens de quelques têtes et bras emportés.

» — Ma mère, ils ne vous feront pas merci, criai-je.

» — Par votre salut éternel, monsieur d'Alègre, c'est fait de nous! »

» Au bruit qui se fit aux poternes, aux cris joyeux qui signalèrent la prise du château par les mutins, je perdis toute contenance, et comme affolée, je me coulai en une garde-robe dessous des hardes en monceau, lorsque dans la chambre voisine, où était demeurée ma pauvre mère, s'éleva un conflit de coups et de cris : « A l'aide ! je me meurs ! grâce ! merci ! pour Dieu ! — infâmes ! à mort ! » En somme, pour trop en entendre, je n'entendis plus rien, car je m'évanouis un instant.

» Quand les esprits me revinrent, j'étais nageant dedans le sang, et sitôt que j'ouvris les yeux, je vis dessus le plancher de la garde-robe deux corps nus percés de coups, horriblement mutilés. Venant à reconnaître M. d'Alègre et madame ma mère, tous deux sans souffle de vie, je fus tentée de me laisser mourir, ou tout au moins de sortir de là. Je me déterminai à ce dernier parti; mais ce qui me fit nouvelle désolation, ce fut de considérer ces cadavres et surtout celui de madame ma mère, encore bigarré et diapré de nœuds et de rubans, voire même aux endroits que je n'ose nommer; chose horrible à penser et plus à voir! Néanmoins l'œil humide pour la mort de madame d'Estrées, je m'évadai sans rien sauver que ma personne et mon honneur, et j'eusse été forcée par ces pillards sans foi ni loi, si le sac du château ne les avait distraits ailleurs.

» Enfin, comme je vous ai dit tout à l'heure, madame ma sœur, je suis venue à pied et mendiant par les routes.

» — Ventresaintgris! s'écria Henri, je m'ébahis grandement de ces rubans de couleur en manière de galanterie.

» — Ah sire! interrompis-je, la perte d'une mère, si peu qu'elle vaille, est toujours un vrai déplaisir.

» — Je suis contente, dit madame de Sourdis, si feu ma très chère sœur n'est pas damnée en l'autre vie! »

Je ne jurerais pas que madame ma tante, malgré ses beaux semblants de douleur, ait dit ou fait dire une seule messe en mémoire de la défunte. Pour ma part, en fille bien née, j'ai payé tant de messes et fait tant d'oraisons, qu'à cette heure l'âme de ma mère est hors de purgatoire ou peu s'en faut.

Sur l'avis que le duc de Parme se disposait à entrer en France une troisième fois à la tête d'une forte armée, pour protéger l'élection d'un roi que sollicitait l'Espagne, le roi Henri, qui avait licencié ses troupes tant françaises qu'étrangères, faute de les pouvoir solder, s'en alla loger à Compiègne afin d'aviser de plus près les opérations militaires du capitaine espagnol. En outre il envoya devers ses gentilshommes pour les réunir dessous ses étendards. M. de Rosny, qui par ressentiment d'un refus de la part de Sa Majesté, s'était retiré à Rosny sous couleur de guérir ses plaies, persista d'abord en sa retraite; mais l'eau lui vint à la bouche des promesses qu'on lui bailla, et, la face cicatrisée, il reparut chez le roi, qui l'embrassa l'appelant son cher ami. Les anciens serviteurs du roi, sachant que les hostilités étaient devant recommencer, amenèrent leurs soldats frais et reposés; mais les généraux d'Henri continuèrent la guerre dans les provinces avec diverse chance. Ce pendant que les négociations, conférences, trèves, allaient leur petit train, M. d'Épernon en Provence, MM. Lesdiguières et d'Ornano en Dauphiné, s'illustrèrent par leurs faits et gestes contre MM. de Nemours, de Savoie et autres chefs ligués ; mais c'est affaire à l'historien de coucher par écrit toutes ces belles choses. Je ne dirai rien non plus de M. le duc de Joyeuse, commandant pour la Ligue en Languedoc, noyé dans le Tarn après être défait et taillé en pièces par M. de Montmorency ; ce qui fit comparer son destin au tyran impudique Maxence, qui lava ses ordures dans l'onde du Tibre, où il exhala sa vie.

Le mois de décembre durant, le roi tenant audience avec MM. de Cheverny, de Crillon, de Sancy, d'O, de Bellegarde, Duplessis-Mornay et autres, moi présente, le Maheutre entra sans débotter, haletant d'une longue traite, et rendit des dépêches aux mains de Sa Majesté. Puis en temps que le roi en lisait le contenu, ledit Maheutre, debout vis-à-vis moi, ne prenait cesse de me parcourir du regard, si que ses yeux étoilaient à travers les trous de son capuce.

« Vive Dieu! s'écria Henri, je suis roi de France sans conteste l'an prochain!

» — N'êtes-vous pas roi et plus que roi d'à présent? dis-je avec un sourire, lequel fit soupirer le Maheutre.

» — Sire, repartit M. d'O, avez-vous en coffre quelques millions pour payer votre bienvenue et ouvrir les portes des villes ligueuses, ainsi que Jupiter fit la tour de madame Danaé?

» — Sire, le pape vous reçoit-il au giron de l'église catholique? reprit Bellegarde.

» — M. du Maine, dit M. Duplessis-Mornay, consent-il à la paix sous condition qu'on acquittera ses dettes?

» — Comme en l'année 1526, que le roi François Ier était captif à Madrid, ajouta M. de Cheverny, vous faut-il concéder à l'Espagnol quelques unes de vos bonnes provinces?

» — Non, dit M. de Sancy, une rusé accommodera tout : Sa Majesté va sans doute abjurer pour se concilier ses sujets, et quand vous aurez la couronne dessus le front, sire, vous redeviendrez protestant comme devant.

» — Fi! se récria le brave Crillon, le roi se soucie peu d'obéir aux fantaisies de son peuple, et moins encore de le trahir. Nous sommes Français, dieu merci! plutôt que Grecs! Après tout, une vaillante armée sera toujours meilleur argument que tous les *ergo* de Sorbonne.

» — Messieurs, repartit le roi, vous ne devinez pas la cause de mon bon espoir? et vous, mignonne, n'êtes-vous pas mieux habile que tous?

» — Sire, cria Périnet, la mort a vaincu pour vous le duc de Parme; maintenant vous avez bon marché du reste.

» — Saint Jean-Bouche-d'Or! dit M. d'O, s'il était vrai!

» — Ce serait un héros de moins, ajouta Crillon.

» — Messieurs, fit le roi devenu marri tout

d'un coup, ce grand capitaine est décédé à Arras des suites de sa blessure.

» — Je regrette, dit Crillon, de n'avoir pas plus souvent jouté contre lui au hasard des batailles.

» —Toute la Ligue s'en va s'enterrer au même tombeau, remarqua Bellegarde.

» — Si Votre Majesté, reprit M. Mornay, avait six généraux de cette valeur, à cette heure nous serions à vous faire notre cour dedans le Louvre.

» — Était-il bon chrétien, remplissant ses devoirs de piété? demanda Sancy.

» —Son testament, répondit le roi, ordonnait qu'il fût mis au cercueil en habit de capucin, et la garnison d'Arras a conduit jusqu'à Mons son corps en ce piteux équipage, indigne d'un tel héros.

» — C'est un vieil usage, dit M. de Cheverny, car l'an 1536 Albert Pio, comte de Carpi, se fit cordelier après sa mort, et j'ai ouï dire à des théologiens que l'âme, sous ce déguisement, échappait aux griffes de Satan.

» — En vérité, dis-je, ma religion ne vaut guère, car j'ai médiocre estime de cette pénitence.

» — L'église regagne ce qu'elle avait perdu, repartit Sancy comme toujours moitié impie et moitié cagot ; le duc de Parme se fait moine en ses derniers moments, et M. de Bouchage quitte le froc.

» — Oui-dà, fit le roi en riant, la nouvelle est donc vraie ?

» — Certes, dit Bellegarde : M. de Joyeuse étant noyé, son frère aîné, M. de Bouchage, qui s'était cloîtré par chagrin de la mort de sa femme, est bien réjoui de se faire relever de ses vœux par le pape.

» — Bouchage avait pourtant de gros péchés à expier, poursuivit d'O.

» — Il fut mignon du roi Henri troisième, s'écria hardiment Périnet ; mais il est prédestiné à mourir moine : grand bien lui soit de sa vocation !

» — Quant à moi, reprit Bellegarde un peu rouge par pudeur, pour avoir été favori du feu roi, à l'instar de M. d'O, je ne m'enfroquerai ni vivant ni mort.

» — Voyez le Maheutre, messieurs, dis-je malignement, n'a-t-il pas quasi l'habit monacal ? »

A ces mots dont chacun rit, excepté le roi, le Maheutre jeta un coup d'œil perçant, se prit à soupirer, et sortit de la salle sans saluer quiconque.

« Messeigneurs, dit maître Guillaume, mon cousin M. de Mayenne est l'homme de France le plus réjoui de la mort de son rival, et Sa Majesté au contraire le plus chagrin : à qui bailler la palme de la générosité?

» — Messieurs, interrompit Henri, je vous convie à la messe des morts en l'honneur de feu Alexandre de Farnèse, duc de Parme. Dieu l'ait en sa très sainte garde !

MÉMOIRES

CHAPITRE II.

Les amiraux et maréchaux de France. — Les états de la Ligue et la *Satire Ménippée*. — Un bon mot coûte cher. — Madame Catherine de Bourbon, sœur du roi. — Jalousie de femme. — Le comte de Soissons. — Mariage manqué. — Voyage de madame en France. — La femme de tout le monde. — Hardiesse satirique de d'Aubigné. — Les fiancés de madame Catherine. — Pardon des offenses. — Départ du roi. — *Proposition des princes*, etc. — Arrivée à Saumur. — Portrait de madame Catherine. — Haine entre elle et Gabrielle. — Cataut. — Amitié de ces dames. — La sœur et la maîtresse. — Conseil et conseil. — Querelle de femmes. — Le coureur de noces. — L'héritage du roi. — Le divorce futur. — Tristesse du roi. — L'armée du feu du duc de Parme. — Secret gardé. — Songe expliqué. — Message du Maheutre. — Le KK de la nièce du cardinal de Pélevé. — Siége et prise de Noyon. — Pertes réparées par des promesses. — La charge de grand-maître de l'artillerie. — Le congé. — L'aumônier du roi. — Découragement de Henri IV. — Catholique ou protestant. — Avis. — Faux bruit. — Le roi n'est pas mort ! — Tentative contre sa vie. — Le Maheutre parle. — Coups d'arquebuse. — Assassinat manqué. — Conférences de Surène. — Députés ligueurs et royalistes. — Moyen de convaincre un amant. — Avis. — Gabrielle derrière la tapisserie. — Discussion si le roi doit abjurer ou non. — Opinions de MM. de Rosny, de Nevers, Duplessis-Mornay, de Bellegarde, d'O, de Sancy, d'Aubigné, de Givry, de Biron, de Sourdis, de Cheverny, de Bellièvre, l'archevêque de Bourges et maître Guillaume.

La mort de M. de Parme redonna du courage à M. de Mayenne, qui, pour s'assurer de quelque manière de son pouvoir comme lieutenant-général de la Ligue, créa MM. de Rosne, de La Châtre, de Boisdauphin et de Saint-Pol maréchaux de France, et M. de Villars amiral; et le roi avait de son côté nommé un amiral en la personne de M. le baron de Biron.

Cependant la guerre paraissait cessée et transformée en négociations. Le pape Clément VIII, quoique circonvenu par ceux de la faction espagnole, semblait s'intéresser à la conversion prochaine du Béarnais; le roi d'Espagne, par l'entremise de M. le duc de Féria, lequel se prenait volontiers de querelle avec M. de Mayenne, épuisait ses trésors à pratiquer l'assemblée des états de la Ligue pour l'élection d'un roi de France catholique; lesdits états, que M. Nicolas Rapin a dépeints si ridicules en la *Satire Ménippée*, faite par lui et ses amis royalistes, furent tant moqués à Paris, que Zamet m'écrivait : « Tous nos députés méritent le bonnet » vert et les oreilles d'âne; car des états on n'en » fait nul état, et nos petits démolisseurs de loi

»salique ne se peuvent regarder sans rire,
» comme les augures romains. »

L'ouverture des états fut célébrée à Paris par des processions, malgré le froid le plus âpre, par des prêches fulminatoires contre l'hérétique Henri de Navarre, et par des feux de joie aux cris de Vive l'Espagne! M. de Mayenne, incommodé d'une vilaine maladie qui l'empêchait d'être assis, mâcha en ses dents une harangue fort longue dont pas un n'ouït la teneur, à cause de la voix enrouée de l'orateur. Le cardinal Pélevé, à juste titre dit *Pelé*, s'embrouilla en son discours plus ennuyeux et abstrait qu'une thèse en Sorbonne; il parla pour le clergé qui n'en put mais. Le baron de Senesay parla pour la noblesse et parla bien; M. Honoré Dulaurens, homme de parlement, pour le tiers-état.

Ce fut là tout le triomphe des états, qui se discréditèrent d'eux-mêmes, comme j'ai dit, si bien que les manants conduisant leurs ânes aux halles les aiguillonnaient en ces termes : « Messi-
» res Espagnols à longues oreilles, vite aux états !

Plusieurs furent pendus pour ce grand crime de langue. Finalement les conférences de Surène vinrent bien à point pour expulser Seize et Espagnols, avec un pied de nez qui ne les faisait pas moins camus. Je m'abstiens de jargonner sur ce qui se passa en ces derniers temps de la Ligue ; car les faits desquels je ne fus témoin sont très notoires, et les lettres de Zamet qui me les annonçait à mesure ne valent pas de m'arrêter un peu ; je retourne à mes moutons, c'est-à-dire à ce cher Henri que je sais par cœur jusques aux moindres paroles.

Madame Catherine de Bourbon, laquelle n'égala onc son frère en bonté, vertus et le reste, tenait d'icelui la régence du Béarn depuis l'an 1585 ; mais par ingratitude elle complota de s'emparer de la couronne de France, que le roi, faute d'enfants de sa femme, voulait laisser en héritage à cette bonne sœur. Sur ma foi ! le voilà père de deux beaux fils propres à lui succéder, et la royauté par mon fait ne tombera point en quenouille. Je m'étonne au contraire que madame Catherine ne me veuille ou du moins ne me fasse plus de mal qu'elle ne fait. Avec l'appui de Sa Majesté, je ne crains pas le moindrement sa jalousie.

Donc pour revenir à mon sujet, le roi n'eut jamais idée de marier celle-ci, soit qu'il appréhendât l'ambition d'un mari, soit tout autrement. Il avait plus alors qu'aujourd'hui la rage de proposer la main de sa sœur au premier venu, de telle sorte qu'à certain jour dix princes et seigneurs se trouvèrent réunis, auxquels Henri avait fait même promesse sans songer à la tenir.

Monsieur le comte de Soissons, un des mieux faits de la cour, mais de caractère le plus grave, le plus compassé, le plus ambitieux des courtisans, eut d'abord la fumée du mariage; car après la bataille de Coutras, Henri, curieux d'aller visiter madame Corisandre d'Andoins, la plus fine entremetteuse que je sache, emmena M. de Soissons, qui se passionna de madame Catherine et lui fit l'amour, ayant espoir d'épouser si riche parti. Mais le roi avait d'autres visées et dit non à toutes les prières de sa sœur et dudit comte.

Or ce dernier, revenu à l'armée du roi de Navarre, entretint un commerce de lettres avec madame Catherine, qui, pour avoir des galants en abondance, n'abandonnait le projet des épousailles, car M. de Soissons lui avait promis de la faire sacrer reine. Mais comptant bien que le roi s'opposerait à ces intrigues, ils arrangèrent un mariage secret, de façon que M. de Soissons, en suite d'une querelle avec le roi, départit du camp et alla droit en Béarn signer le contrat et faire la noce. Henri, qui se souciait peu que sa sœur eût des amoureux, mais non un époux, eut avis de l'échappée, et mondit comte de Soissons fut appréhendé au corps dedans le lit conjugal par les gens du roi, et mis hors de la ville de Pau.

Madame Catherine, qui craint son frère moins qu'elle en est aimée, récrivit de grandes excuses, et pour apaiser la colère du roi, fit consentir M. de Soissons à renoncer mutuellement à toute promesse de mariage, par acte duement signé. Moyennant quoi ce bon prince l'aima comme devant et la pria de venir le voir pour meilleure réconciliation ; ce qu'elle fit bien lentement et de séjour par toutes les villes où elle passa en fêtes et réjouissances, jusqu'à ce que le 1er de l'an 1593 elle arriva en la ville de Saumur, dont le gouverneur, M. Duplessis-Mornay, l'accueillit comme si ce fût le roi.

Je retardai Henri de l'aller joindre pendant deux mois, et voyant qu'il avait trop de foi pour faillir à visiter sa Catherine, je me conviai du voyage.

Avant notre départie, d'Aubigné, le plus téméraire parleur, d'autant qu'il dit tout ce qu'il a dessus le cœur, critiqua le roi si justement qu'au lieu d'un exil il en retira un grand merci.

Beaucoup de gentilshommes, ducs et princes jouaient le courtisan autour du roi, entre autres M. le prince de Dombes, de nouveau duc de Montpensier par la mort de son père et l'un des prétendants à l'alliance de madame Catherine, avec le bon plaisir du roi, disait-on.

« Mon cousin d'Orléans, dit le roi à M. de

Longueville, pourquoi donc avez-vous femme et enfants? je vous eusse donné madame ma sœur pour épouse.

» — Sire, repartit M. de Montpensier, je me réjouis de pouvoir mieux profiter de votre parole que M. de Longueville.

» — Sire, s'écria le comte de Soissons, n'oubliez pas que je suis le premier qui reçus la même parole.

» — Par les reliques de Judas! dit M. d'Aubigné d'un ton rude, voilà, sire, de belles paroles jetées au vent; M. de Sancy lui-même ne changera onc plus souvent de religion que vous ne faites de mari pour madame Catherine. Vous avez toujours au bec ce leurre auquel nul ne se prendra désormais : « Je vous donne ma sœur. » Par la morbieu! sire, possédez-vous à donner vingt paroles ou bien vingt sœurs en réserve? Je n'aurais fini demain de nombrer tous les gentilshommes que vous avez repus de ces fausses promesses. Le prince d'Anhalt à qui vous disiez : « Mon ami, demeurez à mon service avec vos Allemands et je vous baillerai ma sœur en mariage avec la basse Navarre en dot; » M. de Turenne avant qu'il épousât mademoiselle de Sedan, lorsque vous lui écriviez : « Mon cher » maître, c'est moi qui serai honoré de vous avoir » pour beau-frère; » M. de Soissons ci-présent, lequel fut marié et démarié par votre fantaisie; M. de Montpensier, qui se fie encore à votre honneur royal. Non, sire, un roi de même qu'un vendeur de poissons doit garder sa parole, et m'est avis que si vous aviez dit à maître Guillaume votre bouffon : « Mon ami, je vous donne ma sœur, » il la lui faudrait donner, vous payant de ce qu'il l'accepte. Car de monnaie qui a eu trop de cours l'empreinte s'efface.

» — Ventresaintgris! s'écria le roi de colère, messire d'Aubigné, pour des propos de telle insolence je devrais vous jeter en un cul de basse-fosse jusqu'à ce que madame ma sœur vous eût fait grâce.

» — Oui-dà, sire, répartit d'Aubigné, pourquoi ne pas abréger l'affaire d'un coup de hache? et l'on écrirait dessus mon mausolée : Ci-gît qui mourut d'avoir dit la vérité.

» — Viens çà, d'Aubigné, que je t'embrasse en signe de pardon des offenses! »

Puis après le baiser donné, il ajouta tout bas : « Mon ami, je vous sais gré de vos bons conseils, mais je vous prie de me les faire à huis clos; car l'audace des courtisans tire parti d'un manque de respect en public. »

« Sire, dis-je le soir même à Henri, la patience est une vertu incomparable chez les rois; je vous admire d'avoir écouté jusqu'au bout la satire de M. d'Aubigné, et vous estime de ne le point châtier comme il faut.

» — Si je l'eusse fait, dit le roi, je m'en serais repenti d'autant que d'Aubigné est un loyal serviteur. Donc je suis satisfait de m'épargner des repentirs et d'avoir éprouvé ma patience. »

Ainsi ce grand roi s'étudie à dompter ses passions et y réussit mieux qu'un moine en son couvent.

Enfin Henri désireux de voir sa chère sœur, et d'autre part poussé à tenir sa promesse à l'égard de M. de Montpensier, se mit en chemin avec un corps de troupes commandé par M. l'amiral de Biron. Il avait envoyé à M. de Belin, gouverneur de Paris, une *Proposition des princes, prélats et officiers de la couronne,* pour inviter les états de la Ligue à une assemblée générale relative aux affaires de la religion et du royaume. Mais M. de Mayenne, d'après le conseil du cardinal-légat, bailla aux sorbonistes cette *Proposition* à examiner, et Sa Majesté ayant séjourné huit jours du côté de Chartres dans l'attente d'une réponse, recontinua sa route vers Saumur, où nous arrivâmes le vingt-huitième de février.

Madame Catherine est laide, quoi qu'on die, et les adulations des courtisans ne la feront plus belle; de là sa jalousie persévérante contre moi. Elle ressemble au roi son frère, ce qui est une plaisante face féminine ; car des yeux à fleur de tête, un nez bourbonnien, une gueule plutôt que bouche, ce ne sont point appats à prendre les cœurs. Henri a dit souvent, nonobstant sa forte amitié pour elle : « Madame ma sœur a le semblant d'un homme, et je ne jurerais pas qu'elle fût femme de tout le corps. »

De vrai, une de ses dames m'en a conté des merveilles inouïes, pour l'avoir vue au sortir du bain. Je me tairai pour cause sur ce point outrageux à la nature des dames. Ce qu'on voyait de ses formes corporelles n'était pas pour faire prendre l'envie du reste. Une gorge démesurée me dégoûte comme si ce fût besace à mettre dessus l'épaule ; des pieds et des mains à la façon de madame de Rosny, ci-devant Châteaupers, laquelle est membrue fort grossement ; une taille difforme et maint autre inconvénient que ses amants peuvent détailler. Quant à l'esprit et aux humeurs, elle fait en tout le contraire de son frère, qui, en bonté, franchise, prud'homie et gaieté, n'a pas son égal.

Madame Catherine est plus altière qu'un matamore de comédie espagnole. Elle se plaît à dominer en les plus médiocres choses ; et si j'eusse consenti à baisser la tête devant sa gloire, elle m'opprimerait présentement mieux qu'elle ne fait. A vrai dire, tout accord entre nous était chose impossible de soi, et je m'etonne de pouvoir contenter Henri à ce point de faire bon visage à cette louve de Navarre, que je tiens en aversion bien grande. Ce fut à commencer de la première vue.

Elle vint au-devant du roi son frère, et chercha de l'œil parmi sa suite si elle ne verrait son cher comte de Soissons, qui, mécontent de Sa Majesté, s'était retiré en ses terres, ce pendant que M. de Montpensier, aussi chaud et empressé que l'autre était froid et couvert, se flattait d'épouser la femme de tout le monde, comme était dite Catherine. Mais celle-ci ne voyant son cher comte, fit la grimace d'un singe, et jura bas contre Dieu et ses saints; puis elle embrassa le roi, qui la baisa tout ainsi qu'une maîtresse.

« Cataut, dit ce bon prince, qui te rend toute marrie de me revoir?

« — Henri, repartit-elle, avez-vous point envoyé M. de Soissons assiéger Marseille ou Cambrai, que je l'appelle vainement des yeux?

» — Ventresaintgris, madame, M. de Soissons, vous savez bien, ne se gêne le moins du monde aux services qu'il me rend, et voilà qu'il est retourné chez lui sans prendre congé de moi.

» — Çà, mon bon frère, ne l'avez-vous point dissuadé de venir ?

» — Non, sur ma foi ! mais pour te consoler, à son défaut, je t'amène brûlant d'amour M. le duc de Montpensier, qui est de mes plus anciens amis, tout jeune qu'il soit.

» — Sire, à propos, contez-moi des nouvelles de la guerre, et si les ligueurs se décident à vous reconnaître pour roi.

» — Oui, certes, si de ma part je me décide d'aller à la messe.

» — Ah ! sire, vous êtes né en la religion où notre mère est morte deux mois avant la Saint-Barthélemy, et je vous crois trop d'honneur pour la quitter.

» — Cataut, mes bons serviteurs, protestants au fond de l'âme, ont plus d'indulgence, et pensent que le moyen de terminer la guerre et les misères de mon peuple sera de même agréable à Dieu.

» — Mon frère, je ne suis un de vos ministres ni de vos prédicateurs, donc je m'excuse de me mêler en ces affaires.

« — Sire, ajouta M. Duplessis-Mornay, m'est avis que l'abjuration est un piége, qui, sans vous gagner les catholiques, détachera de vous ceux de la religion.

» — Qu'est-ce? demanda Catherine me regardant, je ne reconnais point madame Marguerite votre épouse.

» — De fait, la différence est insigne, reprit aigrement le roi ; madame Gabrielle, que j'ai élue pour amie, est de plus haute valeur que la reine.

» — Eh! mon frère, que ne disiez-vous? Je sais le respect qu'on doit à madame Gabrielle. »

La vilaine moquait en ces mots, et Henri d'un regard réprima son audace. Quant à moi, loin de m'intimider de ce mauvais accueil, je préparai bec et ongles pour répondre.

« Madame, fis-je, Sa Majesté m'a tant et tant

loué votre mérite, que de peur d'être éblouie je ne vous ai point considérée en face.

» — Madame, repartit-elle fièrement, si vous avez à cœur de voir la sœur du roi régente de la Basse-Navarre, je vous prie de dépêcher, car je souffre impatiemment ces examens.

» — Madame ma sœur, reprit le roi, sachez que madame Gabrielle est en ma cour comme en la sienne, et vous m'obligerez de l'aimer un peu pour l'amour de moi.

» — Nous y ferons notre possible, sire; mais à cœur ouvert je vous dirai ma pensée intime. »

Cette impolitesse m'eût tiré des larmes des yeux si la colère n'eût affermi ma contenance, et au coup d'œil déprisant que me jeta madame Catherine je renvoyai même dédain.

Les premiers jours je fus délaissée du roi et des courtisans, toujours serviles imitateurs du maître; mais cet abandon apparent n'était que de jour, et le soir je rentrais en mes droits, et je n'étais pas le moins sage conseiller de Sa Majesté, ni le moins écouté.

« Mon menon, disait Henri, voilà plus de quatre ans que je ne vis madame ma sœur ; depuis lors nous avons de grosses confidences à échanger ; donc ne m'en veuillez pas le moindrement si je vous néglige, à mon mortel déplaisir.

» — Si j'eusse prévu ceci, certainement je me serais dispensée du voyage, sire. »

Ces reproches de tout point mérités le faisaient se dépiter contre la rigoureuse nécessité. « Vive Dieu ! ma mie, un roi est plus empêché en ses tendresses que le plus chétif des hommes ! »

Madame Catherine et moi menions des querelles sans paix ni trève, et le roi usait en vain de son autorité pour nous clore le bec. Elle baillait son avis sans qu'on le lui demandât, et n'en voulait démordre ; lorsque vint la réponse des états à la *Proposition des princes catholiques;* réponse extorquée à M. de Mayenne, et surtout au cardinal-légat, par laquelle les ligueurs consentaient à des conférences, pourvu qu'elles fussent entre catholiques seulement.

Madame Catherine, faisant son importante, s'indigna de ces conditions fort raisonnables.

« Madame, dis-je, le roi étant bien arrêté à sa conversion, la paix doit suivre assurément.

» — Qui vous dit, s'écria-t-elle en furie, que monsieur mon frère veut apostasier réellement?

» — De fait, reprit Henri, je ne prendrai ce parti qu'à l'extrémité ; c'est pourquoi je veux en venir à un accord avant que de rien résoudre.

» — D'ailleurs, continua madame Catherine, l'extérieur suffira en ces sortes de choses, et le roi ne sera jamais catholique au fond du cœur.

» — Avec ces belles idées, m'écriai-je, madame, il faudrait mettre à néant la *Proposition* et la réponse.

» — Oui, sur mon âme! les traités faits avec l'épée furent en tous temps les plus avantageux; et le roi aura tout le loisir de songer aux affaires de religion quand il sera entré dedans Paris par la brèche.

» — Sire, ces conseils ne réussiront à rien de bon.

» — Madame, quelle mission vous fut baillée de me contredire? Êtes-vous au lieu de moi régente de la Basse-Navarre!

» — Madame, pour vous l'apprendre, les intérêts du roi sont aussi bien dans les mains d'une amie qu'en celle d'une sœur.

» — Vos intérêts, ce pensai-je, vous sont plus chers que tous, et vous n'aspirez, madame, qu'à voir régner le roi.

» — Certes, madame, et pour que demain Sa Majesté fût sacrée au maître-autel de Reims, je donnerais ma vie, et deux si je les eusse.

» — Vraiment! Priez Dieu que long-temps encore le roi bataille pour sa couronne, car sitôt l'aura-t-il, la reine Marguerite en réclamera sa part sans qu'il en tombe une miette à terre.

» — Halte-là, madame ma sœur, dit le roi par colère, mais s'efforçant à sourire, Dieu merci! comme disait feu notre ami Chicot, il sera moins malaisé de me sortir du ventre de

Margot que Jonas du ventre de la baleine. Quant à ce qui est de votre opinion, mesdames, la cause m'en semble également louable et j'y penserai ; mais, pour Dieu ! abstenez-vous de ces criailleries qui ne blessent pas seulement mes oreilles, et demeurez en bonne intelligence.

Le soir venu, seul à seule, le roi me dit avec maint baiser :

« Tantôt, mon cher cœur, tu parlais mieux qu'un des sept sages de la Grèce; mais Cataut parlait à plus haute voix. Ne me garde rancune si je suis resté neutre; car l'amitié d'une si bonne sœur vaut bien d'être conservée.

» — Henri, pour vous aimer il n'est besoin d'être votre sœur. »

M. Duplessis-Mornay (tant il est vrai que l'air de la cour rend courtisan) jouait son rôle de gouverneur fort galamment, et si les habitants de Saumur se plaignirent des fêtes magnifiques, bals, joutes, festins et musique dont ils firent les frais, madame Catherine fut bien aise de cette honorable réception. M. de Montpensier, qui venait en espérance d'épouser madame sœur du roi, s'en retourna comme il était venu, plus la honte de n'avoir pas réussi. J'ai donné tort à Henri pour avoir fait tant de gendres à sa sœur, et celle-ci n'était pas curieuse de convoler à des noces où M. de Soissons ne serait de rien.

Une certaine fois M. de Montpensier, moins amoureux de la dame que de son héritage, requit l'exécution de la parole royale.

Il pourchassait depuis une grosse heure les bonnes grâces de madame Catherine, qui déniait voire un sourire à ses grands serments d'amour; le roi de son côté jetait mille propos mignards en mon oreille inclinée à l'entendre.

«Sire, s'écria M. de Montpensier avec ardeur, quand se fera cette illustre alliance que je souhaite plus que beaucoup d'années à vivre, eu égard à l'honneur de vous appartenir de près?

» — Ventresaintgris! repartit le roi, Catherine, à quand les fiançailles?

» — Je me fais avocat de M. de Montpensier,

dis-je, et m'indigne de tous ces délais. Le roi fera bien de nous convier aux noces.

» — Je ne pensais pas, madame, reprit-elle, que ce mariage vous agréât tellement; il n'est pourtant à mon avantage.

» — Çà, ma chère sœur, interrompit le roi, faites-nous savoir ce que peut espérer monsieur notre cousin.

» — Sire, répondit madame Catherine, si vous le trouvez bon, nous attendrons la cessation de la guerre, car M. de Montpensier ne se veut marier qu'autant que vous me ferez votre héritière au contrat.

» — Vive Dieu ! ma Cataut, qui donc hériterait de mon apanage sinon toi, à moins que je ne reconnaisse les bâtards de ma femme Margot, ce qui serait plus qu'un miracle ?

» — Sire, dis-je, vous avez juré que le premier bon office que vous requerrez du pape, votre conversion faite, sera votre démariement.

» — C'est affaire convenue, ma mie, et madame Marguerite sera consentante au divorce pour épouser son chaudronnier, le plus cher de ses amants.

» — Quoi ! sire, repartit M. de Montpensier, parlez-vous sans railler, et ce divorce est-il à ce point résolu ?

» — Le roi se divertit ; et d'ailleurs, dit madame Catherine, s'il se démariait, des raisons d'État le garderaient d'accepter de secondes noces.

» — Je pense différemment, fis-je avec un sourire intelligent, et Sa Majesté par ce divorce ne tendrait qu'à vaincre la stérilité de la reine, et à se faire des enfants qui lui succèdent au trône.

» — Sur ma vie ! madame, qui vous a si bien instruite des intentions du roi ?

» — Je n'en sais, madame, que ce que souhaitent ses bons sujets.

» — Madame, tenez de ma bouche que les peuples ne règlent le destin des rois, mais les rois celui des peuples.

» — Madame, par mon saint patron ! le roi divorcera et se remariera plus tôt que vous ne cuidez.

» — Trêve, mesdames, dit gaiement Henri, vous êtes bonnes de tant vous affairer à cause de moi ; le temps n'est pas venu de prendre un parti ; patientez encore comme je fais.

» — J'ai votre parole, sire, reprit madame Catherine tête haute, donc mes droits sont à votre merci ; et si vous formez une autre alliance, avisez à ce qu'elle soit stérile.

» — Ventresaintgris ! ma sœur, s'écria le roi, à vous ouïr, je serais eunuque ou impuissant ; mais il a plu à Dieu qu'il n'en fût pas de même, pour l'honneur de la loi salique. »

L'entretien suivit ce détour, et de grave devint plaisant ; mais je vis bien que madame Catherine était blessée au vif de ce que le roi se promettait d'autres héritiers que les fils de sa sœur, et je me réjouis d'être cause de son ennui, qui dure et croît tous les jours. Quant à M. de Montpensier, il modéra ses grands désirs d'épouser Madame sœur du roi, et celle-ci, toujours entêtée de son comte de Soissons, se consola par de menues galanteries d'être restée fille.

Vers le quinzième de mars, le roi, qui depuis le quatrième du même mois semblait fort préoccupé et inquiété sans dire pourquoi, de Saumur revint à Mantes, emmenant madame Catherine, à mon déplaisir. Henri enfermait en soi quelque ennui qu'il me celait pour ne m'en pas affliger, comme je l'ai su après. Si je m'informais du sujet de son anxiété, il prétextait les assemblées catholiques, lesquelles ne tarderaient à commencer; mais comme il envoyait de toutes parts des courriers à sa noblesse, aux fins d'assembler une armée, qui ne pouvait être prête avant cinq semaines; il m'annonça tristement que les restes des troupes du feu prince de Parme entraient en France, ayant pour chef le comte Charles de Mansfeld.

« Hé bien, sire, dis-je, voilà de quoi vous satisfaire, vous les taillerez en pièces comme vous fîtes à Coutras, à Arques, à Ivry, à Aumale et partout.

» — Dieu t'entende! ma fille, mais le courage ne sert de rien à défaut d'une armée en campagne.

» — Vos gentilshommes, sire, se rendront

à votre appel avant que les ennemis vous aient pris une seule ville.

» — Qu'ils en prennent dix, et me laissent celle-là qui m'importe davantage.

» — Sire, il en adviendra de cette armée étrangère comme des états de la Ligue, beaucoup de bruit pour rien.

» —Rosny m'avait bien conseillé, me dissuadant de licencier mon armée; en vérité, Rosny, tout exigeant qu'il soit, est un loyal serviteur et ami. »

Chacun jour le roi se levait et se couchait plus triste, soupirant souventes fois et ne me communiquant point ses dépêches comme devant; j'eus soupçon qu'il m'aimât moins, et j'en voulus du mal à madame sa sœur, qui s'y était employée en effet, mais sans succès aucun.

Cette tristesse de Sa Majesté avait attristé tout le monde, quant au visage, et madame de Sourdis et Périnet n'avaient pas le cœur à la joie. Le roi faisait de fréquents voyages à Chartres et aux environs sans m'informer du motif, et j'avais le doute d'un mauvais évènement, que je connus la dernière quoiqu'il m'intéressât la première. Ce cher sire avait commandé expressément que nul ne m'avertît du siége de Noyon par M. de Mayenne et le comte de Mansfeld.

Toutefois Périnet (ainsi que je m'en souvins en suite) avait appris des astres la fâcheuse chance de M. d'Estrées, assiégé par une armée de dix mille hommes en une ville mal remparée et quasi sans garnison, et de laquelle les habitants, ligueurs endiablés, refusaient de tenir pour le roi. Le huitième de mars environ, ayant songé la nuit durant de villes forcées à sac et au pillage, je demandai haut à Périnet le sens de ce vilain songe.

« Ma mie, répondit le roi, selon l'axiome de Rosny, ville prise, château pris.

» — Sire, reprit Périnet, je connais une ville nouvelle acquise à votre couronne, qui ne sera prise qu'avec le château, l'un et l'autre défendus jusqu'à l'extrémité.

» — Ventresaintgris! mon maître, repartit le roi, j'ignorais qu'une de mes villes fût assiégée à cette heure.

» — Sire, elle ne sera plus vôtre, si devant trois semaines elle n'est secourue. »

Il disait cela, lorsque le Maheutre parut, porteur de nouvelles, et soit hasard, soit propos délibéré, m'offrit les dépêches, que le roi tira à soi; mais les lisant il pâlit, regarda Périnet, relut, puis éclata de rire, froissa le papier en ses mains coléreusement.

« Sire, dis-je, que vous mande-t-on ?

» — Prie le Maheutre de te le dire, ma belle Gabrielle, répondit le roi. »

Le Maheutre posa le genou en terre, considéra l'air du roi, et poussant un gémissement sourd, leva les bras au ciel, et sortit en silence.

« Sire, me récriai-je, je n'ai pas la science qu'il faut pour comprendre cette pantomime et signes muets.

» — Mon cher tout, le Maheutre vous encourage à bouter votre espoir en Dieu seul.

» — Mais quelles nouvelles vous apporte-il ?

» — Rien que des vers composés par Florent Chrétien et Gilles Durand sur les Vertus du

Catholicon et le KK de la nièce du cardinal de Pélevé (1).

» — Sire, ne lirez-vous point ces beaux vers satiriques?

» — Certes oui, ma chère, tantôt, demain ou quelque jour, mais présentement j'ai grande besogne avec mon chancelier.

» — Sire, conclut Périnet, il est des maux sans remède, et le temps des miracles est passé. »

Donc le trente et unième de mars, dans l'après-dînée, au temps que Périnet me montrait le cours des planètes dessus un globe céleste, j'entendis un : « Dieu te gard! ma belle Gabrielle, » et venant à regarder qui parlait ainsi, je fus étouffée des embrassades de monsieur mon père, de mon frère Annibal et de ma sœur Diane;

« Madame, dit Périnet, la ville de Noyon s'est rendue à composition.

---

(1) La fille de Charles Pélevé, sieur de Saussay, père du cardinal, étant à un bal que le roi Henri III donnait au Louvre dans la même salle où depuis se tinrent les états de la Ligue, se trouva pressée d'un besoin secret, et faute de pouvoir sortir se soulagea au milieu de l'assemblée. Ce fait mis en chansons et en épigrammes était alors connu de tout le monde. (*Note de l'Editeur.*)

» — Par mon saint patron! m'écriai-je, la chose est-elle vraie?

» — Saint-Antoine de Cœuvres! repartit M. d'Estrées, ne sais-tu pas que trois semaines en çà je soutiens le siége où trois milles des assiégeants ont péri?

» — Par la messe! ajouta M. Annibal, on a vu cette fois un évêque tenir une arquebuse plutôt que la crosse?

» — J'avais grand'peur que la ville fût saccagée, dit ma sœur Diane, rougissant comme si elle eût quinze ans d'âge.

» — En vérité, repris-je, vous me voyez tout ébahie ; le roi sans doute avait commandé qu'on me cachât cette méchante nouvelle.

» — Dis, ma petite Françoise, interrompit notre père, madame Babou de La Bourdaisière est donc défunte bien misérablement?

» — Périnet, fit M. Annibal, ton horoscope semble avoir raison malgré moi et malgré tout. Je suis évêque sans évêché, et j'ai pris goût aux batailles.

» — Chacun son métier, répondit Diane;

notre frère M. de Cœuvres a l'épée et le casque, vous la mitre et la crosse.

» — Où est ce vaillant homme de guerre ? que je l'embrasse ! cria le roi accolant M. d'Estrées de bonne amitié.

» — Sire, repartit notre père, larme à l'œil, j'ai fait mon devoir fort et ferme, mais la chance s'est tournée contre moi.

» — Vive Dieu ! mon maître, soutenir l'effort de dix mille hommes pendant vingt-deux jours, ce n'est pas un petit fait.

» — Sire, j'aurais tenu encore vingt-quatre heures dans l'espoir d'un secours; mais vous m'avez averti de n'y pas compter, et je me suis rendu pour conserver la vie de quelques braves gens.

» — Monsieur, vous êtes un de mes amis, et je vous baillerai un gouvernement meilleur que celui qui vous est enlevé par la chance de la guerre.

» — Et mon évêché ? sire, interrompit mon frère.

» — Non, sire, reprit M. d'Estrées, je n'ai

pas ce qu'il faut pour être bon gouverneur de ville, ou du moins je ne trouve personne qui me seconde. car bourgeois, marchands, prêtres et femmes sont toujours pires ennemis au dedans que ceux du dehors.

» — Néanmoins, mon ami, je vous veux rémunérer selon vos mérites qui sont immenses; et à cause du cas que je fais de vous, dites ce qui peut vous agréer.

» —Sire, je me contente de l'affection dont vous m'honorez, et vous prie de reporter vos bienfaits sur la personne de mon aîné, le marquis de Cœuvres, qui est plus jeune et non moins brave.

» — Sire, repartit Diane, monsieur notre père vous cache l'objet constant de ses vœux.

» — Tel qu'il soit, dit le roi, je m'engage à le lui octroyer.

» — Sire, continua Diane nonobstant les empêchements de M. d'Estrées, il se souvient sans cesse que la charge de grand-maître de l'artillerie fut long-temps en sa famille, et que monsieur son père qui l'occupait ne la méritait mieux qu'il ne fait.

» — Vive Dieu! dit Henri, c'est justice qu'il l'ait; mais Saint-Luc la remplit bien et ne la restituera qu'à sa mort.

» — Soit, reprit M. d'Estrées, j'attendrai, sire, ou plutôt il me suffit de votre promesse sans en venir aux effets.

» — Sire, dit ma sœur Diane, dédommagerez-vous seulement M. d'Estrées de ses pertes?

» — Oui-dà, ma petite Denan, repartit le roi la baisant dessus le bec, as-tu pas perdu quelque chose à la prise de Noyon?

» — Vraiment, sire, un beau gentilhomme qui m'allait épouser, lequel fut tué à la brèche.

» — La perte est réparable, et sitôt mon entrée à Paris, je te procurerai une riche alliance, foi de gentilhomme.

» — Sire, dit M. Annibal, que ferez-vous d'un évêque qui n'a point de résidence?

» — Vous serez mon aumônier, M. Annibal, jusqu'à ce que je remplace ledit évêché.

» — Sire, dit Périnet, de M. Annibal d'Estrées, ci-devant évêque de Noyon, vous ferez un grand capitaine et un habile ambassadeur.

» — J'ai déjà fait mon apprentissage militaire, dit M. Annibal, et la nuit, monsieur mon père me chargeait de la police. Je vous jure que les coups de canon ne m'eussent épargné plus qu'un hérétique.

» — Vraiment, fit le roi riant, pensez-vous que les catholiques soient prédestinés contre le hasard des combats? je le saurai avant peu pour ma part, et si je suis tué aux champs de Mars, ce ne sera point faute de baptême et de communion.

» — Sire, dit M. d'Estrées, je vous demande congé d'aller en mon château de Cœuvres soigner mes blessures.

» — Allez, mon père, et n'oubliez pas que je vous aime et estime grandement.

» — Si votre service le commande, sire, mon épée ne sera point rouillée, et je reviendrai vous la prêter.

» — La guerre, m'est avis, est quasi terminée, et nous nous verrons à l'entrée dedans Paris. »

M. d'Estrées n'arrêta guère à Mantes, et s'en alla droit à Cœuvres emmenant mes sœurs Diane et Françoise; ce n'était pas qu'il fût mécontent de me voir l'amie du roi, mais il avait hâte de mettre en ordre les affaires que lui suscitait le décès de madame Babou son épouse. M. Annibal demeura, selon sa charge d'aumônier, de laquelle il ne s'acquitta qu'après la conversion du roi.

« Monsieur mon frère, lui dis-je, les pères jésuites ne vous céderont point l'office de confesseur de Sa Majesté; je m'en réjouis pour ce que les péchés du roi sont un tant soit peu les miens. »

Henri persévérait à porter un visage triste et contraint; mes caresses n'avaient plus de quoi le charmer jusqu'à l'entier oubli de ses peines; le soir, ses lettres écrites et scellées, il faisait écarter le monde et devisait avec moi de ses amours comme une personne qui voudrait fuir et refuir ses pensées, mais il évitait de parler de ses affaires pour ne me point causer de souci, disait-il. L'occasion s'offrit d'en venir à une explication qu'il reculait :

« Ma belle Gabrielle, s'écria-t-il avec un gros soupir, j'ai la tentation de jeter bas mon sceptre de roi, criant : Au plus fou qui en voudra !

» — Sire, repartis-je, je vous vois rarement de cette humeur dépitée, et je m'étonne de n'en connaître pas le motif.

» — Ah ! mignonne, n'est-ce donc rien que changer la religion de ses pères aux risques de ce qui en adviendra en ce monde et en la vie éternelle ?

» — Sire, la religion catholique est meilleure et la seule vraie ; aussi bien elle vous baille un trône que vous a ôté l'hérésie.

» — Ainsi espères-tu rien de bon de ces conférences entre les députés des états et les miens ? Ne sont-ce pas des délais et partant des obstacles, sans autre résultat que ma ruine ?

» — Le duc de Mayenne, sire, n'a que faire d'une trêve avec sa belle armée qui a pris Noyon.

» — Au contraire : les maladies, neiges et disettes ont combattu pour moi, et, ce m'écrit-on, en suite de différends survenus par faute de solde, M. de Mayenne a vu déserter ses troupes étrangères ; aucuns me conseillent de marcher sur Paris, qui se rendra sans coup férir.

» — Non, sire, le plus expédient est d'abjurer.

» — O le bel embarras ! ma chère mie ; possible est qu'ayant abjuré, les protestants me quittent et les catholiques ne me reconnaissent davantage.

» — Sire, il est écrit que vous serez catholique, et c'est trop vous en défendre ; la plus forte raison à ce faire c'est que le pape seul aura pouvoir d'opérer votre démariement.

» — Ventresaintgris ! ma chère, à ce prix ma conversion aurait lieu tout à l'heure.

» — Henri, je vous prie seulement de considérer votre intérêt en ce cas important.

» — Dieu fasse que messieurs mes sujets s'accommodent tout d'un accord ; car j'ai reçu avis, d'une part, que si je persistais en l'hérésie, je serai traité comme le feu roi Henri; et, d'autre part, que si je changeais ma religion, on me réservait un bon poignard tranchant et pointu.

» — Par l'ange Gabriel! sire, qui vous annonça ces exécrables forfaits? m'écriai-je.

» — Je les tiens de main sûre, ma fille, et n'en suis plus inquiet; car si les avis semblables qu'on m'a baillés se fussent réalisés, je serais mort deux cents fois tant par le fer que par le poison.

» — Sire, la prudence ne fait pas de mal quand elle ne fait pas de bien; je vous conjure d'en user et de veiller sur vos jours si précieux à l'État et davantage à moi, qui suis une part de vous-même.

» — Va, ma fille, je ne crains meurtriers ni empoisonnements tant que le Maheutre sera mon premier garde-du-corps. »

Le lendemain, vers le soir, le roi n'étant point revenu de Chartres, le bruit se répandit parmi la ville de Mantes qu'il était assassiné. Il se fit aussitôt par les rues un tumulte d'allées et venues ; je prêtai l'oreille, et des cris : Le roi est mort! m'ôtèrent la parole et le sentiment. Je revins de mon évanouissement par les longs soins de Périnet, de madame de Sourdis et de M. de Cheverny :

« Le roi! le roi! criai-je avec désespoir.

» — Il vit; le Maheutre l'a sauvé, dit à voix basse Périnet ; qu'il en soit toujours de même!

» — L'an 1576, la veille de la Saint-Barthélemy, repartit M. de Cheverny, il y eut dans Paris une grande rumeur pareillement que le roi avait été mis à mort par les protestants.

» — Ma nièce, interrompit madame de Sourdis, Sa Majesté vous attend au faubourg de Limay, d'autant qu'il n'est point en sûreté en la ville.

» — Dieu soit loué! dis-je : ces paroles sont un baume dessus ma blessure.

» — Le roi, fit Périnet en extase, doit être vingt-quatre fois plus prudent que tout autre, car il y aura vingt-quatre tentatives contre sa vie. »

J'étais tant impatiente d'embrasser Henri sain et sauf, que, sans raccommoder ma toilette, je courus au faubourg, où ce bon prince me reçut à grands bras.

« Sire, dis-je jetant des larmes, je vous revois en vie !

» — Foi de gentilhomme ! ma belle Gabrielle, on se réjouit de vivre après avoir failli mourir.

» — Quel monstre vomi par les enfers, sire, aurait eu cette impiété de porter les mains dessus votre personne sacrée ?

» — Ventresaintgris ! les tueurs espagnols frappent un hérétique comme si ce fût un chien, et d'après tout je ne me croirais à l'abri des couteaux bénits, sans ma garde anglaise et mes gentilshommes qui sont en armes autour de mon logis.

» — Sire, contez-moi, s'il vous plaît, l'audace criminelle des assassins.

» — Vous savez, mon menon, que j'allai à

Chartres pour dresser les passeports des députés ligueurs; je fus attardé par ceci et par cela, de sorte que je ne rentrai à Mantes qu'à la nuit quasi fermée. Je n'avais pour escorte que MM. de Givry, de Bellegarde et de Nevers, mes gardes-du-corps s'étant arrêtés aux faubourgs pour se rafraîchir. Je n'avais d'autre idée en tête que de vous baiser par délassement de la route et du soin des affaires. Ces messieurs, à quelques pas en arrière, devisaient à part eux. Tout-à-coup j'avisai comme des ombres glissant le long des murs des maisons, et je crus voir des mèches allumées aux mains de ces gens-là. Je retournai la tête, et aperçus à mes côtés un nouveau cavalier qui n'était autre que mon Maheutre.

« Mon fils, lui dis-je, quelle nouvelle ?

» — Sire, repartit le Maheutre...

» — Eh quoi! m'écriai-je interrompant la narration, le Maheutre parle!

» — C'est la première fois, reprit le roi, et ce sera la dernière, j'imagine.

» — Or que disait-il? je vous prie.

» — Il disait d'une voix douce et basse : «Sire, votre cape et votre chapeau empanaché peuvent servir de point de mire aux arquebusades ; ôtez-les vitement, et tournant bride, jouez des éperons. » Sans demander le pourquoi de ces paroles mystérieuses, je dépouillai cape et chapeau, puis criant : « Alerte ! messieurs ! » je poussai mon cheval au triple galop vers les faubourgs. Ces messieurs, ignorant quelle mouche me piquait, suivirent la même voie, éperonnant leurs montures. Soudainement deux coups d'arquebuse tirés contre nous les avertirent que l'on en voulait à ma vie, et je foulai aux pieds de mon cheval un homme couché à plat dessus mon passage. Les arquebusades avaient fait courir aux armes les soldats logés auprès des porteaux. Ils virent par le brouillard qu'il faisait un cavalier poursuivi par quatre autres. C'était moi que les gentilshommes et le Maheutre n'avaient pas joint. « Aux armes ! criai-je, les Espagnols sont en la ville ! » Ma voix reconnue, on vint à ma rencontre, et je déclarai brièvement le péril que j'avais couru. Cependant je fis clore les portes de Mantes et mander les Anglais logés aux environs. Il arriva que dedans la ville, au bruit des arquebusades, des gens trouvèrent ma cape et mon chapeau que le Maheutre n'avait point ramassés à terre ; de là cette créance de ma mort, bientôt démentie. »

Le roi logea quelques jours hors de la ville, où des Espagnols s'étaient introduits dans le dessein de l'enlever ou le massacrer ; mais voyant leur surprise manquée, ils s'enfuirent avant la clôture des portes. « Sire, dit Périnet à Sa Majesté, le destin n'est point traître ; il avertit toujours d'une ou d'autre manière, afin qu'on ait à se garer de ses coups. »

Les conférences pour les affaires de la religion et de l'État furent lentes à commencer. On débattit d'abord le lieu où elles se tiendraient, ensuite les députés qu'on y enverrait de part et d'autre. Du côté de la Ligue, M. de Villeroi, tout porté pour le roi, ne voulut pas être député, jugeant que ladite conférence n'était que pour abuser les royalistes.

Finalement on choisit le bourg de Surène,

voisin du château de Madrid. Plusieurs députés s'y rendirent aux fins d'élire des logements, qui furent départis au sort de croix ou pile. Les ligueurs, à qui échut en partage le quartier de l'église, se louèrent de la chance comme de bon présage.

Les états nommèrent pour assister à la conférence MM. Pierre d'Espinac, archevêque de Lyon; François Péricart, évêque d'Avranches; Geoffroi de Billy, abbé de Saint-Vincent de Laon; André de Brancas de Villars, amiral; François Averson, Pierre Jeannin, Jean Louis de Pontarlier, Louis de Montigny, Nicolas Dupradel, Jean Lemaître, Étienne Bernard et Honoré Dulaurens. Les royalistes eurent pour représentants MM. Renaud de la Beaune, archevêque de Bourges; François Leroi, de Chavigny, Nicolas d'Argennes Rambouillet, Gaspard de Schomberg, Pomponne de Bellièvre, Godefroi Camus de Pontcarré, Jacques-Auguste de Thou, Louis Revol et de Vic, gouverneur de Saint-Denis, tous catholiques, suivant le désir des états.

J'ai dressé la liste de ces députés, parceque le roi Henri l'écrivit de sa main dessus les Heures de Mayenne qu'il m'a données. « Ma mie, dit-il, Dieu fasse que les conférences de Surène ne soient une autre confusion de langues ! Il y aura, je crois, bien de la bave et des discours inutiles. J'aurais plus tôt fait en quatre mots que ces messieurs en mille : je dirais seulement aux ligueurs : « Voulez-vous pas d'un roi catholique ? »

Cependant le roi, avant lesdites conférences, s'égarait en ses incertitudes. Le fait d'une abjuration mettait son âme en proie au trouble et au remords ; car il n'est pas si mauvaise religion qui n'ait ses croyants comme la vraie catholique et romaine. Le roi se consultait souvent à moi pour se rassurer, quant à son salut en l'autre vie, et il doutait davantage après les assurances que je lui baillais.

« Sire, lui disais-je, il est une raison qui vous doit convaincre, ou vous ne m'aimez guère.

» — Je vous aime, ma belle Gabrielle, avant Dieu, si j'osais.

» — Hé bien, sire, faites-vous catholique; car ce serait à mourir une seconde fois si après notre trépas nos âmes étaient mises en des logis séparés.

» — Vive Dieu! tu parles d'or, et en tout cas je ne courrai d'autre chance que la tienne. »

Malgré ce, le roi revenait à ses rêveries, et plus indécis que devant. Il mandait secrètement ceux aux conseils de qui il avait le plus de foi, les entretenait longuement, écoutait leurs avis contraires, et ne se résolvait à rien.

« Ma mie, ce dit-il un soir sortant d'un entretien où M. de Rosny l'avait ennuyé d'une oraison écrite touchant les affaires du temps, mes amis se contredisent l'un l'autre; chacun parle selon ses intérêts, et vante hautement ses services. Je veux réunir mes plus fidèles serviteurs, et les interroger sur le parti à prendre.

» — Sire, je vous requiers d'inviter à cette

assemblée maître Guillaume, qui n'ouvrira pas l'avis le plus fol.

» — Vous, ma mie, ce pendant vous écouterez derrière une tapisserie, et me rendrez compte de votre jugement, quant aux propos qui seront lâchés vis-à-vis de moi. Nous élirons ensemble le projet où s'arrêter. »

Sa Majesté, la veille de la première conférence (c'était le vingt-huitième d'avril), manda par lettres de cachet ceux qu'il estimait ses plus loyaux serviteurs, sans les informer à l'avance de son intention. A l'heure dite, il me conduisit derrière la tapisserie de la salle, puis avec force baisers m'invita surtout à bien recueillir en ma mémoire tout ce qui se dirait là. Je demeurai pendant la séance, qui ne fut point brève; car aucuns de ces messieurs péroraient comme des Cicérons et Démosthènes. Je n'ai donc pas retenu les beaux discours fleuris et d'élégante rhétorique; mais je couchai par écrit, pour m'en souvenir, les idées de chacun, et je les rapporte ici comme je fis au roi, la séance levée.

Les principaux étaient MM. de Rosny, de Nevers, Duplessis-Mornay, de Bellegarde, d'O, de Sancy, d'Aubigné, de Givry, de Biron, de Sourdis, de Cheverny, de Bellièvre, l'archevêque de Bourges, et maître Guillaume. Le roi les fit seoir, et commença en ces termes ou à peu près :

« Messieurs et mes amis, je vous ai fait venir pour tirer de vous un bon conseil dont j'ai besoin urgent. J'ai fait de sorte que, n'étant pas tous de même religion, vos avis diffèrent et se combattent. Donc je vous prie de me dire en toute franchise si je me dois faire catholique.

» — Sire, dit M. l'archevêque de Bourges, le premier de rang, cette question est, ce me semble, résolue du jour que vous déclarâtes par serment vouloir embrasser la religion de vos sujets ; vos serments vous en diront plus que je ne fais.

» — Sire, s'écria d'Aubigné, Votre Majesté est née en la religion réformée, et doit y mourir pour satisfaire à sa bonne conscience. Il n'en est point de la religion comme d'un pays, que l'on peut changer de sa fantaisie. Je prétends que tout apostat commet lâcheté ; car la meilleure religion est celle de son père.

» — M. d'Aubigné, reprit M. de Sancy, est trop sévère en ses doctrines, desquelles je nie la conséquence, par cette vérité que sous toutes les religions un honnête homme est honnête. Bien plus, en toutes choses il y a l'intérieur et l'extérieur : tel paraît catholique, qui au fond est protestant.

» — Ce langage sent l'impiété, repartit M. d'O, et il n'est de paradis que pour les Catholiques ; c'est pourquoi je dépense mes revenus à fonder des couvents et doter des églises.

» — Sire, dit M. de Biron, vous avez promis, il faut tenir, coûte que coûte ; aussi bien vos gentilshommes catholiques, desquels je suis, se croiront dégagés de leur fidélité par votre manquement de parole.

» — Messieurs, répondit Givry, l'épée est hors du fourreau ; gardons de l'y remettre, car tous les signes de croix ne forceraient pas la plus chétive bicoque.

» — Sire, faites-vous catholique au plus tôt, interrompit Bellegarde.

» — Saint Calvin ! se récria M. d'Aubigné, la Ligue devenue royale se poursuivra contre les protestants !

» — Non, monsieur d'Aubigné, dit le roi, non, sur mon âme! car si j'étais roi catholique, je chérirais mes sujets protestants à l'égal des autres, et davantage : ils m'ont servi de leur sang et de leurs biens, je les couvrirai toujours de ma protection.

» — Sire, dit M. de Nevers, il vous sera loisible de tolérer l'hérésie jusqu'à son extinction totale, mais diantre! la faire triompher, n'y comptez pas; je quitterais votre service, diantre! et petits et grands se banderaient contre votre injustice.

» — Messieurs, repartit le roi, je parle aux catholiques d'entre vous : à ma prière, ne signeriez-vous pas une déclaration pour assurer les droits de ceux de la Religion ?

» — Diantre ! quels droits ? sire, demanda M. de Nevers.

» — L'exercice libre de leur culte, répondit le roi ; protection envers eux et leurs biens.

» — Certes, dit Bellegarde, tout vrai gentilhomme signera la susdite déclaration, et je m'y engage devant vous, messieurs.

» — Rosny, dit le roi se grattant la tête, secourez-nous d'un bon conseil.

» — Sire, reprit M. de Rosny, étant calviniste et fort content de ma religion, je me dois taire en public ; mais je vous renvoie à notre entretien d'hier.

» — Parlez, monsieur de Rosny, répliqua M. de Bellièvre ; vous passez, à bon escient, pour un esprit clairvoyant et solide ; ne nous privez point de vous ouïr.

» — Messieurs, fit M. de Rosny, que nul n'accuse ma religion, qui est et sera protestante jusqu'à l'heure suprême ; mais hier je disais sans fard à Sa Majesté que pour l'intérêt de ce malheureux royaume une abjuration est chose nécessaire.

» — Fi! monsieur de Rosny, dit d'Aubigné, si j'avais pu bailler ce conseil empoisonné, je me couperais la langue avec les dents, pour pénitence.

» — Monsieur d'Aubigné, rétorqua M. de Rosny, sachez que la face que je porte n'a rougi de honte qu'à ce moment; mais c'est de n'avoir pas coupé une autre langue que la mienne.

» — Silence, messieurs, interrompit le roi; qui vous a fait si hardis de quereller devant nous? Çà, mes amis, ne vous échauffez la bile à cause de moi. Duplessis, vous n'avez rien dit encore?

» — Sire, je vous rappelle que vous m'avez promis des lettres-patentes de six vingt mille écus pour entretenir des ministres et des colléges calvinistes.

» — Au nom de Dieu! s'écria M. de Bourges, ce sera l'abomination de la désolation dedans le royaume, la peste, la venue de l'Ante-Christ!

» —Monsieur, reprit Duplessis-Mornay, trève

à ces grands hélas, s'il vous plaît; pratiquez votre foi sans vous embarrasser de la nôtre.

» — Diantre! M. Duplessis se croit citoyen de Genève, dit M. de Nevers.

» — Duplessis, dit le roi, je réclame votre opinion touchant ma croyance à abjurer.

» — Sire, repartit M. Mornay, je suis bon protestant, comme chacun sait, partant ce que j'opinerai ne paraîtra suspect. Sa Majesté se doit rendre catholique d'abord; car il a grosse chance de gagner le pape et les chefs de la Ligue contraires aux Espagnols; puis la moitié des villes ouvriront leurs portes; et je tiens pour certain que Paris, où les Politiques reprennent l'avantage, offrira son exemple. Il faut que la guerre cesse, autrement les renards d'Espagne obtiendront ce qu'ils poursuivent, l'élection d'un roi.

» —Bien dit! s'écrièrent les uns et les autres, sauf M. d'Aubigné, qui mâchait quelque satire.

» — Sire, ajouta M. Duplessis-Mornay, en l'an 1555 le roi François Ier, qui n'avait point de royaume à gagner, eut fantaisie de se faire instruire en la réforme par le révérend docteur Mélanchthon ; vous avez plus d'intérêt d'abjurer l'hérésie qu'il n'en avait de la chercher.

» —Mon ami, dit le roi à M. Duplessis-Mornay, vos fortes raisons, énoncées sans ambiguité, m'ont quasi convaincu, et si la Ligue me veut recevoir, je me ferai catholique.

» — A votre dam! sire, dit d'Aubigné.

» — Béni soit le Seigneur! s'exclama M. de Bourges.

» — Diantre! sire, quand vous serez assis dessus le trône, dit M. de Nevers, vous récompenserez qui vous a loyalement servi.

» — Je suis aise que M. Duplessis pense de ma sorte, remarqua M. de Rosny.

» — Ah! sire, se récria M. de Cheverny, que n'avez-vous abjuré en 1589, quand on vous en pria aux états de Blois?

» —Je soutiens mon dire, ajouta Sancy; on est catholique en apparence, et protestant de fait.

» — M. de Sancy serait à volonté païen, catholique, mahométan et idolâtre, dit M. d'Aubigné.

» —Et toi, compère, demanda le roi à maître Guillaume, pour quel avis tiens-tu?

» — Pour l'avis de quiconque parle, répondit le bouffon.

» — Comme vous-même, sire! » repartit M. de Sourdis, suivant son mot habituel.

CHAPITRE III.

Conférences de Surêne. — Disputes et délais. — Les doublons d'Espagne. — Déclaration des catholiques. — MM. d'O et d'Aubigné. — Les ministres protestants Morlas, Rottam et Salettes. — Devoir et intérêt. — Controverse religieuse. — Cas de conscience. — Les deux religions. — Tolérance calviniste. — Gabrielle convertisseuse. — L'amour, la politique et l'abjuration. — Raison péremptoire. — Jésuitisme protestant. — Deux manières de faire son salut. — La plus sûre. — Siége de Dreux. — L'audace plaît aux dames. — Les musiques. — Ce qu'on attend le moins arrive. — Le passe-port. — Espionnes de la Ligue. — M. de Guise roi de France. — Une intention de courtisan. — Suzanne au bain. — Ordre du cortége. — Madame Catherine et mesdames de Guise. — Les Dieu gard'. — Les femmes entre elles. — Où l'orgueil va-t-il se nicher? — Réconciliation replâtrée. — Le jeu du roi. — Morale. — Les pertes du roi François Ier. — Promenade matinale. — Le roi au camp. — Le pain du soldat. — Souper à Dreux et chez Pluton. — Le canon des assiégeants. — La robe perse. — Assaut. — M. de Rosny mineur. — La blessure de M. de Montpensier. — La mine de M. de Rosny. Ses effets. — Humanité de Henri IV. — Gravelle et neuf autres pendus. — Les récompenses et les services. — Le bonnet et le moule du bonnet. — Départ de mesdames de Guise. — Résignation du roi à Dieu. — Les sermons des jésuites. — Mission de Zamet. — Le roi et M. de Mayenne. — L'élection d'un roi par les états. — L'ambassade des deux partis.

Les conférences de Surêne, ainsi que les plus perspicaces l'avaient prévu, n'aboutirent qu'à traîner les choses en longueur. Les députés ligueurs se montrèrent difficiles et cauteleux. Les royalistes s'humilièrent à la prière, car ils semblaient demander par grâce qu'il fût licite au roi de se rendre catholique, et ils en dressèrent un écrit signé pour être remis aux états. L'archevêque de Lyon, tout goutteux et podagre qu'il fût, tenait rigueur à l'archevêque de Bourges, qui fit respecter les libertés de l'église gallicane, refusant d'attendre les ordres de la cour de Rome, où nos ambassadeurs, le cardinal de Gondi et M. de Pisani, étaient mal accueillis du pape Clément VIII.

Cependant le roi ayant fait proposer aux états une trêve de trois mois pour se faire instruire dans les dogmes catholiques, la faction espagnole eut peur que la paix se pratiquât par suite de ladite conversion. Donc les conférences de Surène furent interrompues, puis reprises au faubourg Saint-Antoine et à la Villette, sans rien conclure, sinon une suspension d'armes pour les lieux avoisinant Paris.

Ces diputes, chicanes et délais mécontentèrent Sa Majesté, qui faillit châtier cette mauvaise foi en demeurant hérétique et poussant la guerre avec ardeur.

Plusieurs de ses gentilshommes réformés l'encouragèrent à ce faire, jurant par le corps de Jésus-Christ de mettre la sainte Union en branle à coups de canon ; mais de mieux avisés lui représentèrent que les doublons d'Espagne faisaient merveille pour l'élection d'un roi, et que le duc de Guise, qui avait l'amour et la confiance du peuple, obtiendrait la couronne avec la main de l'infante, laquelle ne serait point mariée à l'archiduc Albert. Aussi bien les évêques et docteurs mandés par Sa Majesté pour se rendre à Saint-Denis le quinzième de juillet témoignaient de la bonne volonté du roi à se convertir.

Cependant ce grand prince était offensé des entraves qu'on lui suscitait, et chagrin de voir la division parmi ses serviteurs, que ne rassurait guère la Déclaration signée par les principaux catholiques royaux, moyennant laquelle aucun traité portant préjudice à ceux de la Religion ne serait accepté.

Malgré ce, la bonne intelligence ne régnait plus entre les uns et les autres. M. d'Aubigné pour les huguenots, et M. d'O pour les catholiques, péroraient, cabalaient, criaient et menaçaient.

« Sa Majesté veut se rendre plus méprisable que M. de Sancy, disait M. d'Aubigné : mieux vaut un athée qu'un relaps.

» — Le roi, disait M. d'O, nous laissera ronger de gale hérétique. »

Voyant l'esprit du roi virant à tous les vents, du sud au septentrion, je me résolus à le ramener en la meilleure voie pour le conduire en guise de pilote et de boussole jusqu'au port, qui était son trône. Voici comment je menai le gouvernail.

J'avais affectionné entre tous les ministres MM. Morlas, Rottam et Salettes; non que je prêtasse l'oreille à leurs erreurs, mais ils me venaient saluer à mes audiences du matin, et pratiquaient mon amitié à cause de certains services. Ainsi, par mes recommandations, le fils de M. Morlas avait été fait mestre de camp ; le frère de M. Rottam était passé chapelain de la reine d'Angleterre, et M. de Salettes tenait une forte pension des deniers du roi.

C'est pourquoi ces honnêtes gens me déféraient toute reconnaissance, et avaient foi en mes paroles. M. Annibal d'Estrées, bien que d'autre église qu'eux, les estimait grandement à cause de leur probité et de leur sapience, extraite toute des livres saints, qu'ils citaient en parlant.

Un jour je les convoquai secrètement et leur dis :

« Messieurs, il sera singulier qu'une dame dispute avec des ministres sur controverses religieuses.

» — Madame, dit M. Rottam, nous vous savons le sens exquis en toutes choses, et la religion, plus que le reste, exige une sagesse profonde.

» — M'est avis, repris-je, que les affaires d'État doivent certaines fois l'emporter dessus les affaires de religion.

» — Savoir, repartit M. Morlas : les devoirs des grands sont à distinguer des devoirs des petits.

» — Oyez ce dont il s'agit, et ouvrez-moi l'avis le plus sage et profitable aux intérêts du roi et de ses sujets.

» — Il est écrit que la lumière vient d'Orient, s'écria M. Salettes, et Genève est géographiquement à l'orient, et figurément de Genève doit poindre l'aurore de la vérité.

» — Messieurs, le roi, comme vous savez mieux que le vulgaire, est fort attaché à sa religion, qu'il tient de ses pères, et pour une couronne il ne serait point relaps.

» — Madame, interrompit M. Rottam, Sa Majesté, en dépit des mauvais bruits que l'on fait courir eu égard à l'abjuration, résistera au vent du papisme comme le chêne de Nabuchodonosor, lequel de son ombre couvrait une lieue de champ.

» — Certes, repris-je, le roi, par conviction et préférence, ne quitterait onc sa religion qu'il a défendue et maintenue au prix de son sang; mais il faut mettre la couronne sur son chef plutôt que la livrer aux Espagnols, détruire la Ligue et les factions, terminer la guerre et les misères de la France, protéger le commerce, et fermer l'abîme de maux où nous a conduits les troubles civils et religieux!

» — Pour acquérir ces inestimables biens, dit M. de Salettes, il n'est rien qu'on ne fasse en cette vallée de larmes, et l'abjuration du roi serait tout ainsi que le sacrifice d'Isaac des mains de son père Abraham.

» — Tel est le cas qu'il faut éclaircir : sans vouloir comparer les deux religions, je pense que le roi commet un meurtre patent envers ses sujets vexés et souffrants, s'il ne se fait catholique.

» — Sur ce point ardu, dit M. Rottam, Sa Majesté doit requérir les clartés de l'Esprit saint, et protester à l'avance contre le mal qu'il pourra faire par l'option de l'un ou l'autre parti.

» — Oui, reprit M. Morlas : la catholique n'est point la plus excellente religion, mais

Dieu prendra en considération la nécessité à laquelle cède Sa Majesté.

» — Messieurs, je suis bien aise, dis-je, de vous voir en ces sentiments, et je me réclame de vous pour appuyer la résolution du roi.

» — Madame, fit M. Rottam quasi confus, serait-il pas un peu bien étrange que des ministres protestants prêchassent en faveur du pape ?

» — Le roi est tout décidé, messieurs, repartis-je ; seulement votre approbation lui soulagera d'autant la conscience.

» — Vraiment, dit M. Salettes, les textes et exemples ne nous faudront pour appuyer les raisons qui le meuvent à s'offrir en holocauste.

» — Il suffira, conclut M. Morlas, qu'il se confesse à Dieu de son généreux dessein, le priant de faire miséricorde aux moyens en faveur de la fin.

» — Messieurs, répondis-je, vous aurez bien mérité de toutes les villes de France, qui reconnaîtront le roi devenu sujet du pape. Je m'engage à ce que les récompenses ne vous manquent point, ni les éloges pour votre dévouement à Sa Majesté. »

Au sortir de cette conférence, je passai chez le roi, qui, d'après des lettres de M. de Villeroi, fluctuait dedans une mer d'inquiétudes.

« Sire, dis-je, me voulez-vous contenter à ce coup ?

» — Ma belle Gabrielle, je ne t'ai fait un refus en ma vie, et t'accorde tout devant que tu le demandes.

» — Sire, faites-vous catholique sans plus de retardement.

» — Ventresaintgris ! on quitte moins aisément son Dieu que sa maîtresse ; je te donne à penser si je te quitterais sans mûre réflexion, ce qui veut dire que je ne saurais te quitter, ma chère âme.

» — Sire, ce sont vos ennemis ceux-là qui vous détournent du seul parti bon et opportun ; or je vous déclare que vous ne serez roi qu'autant que catholique.

» — Çà, ma mie, j'ai grosse envie d'être de

ton église; mais j'ai peur de l'enfer, où les relaps ont la plus belle place.

» — Vous n'avez donc point conciliabulé avec messieurs vos ministres, qui, j'espère, vous eussent réconforté de saintes paroles?

» — Vraiment, au dernier prêche que j'entendis, les relaps et apostats furent promis aux flammes éternelles, et le prédicateur compara ces misérables à des sépulcres blanchis.

» — Sire, par mes larmes, par mes supplications et par votre honneur, je vous conjure d'entrer en la communion catholique.

» — Détaille un peu tes raisons, ma fille, pour mieux me convaincre.

» — Sire, n'étant ni votre chancelier, ni M. de Rosny qui compose des discours cicéroniens, je vous dirai le vrai pour toute rhétorique: le fait de votre hérésie empèche la plupart de vos sujets de vous tendre les bras comme à leur libérateur; donc catholique devenu, vous n'aurez à combattre que les Espagnols, au lieu des Français et des Espagnols ensemble; les villes des provinces, puis l'une, puis l'autre, se rangeront dessous votre obédiance; les Politiques déjà sont plus nombreux que les Seize à Paris, qui vous sera rendu sans siége ni famine; les hérétiques, de peur des édits, se résigneront à ce que vous ordonnerez d'eux, et partout le royaume il n'y aura que feux de joie; le commerce reviendra avec la paix, et vous serez réellement le meilleur des rois pour l'heur et la prospérité des vôtres. Dieu vous envoie une lignée qui vous ressemble et soit à votre image!

» — Vive Dieu! ma mie, quelle faconde melliflue! Toute l'éloquence de M. de Rosny ne vaut ton simple langage.

» — Sire, pour vous, pour nous, pour tous, abjurez l'hérésie!

» — Je te le jure, mon menon, et le diable emporte les mécontents.

» — Ceux-là ne sonneront mot; et M. d'Aubigné leur chef, deux mois après ladite cérémonie, vous en applaudira, comme feront vos ministres protestants.

» — Nenni, M. d'Aubigné vivra et mourra

protestant jusqu'au fagot, et messieurs mes ministres m'ont conseillé théologalement de persévérer en ma croyance.

» — Ils ont fait peau neuve depuis ce premier conseil, sire, et, moi présente, je veux les ouïr parler d'autre sorte.

» — Je serai bien aise de me targuer de leur docte sentiment. Après quoi, ma belle Gabrielle, je serai catholique, et ce qui t'agréera davantage.

» — Sire, monseigneur le pape s'en va vous relever de vos vœux conjugaux, et vous serez démarié publiquement, avec la faculté de prendre nouvelle épouse plus apte à vous faire des enfants.

» — Ma mie, c'est vérité de dire que je me catholicise pour l'amour de vous. »

MM. Morlas, Rottam et Salettes furent mandés sur l'heure, et, troublés de l'issue de la séance, ils firent d'abord piteuse contenance. Je les encourageai du regard et de la voix par cette interrogation :

« Messieurs, vous m'avez assurée tantôt que

sans pécher Sa Majesté pouvait se faire catholique ?

» — Distinguons, madame, repartit M. Rottam.

» — Messieurs, dit le roi, je pose la question d'autre façon, et vous prie d'y répondre catégoriquement. Pensez-vous que l'on se puisse sauver hors de la religion réformée ?

» — Sire, dit M. Morlas, la question est moult épineuse, et je désire en conférer avec ces messieurs.

» — Non, m'écriai-je, répétez pour toute solution ce que vous en disiez tantôt, et sans y changer un mot.

» — Sire, repartit M. Salettes, je tiens pour certain que le salut est plus facile à faire en notre religion, mais, nonobstant, qui s'abstient de pécher se peut sauver pareillement dans la catholique.

» — Notre avis, ajouta M. Morlas, n'est guère distant d'icelui, et M. Rottam pense tout ainsi que M. Salettes.

» — Merci, messieurs, je me fie à vous sur

cette matière; mais d'autant que j'ai deux oreilles pour entendre deux avis, je veux me consulter à un catholique romain. »

M. l'abbé Dupéron, qui ne s'éloignait point du roi, pour l'œuvre de sa conversion, fut mandé dans la salle et requis de parler net.

« Monsieur mon maître, lui dit Henri, je vous prie de nous ôter les écailles de dessus les yeux. Ces messieurs assurent que possible est de faire son salut en la religion romaine comme si ce fût la vraie, mais que ledit salut à faire offre plus de chances dans la protestante.

» — Sire, dit M. Dupéron, sévère de ton et de visage, je nie la proposition, car le salut est impossible en toute autre religion que la nôtre.

» — Ventresaintgris! messieurs, repartit le roi, serais-je point insensé d'hésiter un instant entre deux religions dont l'une est déclarée la seule vraie et la seule qui mène une âme en paradis? Des deux chances il faut choisir la meilleure, et mon choix est fait. »

Il en fut ainsi, car depuis cette séance, où la discussion s'émut à peine, le roi persista en son abjuration, qui eut lieu de la façon que je dirai.

Cependant le roi, fâché que les conférences de Surêne l'eussent traîné en longueur pour tout objet, cessa tout-à-coup la surséance d'armes par le siége de Dreux, fait et parachevé quasi sous les yeux de Paris. L'amiral de Biron ayant investi la place, Henri vint ouvrir la tranchée devant les dames et demoiselles de sa cour, tant il regardait comme inévitable la prise de la ville et du château.

J'avais maintefois admiré le courage du roi, qui ne le cédait à nul des grands capitaines grecs et romains; son expérience, sa résolution, sa hardiesse, son art militaire, enfin toutes les plus rares qualités d'un homme de guerre en même temps que d'un roi, l'élevaient haut en mon estime, qui faisait que je l'aimais tant après Bellegarde. Or ce siége, lequel dura trois semaines environ, augmenta encore la bonne opinion que j'avais de ses vertus guerrières. Mais, d'autre part, je fus chagrinée de la présence de mesdames de Guise, que j'ai peine voire à présent de pratiquer d'amitié.

Un jour que je jouais du luth, madame de Rohan et ses filles là présentes, et au lointain le bruit des canons battant la brèche, le roi survint l'air contraint et la langue empêchée, car il ne sonna mot et s'assit à petit bruit.

« Sire, dis-je, cette musique vous plaît moins que les canonnades et arquebusades.

» — Ma belle Gabrielle, repartit-il, je vous annonce la venue de madame Catherine avec trois dames, que de nom seulement vous connaissez.

» — Vraiment, sire, madame votre sœur a-t-elle fantaisie d'apprendre la science des siéges, ou ne pouvait-on forcer Dreux sans elle?

» — Ma mie, devinez, je vous prie, quelles sont ces dames?

» — C'est affaire à Périnet, sire, ou à quelque devin.

» — Je crains que vous soyez mal à votre aise de les avoir en votre compagnie.

» — Par mon saint patron! seraient-ce mesdames de Guise?

» — Vous l'avez dit, mon cœur.

» — Certes madame Catherine a bien réussi à me contrarier, et, pour éviter les Guisardes, je me rends sur l'heure à Cœuvres ou à Liancourt; pourvu que je sois loin d'elles, n'importe.

» — Arrêtez, ma chère belle, et ne rancunez point de ce madame ma sœur, qui n'en peut mais...

» — Je ne les verrai point, sur ma vie ! c'est pourquoi je pars de céans et vous laisse en proie à ces sirènes.

» — Voici le fait en toute vérité : Bellegarde...

» — Bellegarde, interrompis-je, pourquoi donc? Son amour est-il de saison, quand lui même a dit que de la mère il en ferait une vachère, et de la fille une servante d'hôtellerie?

» — Ce langage, de vrai, n'est pas d'un amant fort passionné; mais Bellegarde, bon gentilhomme d'ailleurs, ne dit ce qu'il pense ou ne pense ce qu'il dit.

» — Finalement, sire, comment avez-vous consenti à recevoir en votre camp ces pestes de Guise ?

» — Ces dames, la mère et la fille, comme aussi madame de Nemours, malades du mauvais air de Paris, de la mauvaise nourriture, et ennuyées des Seize non moins que des Politiques, me firent par Bellegarde solliciter d'un passe-port aux fins de se retirer en une maison de plaisance jusqu'à la paix.

» — Oui, mais le passe-port octroyé par votre grande bonté; pourquoi amener ces ligueuses en votre cour ?

» — Madame Catherine, qui fut naguère amie de madame de Guise, m'a fait cette requête, et d'habitude je ne tiens point de refus à l'égard de madame ma sœur.

» — Or donc qu'elles viennent ces belles dames, je ne m'y oppose aucunement, et s'il vous plaît j'irai à leur rencontre, puis les baiserai du baiser de Judas.

» — Vive Dieu ! madame, si ladite visite vous fâche à ce point, je m'en vais envoyer un courrier qui les somme de retourner ; car je préfère causer du souci à tous plutôt qu'à vous.

» — Non, mon très cher Henri, je ne vous garde ni colère ni reproche, mais bien à Bellegarde qui m'attire cet ennui.

» — Soit, mon menon; tant plus vous haïrez Bellegarde, tant plus vous m'aimerez.

» — A quand leur arrivée en ces parages, où elles joueront le beau rôle d'espion pour la Ligue?

» — Nenni : elles s'aperçoivent que la Ligue s'en va tomber par terre, et voudraient se précautionner d'un traité avec le Béarnais, qu'elles appellent jà le roi.

» — Ce pendant que M. de Guise, leur fils et frère, aspire aux suffrages des états pour avoir la couronne de France et la main de l'infante Isabelle.

» — Ventresaintgris! quant à la couronne, il la faudra reprendre de dessus ma tête, où elle est fermement; l'infante, je m'en soucie peu, et la donne à qui la veut pour ses péchés.

» — Sire, je m'efforcerai de faire bon visage à madame de Guise, et cela par amour de vous.

» — Je vous en aurai grande obligation, ma belle, et sur l'heure préparez-vous à venir au-devant d'elles par la campagne. »

Le roi me voyant résignée à souhait me baisa par réconfort, et s'en alla disposer la réception sans m'ôter cette épine du pied. Je me vêtis royalement, étincelante de diamants et de broderies, car j'avais à cœur par-dessus tout d'offusquer mesdames de Guise, comme le soleil fait disparaître les feux des étoiles. Je priai les dames de ma suite, et celles-là qui brillaient davantage en beauté et jeunesse, de se parer magnifiquement pour mieux porter ombrage à mesdames de Guise, de telle sorte que Bellegarde, auteur de leur visitation, ne leur baillât la pomme d'or comme aux plus belles et mieux faites.

Dès long-temps j'avais vu s'évanouir en fumée mon amour pour Bellegarde, qui, se souvenant de notre dernier rendez-vous, n'avait garde d'exposer sa personne et sa faveur aux ressentiments du roi son maître. Toutefois j'imaginai que par cet appel de sa maîtresse il avait nourri le dessein secret de justifier son infidélité, étalant au vu de tous et du roi les divins attraits de mademoiselle de Guise, soit qu'il voulût par là détourner de moi à elle l'amitié d'Henri, soit qu'il voulût faire apparat de sa propre bonne fortune. Je me réservai de le piquer d'ici à la première occurrence.

Donc le temps étant beau, le ciel bleu, le soleil ardent, le zéphyr doux, le roi eut avis que les dames approchaient, et l'ordre du départ fut donné. Je montai en un carrosse avec mesdames de Rohan, de Nevers et de Longueville, toutes bien accoutrées et rivalisant de luxe en leurs habits. J'avais si bon air en mes atours, que Sa Majesté courut à moi et demeura ébahie, bouche béante et bras pendants.

« Vive Dieu ! dit-il, mieux que Suzanne au bain, vous seriez tentée par les deux vieillards ! Je ne vous vis onc, mon menon, si pimpante et si gentille.

» — Sire, repartis-je, vous parlerez plus bas ayant vu mademoiselle de Guise. »

Le reste du cortége était à l'avenant, dames, demoiselles, pages, gardes, suivant les uns en litières, les autres en bon ordre. Le roi avait désiré faire la route à cheval et entouré de MM. d'O, de Rosny, de Biron, Duplessis-Mornay, et de ses plus affidés. Il ne s'écartait de la portière du carrosse où j'étais, pour ne pas perdre un coup d'œil de ma vue. Ainsi fut le chemin, parmi de petits bois de pins et entre des roches moussues.

Avant d'arriver à Saint-Cheron, en une grande plaine où campa César, nous dit M. de Rosny, nous joignîmes le cortége de madame Catherine, moins nombreux et moins triomphal qu'était le mien. Chacun descendit de voiture, chacun de cheval, et l'on commença des deux côtés une litanie de Dieu gard' et d'embrassades. M. de Bellegarde faisait la conduite à mesdames de Guise, dont la mère me sembla vieille et pelée, comme la fille fade et déplaisante.

« Mesdames, leur dit le roi, je prie Dieu, et bientôt je prierai ses saints, que cette réunion soit de durée et en satisfaction de tous.

» — Sire, reprit madame la duchesse de Guise, nous avons laissé nos députés de Paris travaillant à l'élection d'un roi ; mais quoi qu'ils fassent, ils seraient plus sages de se contenter du choix que Dieu a fait.

» — Sire, reprit madame de Nemours, en rompant la suspension d'armes vous avez retardé la trève et par ainsi la paix.

» — Madame, dit le roi, excusez-moi d'avoir autre espoir, et la prise de Dreux prouvera si j'ai mal dressé mes projets.

» — Sire, interrompit madame Catherine, ces dames, si vous le permettez, attendront la fin du siége, et jusque là feront partie de votre cour.

» — La nouvelle m'en agrée, fit le roi, et je voudrais que ces belles dames fussent prisonnières de guerre, pour les garder plus longtemps.

» — Bellegarde, dit madame la duchesse de Guise, enseignez-moi madame Gabrielle, que monsieur mon fils et vous m'avez tant exaltée.

» — Madame, repris-je, la voici qui vous salue pour obéir au roi.

» — Je la croyais moins belle, et vous me l'aviez dit, ajouta madame de Guise à Bellegarde par forme de réprimande.

» — Mesdames, dit le roi, je vous prie d'aimer madame Gabrielle à l'égal de moi-même ; car je l'aime tant qu'on peut aimer.

» — Elle est bien heureuse, remarqua mademoiselle de Guise, et j'en sais de non moins belles et non moins nobles qui s'accommoderaient de votre royale amitié.

» — Ma fille, dit le roi, quand épouserez-vous mon ami Bellegarde ?

» — Par l'arbre de Guise ! dit la duchesse, la maison de Lorraine, sire, ne se peut allier qu'à des princes du sang ; d'ailleurs ma fille n'est pas d'âge, et M. de Bellegarde est occupé où il sait bien.

» — Sur ma foi ! ce dit Henri bas à mon oreille, Bellegarde sert de galant à la vieille comme à la jeune.

» — Mesdames, dit M. de Rosny, je vous promets de faire sauter en l'air la Tour Grise, à moins qu'elle ne se rende à discrétion.

» — Diantre ! se récria M. de Nevers, nous verrons la mine de M. de Rosny.

» — Mesdames, dis-je, s'il vous plaisait de retourner à nos carrosses, car le hâle qu'il fait gâte la peau et le teint.

» — Sus, mesdames, ajouta le roi, sus, allons au camp, où vous aurez de quoi rafraîchir sans craindre pour vos joues roses et blanchettes.

» — Monsieur de Bellegarde, dis-je à part, vous aviez bien affaire de nous amener ces princesses ! »

La cour du roi, qui se tenait en un château proche de Dreux, ne fut jamais plus splendide et courant de plaisir en plaisir, de bal en festin. Je dirai par justice que mesdames de Guise dépouillèrent toute humeur ligueuse et ne furent pas des moins aimables. De là je commençai à les voir de meilleur œil que je n'en avais fait depuis la trahison de Bellegarde, et ce nom de Guise, qui me causait une indicible horreur rien qu'à l'ouïr, fut à mes oreilles semblable à tout autre nom.

C'est à ce temps-là que pour la première fois je fus témoin du gros jeu que jouait le roi avec autant d'ardeur qu'un joueur de métier ; n'était que gagner ou perdre ne lui procurait ni joie ni peine.

Sire, ne m'en veuillez pas d'écrire ce que je vous dis tant et tant à vous-même, savoir, que le jeu est quasi péché mortel sitôt que de passe-temps il devient passion ; or, vous qui êtes si bon et père de vos sujets, n'avez-vous point vergogne de dépenser en jouant ce qui fut acquis par eux à leurs sueurs de chaque jour ? M. de Rosny vous a gourmandé sur cet objet comme il devait, et la morale du discours était bonne, si le discours ennuyeux.

Je fis de beaux hélas de voir Sa Majesté jouer dix mille écus à la prime contre madame de Guise, et les perdre sans regret.

« Sire, dis-je, avec cette somme on eût acheté les clefs d'une ville, et vous oubliez que l'argent est rare en France plus qu'en Amérique.

» — Madame, repartit la duchesse, un roi doit s'abstenir de jouer, ou bien jouer gros et royalement.

» — Gabrielle, reprit madame de Sourdis, il ferait beau voir un roi de France et de Navarre jouant à la prime comme un lansquenet.

» — Pourtant, dit M. d'O, je crois qu'à cette heure il y a le diable au fond du coffre de Sa Majesté, c'est-à-dire rien dedans.

» — Le feu roi François Ier, s'écria M. de Cheverny, jouant aux tarots avec madame d'Étampes, perdit les deux plus gros diamants de sa couronne.

» — En outre, répondit le roi souriant, à la funeste journée de Pavie il avait perdu tout, fors l'honneur, et pour sa rançon il avait consenti à perdre de belles provinces de son royaume de France.

» — Conclusion, s'exclama maître Guillaume, l'argent a toujours le bonnet au poing pour prendre congé. »

Madame la duchesse de Guise poussait le

roi au jeu pour en avoir bon marché, et des gains qu'elle fit on aurait payé une baronnie avec fief.

M. de Mayenne ni personne n'allant au secours de Dreux, les environs étaient fort sûrs, et l'on s'y promenait sans crainte d'accident, hors de la portée des canons. Un matin, sous la garde de Périnet, je m'approchai des fossés plus que je n'avais accoutumé, et cela sans souci du danger que je courais à la gueule des arquebuses. D'après le conseil de maître Périnet, qui, pour être brave, n'était imprudent, je tirai vers une de nos batteries qui avait fait une brèche considérable.

De loin avisant quatre soldats au pied d'un petit mur blanc, je m'intriguai de savoir quelle opération ils machinaient. Donc par un circuit j'avançai jusque derrière ledit mur, et mon ébahissement fut grand d'ouïr la voix du roi.

« Mes amis, disait-il, le boulevard de la porte de Chartres est fort endommagé, et l'assaut réussira par cet endroit; suivez de l'œil sur ce mur les lignes que je charbonne pour vous tracer la route à suivre. »

Entre les quatre soldats il y avait deux mestres de camp à qui Sa Majesté indiquait la disposition de l'assaut, dessinant les abords de la ville qu'il avait par-devant lui. « Mon maître, dit-il à un soldat qui rongeait un morceau de pain bis, çà, baille-moi de ton pain, que je sache s'il est de pur froment ainsi qu'il doit être... Bien, mon fils, la ville prise, tu feras meilleure chère. »

Là-dessus je sortis de ma cachette avec Périnet, qui dit, la baguette haute :

« Sire, vous souperez ce soir à Dreux.

» — Mieux vaut, dit jovialement le roi, que ce soit à Dreux et non chez Pluton, comme les trois cents Spartiates aux Thermopyles.

» — J'admirais vos moindres paroles, sire, fis-je répondant aux saluts des mestres de camp.

» — Ma mie, étiez-vous là pour m'épier ?

» — Oui, sire, lorsque vous décriviez le plan du siége et mangiez le pain du soldat. »

Au même temps une lumière parut dessus

le rempart, et une arquebusade tua l'un desdits soldats à côté de Sa Majesté, qui s'émut de cette mort et non du danger encouru.

« Sire, s'écria un mestre de camp, arrière, et vitement ! la robe perse de madame nous a décelés.

» — Ma chère amie, dit le roi, prenez mon bras et venez, de peur que les artilleurs ne visent de plus belle.

» — On pointe les canons, cria Périnet.

» — Vous avez mes ordres, dit le roi aux mestres de camp, allez reconnaître la brèche, et sus à l'assaut ! »

Il n'avait pas dit, qu'une volée de canon jeta bas le petit mur contre lequel s'était tenu le roi d'abord ; mais nous n'en eûmes que le bruit.

« Ma belle Gabrielle, dit Henri, ces butors de Dreux n'ont guère de courtoisie de s'attaquer aux dames ; mais, vive Dieu ! je ferai pendre ceux qui ont mis votre tête en péril. »

La méchanceté des assiégeants fut raidement châtiée, trop plus que je ne voulais.

Les deux mestres de camp allèrent reconnaître la brèche, et à leur suite les soldats coururent aux échelles sans règle et sans ordre, mais avec telle impétuosité, que la garnison et le gouverneur se retirèrent au château et dedans la Tour Grise, où commanda un magistrat nommé Gravelle, le même qui avait brûlé de la poudre contre ma robe de velours pers.

« Sire, dit alors M. de Rosny, ville prise, château pris, selon ma doctrine.

» — Voici une belle dame, répondit le roi me montrant, qui désire contempler quelque grand fait d'armes, et j'ai pensé, mon ami, que vous la satisferez.

» — Sire, comme je vous en ai requis, baillez-moi licence de faire sauter en éclats la grosse tour par l'art du mineur où j'excelle.

» — Ce serait un fort miraculeux spectacle à voir de loin, dis-je.

» — Mon ami, reprit le roi, l'entreprise sied aux géants qui escaladent le ciel, car les murs de la tour ont vingt pieds d'épaisseur, et je n'ai point assez de poudre en mes arsenaux pour opérer une brèche.

« — Sire, repartit M. de Rosny, quatre ouvriers travaillant dessous des appentis, une entaille de neuf pieds de creux, trois ou quatre cents livres de poudre de la plus fine, deux longues saucisses de cuir bien sec, puis remuer le tout avec de grosses pierres et de bon plâtre, voyez tout le mystère.

» — Rosny, dit le roi, montre-nous ton savoir-faire, et avertis les dames quand tu mettras le feu aux poudres.

» — Mon maître, après ce chef-d'œuvre, c'est-à-dire après-demain, je vous formerai autre requête.

» — Pourvu, me dit le roi quand il fut dehors, que Rosny ne m'aille point réclamer le gouvernement de cette ville que j'ai promis au frère de M. d'O, et d'autant qu'à ce moment-ci je dois ménager les catholiques.

» — M. de Rosny, m'écriai-je, serait homme à se déclarer votre plus loyal serviteur en même temps qu'il vous demanderait votre dernière ville!

» — C'est un vrai ami, et je m'accommode à ce prix de ses caprices. »

La Tour Grise fut minée par M. de Rosny, sans autre accident que M. de Montpensier blessé d'une balle dans le cou lorsqu'il allait voir les travailleurs. A ce propos, madame Catherine dit à madame de Guise :

« M. de Montpensier est de sa nature si curieux, que s'il se mariait avec moi (à Dieu ne plaise!), il voudrait savoir les noms de tous les amants que j'ai eus.

» — Cette enquête, reprit madame de Sourdis, aurait été moins fâcheuse pour lui que de mettre le nez en la mine de M. de Rosny.

» — Oui-dà, il se fût senti blessé à la tête plutôt qu'au cou. »

La mine de M. de Rosny divertissait jusqu'au moindre goujat; et quand on nous informa qu'on allait la faire jouer, ce fut une joie générale. Les soldats s'épandirent là autour, nonobstant les avertissements des chefs. M. de Rosny, si triomphant qu'il eût souhaité que madame de Rosny, ci-devant Châteaupers, fût présente, emmena toute la cour dessus un petit côteau pour applaudir à son habileté.

« Mesdames, disait-il, la poudre prenant feu enverra la tour aux astres avec un fracas égal au tonnerre. Les envieux seront tous camus de mon succès. »

La traînée de poudre allumée produisit seulement quelque fumée et un bruit sourd, puis rien. Le menu de l'armée commença de rire et de crier : « La mine de M. de Rosny ! » Lui se frappait le front, et se troublait de nos chuchotements et haussements d'épaule. Tout soudain il y eut un éclat dont trembla la terre, et la tour se fendit en deux parts, dont l'une toute chargée de soldats et d'habitants se brisa comme verre, tandis que l'autre, restée debout, laissait à découvert de pauvres gens criant miséricorde.

« Mesdames, dit M. de Rosny l'air superbe d'un empereur romain, cette belle mine, je l'ai trouvée dans Vitruve. »

Cependant nos arquebusiers exerçaient leur

adresse contre ces misérables sans défense.

« Ventresaintgris ! dit le roi courant à eux, lâcheté incomparable ! égorger mes sujets comme un boucher fait des agneaux ! Éteignez vos mèches, ou par la mordieu...! »

Il y avait là des femmes, enfants et vieillards qui avaient fait retraite en cette tour. Ce bon roi les encouragea de bonnes paroles, et leur fit donner à chacun deux écus.

« Mes enfants, dit-il, je suis comme Dieu, lequel ne veut la mort du pécheur, mais s'immole plutôt dessus la croix.

» — Saint Calvin ! dit d'Aubigné, le voilà, notre maître, jà demi-relaps, parlant tout ainsi qu'un docteur en Sorbonne !

» — O le digne roi ! » répétaient ces gens sauvés de la mort.

Ce pendant le susdit Gravelle, défenseur de la tour, le même qui faillit m'atteindre d'une arquebusade par insigne perfidie, fut pendu avec neuf autres, par-devant la brèche, à des arbres qui n'avaient onc porté si mauvais fruit.

M. de Rosny s'étant approché, le roi l'embrassa fort et ferme aux yeux de tous.

« Mon ami, lui dit-il, Archimède n'eût pas fait mieux.

» — Sire, sans mentir, repartit M. de Rosny, je n'attendais pas si bien des effets de ma mine.

» — Maintenant, mon fils, dis-moi ce qui te plaît, comme c'est chose convenue.

» — Sire, pour les services passés et présents rendus à Votre Majesté, le gouvernement de Dreux me semble petite récompense.

» — Oui, petite, et trop petite, car je te réserve, Rosny, une duché-pairie et une amitié éternelle.

» — Sire, j'accepte d'avance ces précieux dons de votre bonté ; mais, par manière d'acquit, le gouvernement susdit me sied par la proximité de Mantes, où monsieur mon frère est gouverneur.

» — Hélas! mon cher ami, Manou, frère de d'O, m'a demandé ce gouvernement sitôt qu'il fut question du siége.

» — Par saint Maximilien! sire, il est fâcheux

de voir combien peu vos bons serviteurs sont récompensés, et combien les mauvais. Trouvez-en quelqu'un qui vous ait servi depuis tant de temps et si généreusement, à savoir de son bras, de ses biens, de son sang, et par-dessus tout de son cœur.

» —Mon ami, vous savez que par politique, en cette conjoncture, je ne dois point marquer de préférence à ceux de la religion. Voyez, ces gens ont l'air inquiet et jaloux de ce que je vous parle en particulier; ils se plaindront encore que je vous tiens pour meilleur ami qu'ils ne sont, ce qui est vrai; donc adieu; aimez-moi, servez-moi comme précédemment, et je vous rétribuerai au centuple ce que vous fîtes pour mon service. »

M. de Rosny n'osa point cette fois se retirer en ses terres par dépit; mais il garda son humeur grondeuse, disant haut et clair : « J'ai pourtant inventé la mine qui renversa la Tour Grise, et M. Manou emporte le gouvernement qui m'était dû de droit. »

Le château, quoiqu'il eût une trève, commença de tirer sans égard, et plusieurs valets de la suite de madame de Guise furent tués à mes côtés. Maître Guillaume eut son bonnet de fou traversé d'une dragée.

« Saint Perpet, patron des apothicaires ! cria-t-il, mes chers maîtres, n'offensez pas le moule du bonnet, ou vous apprendrez qu'à gros larron il faut grosse corde. C'est grand'peine d'être vieux, mais ne l'est pas qui veut. »

Trois jours ensuite le château fut reçu à composition, vie et bagues sauves, et le roi s'en revint à Mantes avec la cour. M. de Bellegarde accompagna mesdames de Guise en la maison neutre où elles allaient; je m'abstins de les conduire assez loin comme fit le roi, que mademoiselle de Guise n'avait pas toutefois réussi à rendre infidèle à force d'agaceries et mignardises.

Leur départie me fut agréable, et toutefois je les détestais moins d'être venues que Bellegarde de les avoir amenées.

« Sire, ce dis-je au roi l'œil fixé dessus lui, en quel but ces ligueuses ont fait si long séjour parmi votre camp?

» — Deux semaines furent tôt écoulées, ma mie, et je me réjouissais que ces belles de la Ligue eussent présents votre beauté et mon courage à la guerre et en amour.

» — M. de Bellegarde est plus fidèle à la mère et à la fille ensemble qu'il ne fut à mon endroit.

» — Çà, mignonne, M. de Bellegarde aime par-dessus tout mon service, et nous en aurons quelque traité avec M. de Guise, qui m'est plus redoutable que M. du Maine et toute la Ligue espagnolisée.

» — Henri, vous serez roi par la grâce de Dieu avant lui et autres, puisque ce mois de juillet verra votre publique conversion.

» — Sire, dit Périnet, voici venir mainte entreprise sur votre personne royale !

» — Seigneur, repartit le roi les yeux au ciel, je suis prêt à partir quand il te plaira, mais avise à ce que deviendra ce pauvre peuple ! »

En ce temps-là commencèrent de détestables tentatives sur ce grand roi, qui n'assura ses jours qu'en bannissant à perpétuité les pères jésuites, auteurs et instigateurs du crime de lèse-majesté. « Sire, a dit prudemment maître Guillaume, qu'on les appelle estafiers du pape, coupe-jarrets du Savoyard, pantalons d'Autriche, chiens d'Artois, espions d'Espagne, âmes cautérisées, lièvres de Byzance à double foie, ou autrement, ce sont des gens, démons incarnés, desquels la langue est un poignard parricide ! » La Providence aurait donc les yeux bandés, si les meurtriers rendaient veuves la France et moi.

Le roi avait pour le quinzième dudit mois convoqué à Saint-Denis les prélats qui devaient l'absoudre par provision du fait d'hérésie et de l'excommunication papale. Le quatorzième au soir arriva Zamet en mission secrète de M. de Mayenne, qui proposait la paix au roi comme d'égal à égal.

« Mon cher Zamet, dit le roi, qui a tout-à-coup radouci M. du Maine, et mis en pièces sa superbe ?

» — Sire, repartit Zamet, le roi d'Espagne a fait offrir aux états, par son ambassadeur le duc de Feria, l'élection de M. de Guise et son mariage avec l'infante Isabelle.

» —Vive Dieu! Espagnols et ligueurs comptent sans leur hôte, et tous ces faiseurs de rois iront en des culs de basse fosse, ou plutôt je les ferai assister à mon sacre à Reims.

» — Sire, M. de Guise, qui tend à vous reconnaître, a voulu frapper de son épée l'homme qui lui porta cette nouvelle, et le parlement, ce dit-on, à la requête du procureur Le Maistre, a dressé une ordonnance protestant de tout attentat contre la loi salique.

» — Je ne m'étonne et nul ne se doit étonner, repris-je, que M. de Mayenne recherche la paix par jalousie de son neveu.

» — M. Zamet, dit le roi l'air majestueux comme s'il parlât du haut de son trône, rapportez ces propres paroles à celui-là qui vous envoie : je ne traiterai jamais avec le duc de Mayenne comme chef de parti; mais s'il réclame son pardon de son souverain comme sujet rebelle, je le recevrai en bon parent et me contenterai de ses serments de fidélité.

» — Bastien, dis-je, dépêchez de venir au service du plus honnête roi qui ait coiffé une couronne ; Sa Majesté vous aime d'avance et vous accueillera bras ouverts.

» — Vive Dieu ! M. Zamet, repartit le roi, venez çà m'embrasser et donnez du temps à votre débiteur, qui ne sera de long-temps quitte envers un si brave royaliste que vous êtes.

» — Sire, s'écria Zamet, que ne suis-je l'ambassadeur de la Ligue pour conclure une paix durable et chère à tous !

» — Monsieur le seigneur de dix-sept cent mille écus, dit maître Guillaume la main dessus la panse du roi Henri, faites à savoir à ce triple fou de Mayenne qu'en petit ventre il y a gros cœur. »

CHAPITRE IV.

Maladie de Gabrielle. — Les deux médecins. — Le ventre. — Chanson de Pernette du Guillet. — Arrivée à Saint-Denis. — Les curés. — Transports d'allégresse. — Conférences des docteurs. — Le médecin tenace. — Grossesse imaginaire. — Étonnement du roi. — L'idée fixe du bonhomme Alibour. — Entêtement comique. — Il n'est pas de petites vengeances. — Mort du bonhomme. — Gabrielle accusée d'empoisonnement. — La religion dans ses rapports avec la génération. — Vigilance du Maheutre. — Pauvre cher enfant ! — Singulière visite. — Le bon roi et les hallebardes. — Le jour de l'abjuration. — Costume du roi. — Les pendants d'oreilles. — Le saut périlleux. — Ce qui touche les dames. — Pompe du cortége. — Le courtisan et le fanatique. — Réception du roi à l'église. — Profession de foi. — Perfidie du cardinal de Bourbon. — Péripétie au milien de l'église. — L'inconnu. — Les écus d'or. — Cérémonies de la conversion. — Vive le roi ! — Vision. — Pressentiments ordinaires de Henri IV. — Joie dans Paris. — Prédicateurs en délire. — L'emploi d'une nuit. — Politique de Mayenne. — Négociations. — La plus forte arme. — Ambassade à Rome. — Trêve de trois mois. — Heureux effets de la trêve. — Un mauvais présage. — Le roi à Melun. — Route en tête-à-tête. — La soif. — Le pommier. — L'écuyer impromptu. — Le roi sauvé d'un grand danger. — Le portrait et le modèle. — Le père Séraphin Bianchi, jacobin. — M. de Brancaléon. — Soupçons. — Bonté admirable. — Pierre Barrière arrêté. — Son portrait. — Interrogatoire. — Aveux. — La servante de la reine Marguerite. — L'assassinat érigé en principe par les jésuites. — Dernier effort de clémence. — Le couteau. — Chiromancie. — La ligne de vie. — Supplice de Barrière. — Suites de cette affaire. — Faut de la bonté, par trop n'en faut. — Les provinces pendant la trêve. — Comparaison de la Ligue à un soldat blessé. — Véritable grossesse. — Le train des cours. — Lettres du roi. — Douleur du Mabeutre. — Defection de MM. Boisrosé, Vitry, La Châtre et autres chefs ligueurs. — La couronne payée comptant. — Voyages du roi. — Intrigues du sacre. — Un mensonge de Henri IV. — Gabrielle au couvent. — Sa sœur Angélique. — Les hommes et les nonnains.

Les évêques, curés et docteurs mandés par le roi à Saint-Denis pour le quinzième de juillet n'étant pas tous réunis, Sa Majesté retarda son départ de Mantes, d'autant que je fus saisie d'un étrange malaise dedans les entrailles, ce qui me fit enfler le ventre. Le docteur Alibour ne fut mandé que le dernier ; car je préférais M. La Rivière, qui, médecin de M. Bouillon et non encore du roi, était de meilleur conseil et moins ridicule en ses ordonnances, tellement qu'il me traita d'herbes fraîches et me prêchant l'absolu repos.

Sur ces entrefaites se vint jeter à la traverse

cet oison bridé d'Alibour, qui faisait quelque accouchement à Vernon, et le quitta mi commencé à la première nouvelle de mon incommodité. Pour me distraire de ses remèdes pires que le mal, je priai ma tante de Sourdis de prétexter ma guérison, ou toute autre affaire pour lui fermer ma porte; ce qu'elle fit, mais non assez adroitement que M. d'Alibour renonçât de me visiter.

Or le vingt-deuxième de juillet, le roi, sur l'avis que je lui donnai du prochain rétablissement de ma santé, se rendit à Saint-Denis avec toute sa cour, afin d'y faire abjuration de l'hérésie. Je m'obstinai à l'accompagner, malade que je fusse, et durant la route les secousses du carrosse m'augmentèrent mon mal, sans que j'en disse rien, à la Rousse excepté.

Comme je portais la main dessus mon ventre, où j'avais de belles coliques, Henri y mit la sienne aussi, disant:

« A quand donc, mon menon, serez-vous engrossée d'un petit roi?

» — Sire, repartis-je, jusqu'à cette heure je n'en vois pas d'apparence.

» — Sire, reprit M. de Cheverny qui était en la même voiture, le moyen de rendre Lucine prospère est d'user du précepte inclus dedans la célèbre chanson de dame Pernette du Guillet, Lyonnaise, que je me souviens avoir vue aussi belle que savante en 1544.

» — Que dit cette chanson? fis-je; chantez, monsieur le chancelier. »

M de Cheverny, en bon courtisan, d'une voix à fredons commença ces petits vers :

« Amour avecque Psychès,
Qu'il tenait en sa plaisance,
Jouait ensemble aux échecs
En très grand' réjouissance... »

Le chanteur, le chant et la chanson me donnèrent à rire si copieusement, que M. de Cheverny s'arrêta court au mi-couplet, et le roi ne riait pas moins de cette comédie.

« Mon père, ce dit-il, qui vous a donc appris la musique?

» — Albert, joueur de luth du roi en l'an 1545, répondit le chancelier.

» — La chanson est fort belle, redit Henri m'entre-regardant, et nous sera profitable.

» — Ainsi soit-il ! » poussai-je avec un soupir.

Arrivant à Saint-Denis, où il y avait grande foule venue de Paris et environs, malgré les défenses de M. du Maine et les excommunications du légat, je me mis au lit ayant grosse fièvre. Sa Majesté s'en alla voir quels étaient obéissants à ses lettres de cachet, et fut bien aise de trouver le curé de Saint-Eustache et d'autres curés sortis de Paris nonobstant les censures.

« Messieurs, ce dit-il, je me plais à imiter le bon pasteur de l'Évangile, qui connaît ses brebis et se réjouit quand elles reviennent à lui après s'être enfui de dessous sa houlette.

» — Sire, répondit le sieur Benoît, curé de Saint-Eustache, le saint-père le pape, les Espagnols, les Seize et M. du Maine ne feront pas exister la Ligue contre un prince catholique et si grand que vous êtes. »

La conférence pour terminer l'affaire de la conversion fut remise au lendemain, et le roi, passant parmi les gens de toute sorte, lesquels emplissaient les rues, voire même le haut du pavé, entendit cent propos flatteurs touchant son entrée en la religion véritable.

« A trois jours d'ici, criaient d'aucuns, le Béarnais sera métamorphosé en roi !

» — Le commerce s'en va ressusciter, disaient les métiers.

» —La guerre est finie, » répétaient les bourgeois.

Finalement, le roi touché aux larmes du contentement de son peuple, me dit au retour :

« Il s'agirait de prendre avec le turban le mahométisme pour opérer cette joie générale, que je ne balancerais davantage. » Le lendemain, à l'heure dite pour la conférence, où se trouvait l'archevêque de Bourges, les évêques de Nantes, du Mans, de Chartres, et M. Duperron, nommé à l'évêché d'Évreux, le roi à regret m'ayant baisée en adieu, se leva de mon chevet et partit. Madame de Sourdis demeura près de moi, qui lisait en mes Heures. Sur la conférence où le roi fut éclairé en ses doutes quant à l'adoration des saints, l'autorité des papes et la confession auriculaire, je tiendrai bouche close, vu que je n'y assistai.

Mais pour mon malheur et le sien propre, à l'improviste arriva maître Alibour, qui avait foi en ses médecines plus que je ne faisais, et qui voulait tenter une épreuve de sa science sur une personne de ma qualité; car le roi, qui se médicinait volontiers par la casse ou le séné, obéissait à sa fantaisie plutôt qu'à son premier médecin. Donc en cette humeur de me soigner et guérir quoi que j'en eusse, M. Alibour pénétra en ma chambre à mon effroi.

« Monsieur, dis-je impérieusement, qui vous a mandé de ma part?

» — Madame, reprit-il, par le ciel qui nous éclaire! êtes-vous tombée aux mains d'un docteur ignorant?

» —Monsieur Alibour, je ne suis point incommodée, sinon de votre présence, et vous prie d'aller voir aux grossesses chez les filles d'honneur de Madame sœur du roi.

» — Bonhomme, ajouta madame de Sourdis, on n'a que faire de vos recettes, et madame Gabrielle ne vous sera de rien tant obligée que de votre retraite.

» — Ma chère dame, reprit le docteur sans s'émouvoir, examinant mon visage, vous serez tantôt soulagée, et votre terme est proche.

» — Le terme de la maladie, vous entendez, interrompit madame ma tante.

» — Oui, sentez-vous de vives douleurs au ventre et aux flancs?

» — Sourdes plutôt qu'aiguës, dis-je, et l'enflure diminue, on dirait.

» — L'état est satisfaisant et la chose s'accomplira sans que mal s'ensuive. »

Ces paroles me semblèrent de saison ; et sans m'obstiner encore, je permis qu'il tâtât mon pouls, visitât ma langue, et fît son office doctoral.

« Saint Hippocrate ! dit-il en se retirant le sourire à la bouche, Sa Majesté ne m'avait point averti ! je n'entrevois que des espérances favorables, et la nature sera le meilleur docteur de la faculté. Je vous prie, madame, de persister en cette position au temps que j'aille disposer mes instruments.

» — Pauvre homme ! dit Périnet pensif en un coin, sa mort dérivera d'une naissance.

» — Dieu me pardonne ! s'écria madame de Sourdis, il sort dans la persuasion que vous accoucherez aujourd'hui.

» — Plût à Dieu, dis-je en riant, que les oreilles du petit fussent déjà faites ! »

Le docteur Alibour, entiché de l'idée que j'étais en gésine, répandit cette nouvelle çà et là, jusqu'à ce que rencontrant madame Catherine, il la divertit de sa folie ; elle se promit à part elle de jouir de mon grand embarras, car elle envoya quelqu'un à la conférence des évêques informer le roi que j'accouchais ; ce mensonge fit souvenir Henri de l'enflure inusitée de mon ventre, et devint à ses yeux vérité. Il prétexta une affaire d'État pour quitter plus tôt la séance, et survint à son hôtel, furieux, tigre et lion tout ensemble ; le cas qu'il présumait ne méritait pas moins.

Le docteur Alibour se jeta sur son passage, et l'arrêta court par cette exclamation :

« Vous allez être père tout à l'heure, sire.

» — Bourreau, repartit le roi, est-ce point certain tour de ta gibecière, ou bien y a-t-il réellement quelques signes de grossesse ?

» — L'enfant doit venir à terme, ou je suis un âne en ces matières.

» — Ventresaintgris ! bonhomme, tu as le sens perdu et la visière trouble.

» — Non, sire, madame Gabrielle est en l'état que je vous dis.

» — Vive Dieu ! serait-ce encore une fausse couche ainsi que l'an dernier ?

» — Rassurez-vous, sire, elle s'en va tantôt accoucher au jour préfix.

» — Comment cela serait-elle grosse, et que j'en sache d'aujourd'hui le mystère ?

» — Sire, il m'importe peu de savoir comment, et ce n'est pas mon affaire.

» — Oui-dà ! bonhomme, vous rêvez, et cette fois je vous déclare très méchant médecin.

» — Sire, possible est que l'un de nous rêve, si ce n'est moi ; mais par le jour qui nous éclaire ! on verra la conséquence du méchant médecin. »

Le roi ne pouvait asseoir sa pensée en cette conjoncture, et toujours s'étonnait-il grandement que je lui eusse célé ce qui le devait combler de joie. C'est pourquoi, avant de connaître la folie d'Alibour, il s'embarrassa de savoir si Bellegarde n'était pas mêlé en cet enfant à naître.

Lorsqu'il parut devant moi, le visage décomposé et pâli, je m'écriai mi hors du lit :

« Sire, qu'est-ce qui vous chagrine à ce point?

» — Madame, fit-il en soupirant, on m'a dit que vous alliez accoucher.

» — Sire, repartis-je avec un éclat de rire qui n'était pas d'une accouchée, votre docteur

Alibour serait à propos coiffé d'un bonnet de fou à grandes oreilles.

» — La folie est par trop impertinente, repartit madame de Sourdis, et Sa Majesté fera bien d'en tirer vengeance.

» — Vraiment, dit le roi, ce maître sot y perdra sa charge de premier médecin.

» — Merci pour lui, sire, me récriai-je, il n'entend point malice à ce qu'il fait.

» — Eh bien ! madame, dit madame Catherine survenant, serez-vous pas bientôt délivrée ?

» — Par Hippocrate ! s'exclama le pauvre Alibour inquiet de tout ce bruit, une dame en mal d'enfant a besoin de repos et de silence autour, sans quoi le petit naît sourd et muet.

» — Çà, ma mie, dit le roi badinant, lorsque vous mettrez au monde notre progéniture, n'oubliez de chanter à voix claire une chanson de votre pays, à l'instar de madame d'Albret, ma mère.

» — Votre premier-né, dit Périnet, aura nom César, comme maître de l'univers.

» — Madame, interrompit Alibour, les douleurs annoncent-elles une heureuse issue, et mon aide est-elle nécessaire ?

» — M. d'Alibour, répondis-je ; sachez que je ne suis pas grosse, sinon de colère contre votre insolence.

» — Par le jour qui nous éclaire ! reprit-il, madame, ne raillez pas de telle façon.

» — Alibour, dit le roi, je vous baille licence d'aller accoucher la grosse bedaine de M. de Mayenne ?

» — Monsieur Alibour, poursuivit madame Catherine, hâtez-vous d'en finir, que je voie si le fils de madame Gabrielle tient à Sa Majesté par ressemblance.

» — César, César ! réitéra Périnet plus hautement que la première fois.

» — Sire, dit Alibour, j'aurais mauvaise grâce à soutenir contre madame ce qui m'est démontré par des signes certains, je répondrais dessus ma tête...!

» — Bonhomme, conclut le roi, je ne vois autre chose que le scandale dont vous êtes auteur ; le fait encourt punition, mais je vous en fais grâce moyennant que vous irez à Usson, où madame Marguerite requerra chacun an votre ministère.

» — Je jure mon saint patron! ajoutai-je, que vous n'aurez onc cet honneur de m'accoucher et recevoir à la lumière un petit né du sang royal. »

Le docteur Alibour, à ces arrêts terribles, douta de son savoir et de ma grossesse; il ne proféra une parole, essuya des larmes en ses yeux, et saluant jusqu'à terre, s'en alla.

« Ce bonhomme, dit le roi, est assez et trop puni.

» — Je ne voudrais pas, dit madame Catherine, avoir un tel premier médecin qui ferait soupçonner ma vertu.

» — Il montre tant d'assurance en ses songes creux, dit madame de Sourdis, qu'on se tâte bien avant de lui donner tort. »

A ma requête, le roi pardonna au docteur Alibour son insigne imprudence, qui avait couru parmi les valets et diverti les badauds de Saint-Denis. Mais le bonhomme en gardait dedans l'âme une peine secrète, tellement que depuis lors au contraire il niait les grossesses, voire manifestes. Quand il en fut ainsi de moi, sa tristesse s'accrut en même temps que mon ventre, et il mourut consommé de chagrin à cause qu'il ne me devait point assister.

Ce brutal de d'Aubigné, qui donnerait quatre doigts de sa main pour m'en ôter deux, a dit en raillant que par ressentiment j'avais fait empoisonner le docteur Alibour, par je ne sais quelle imagination d'enfer. Des ennemis que j'ai répandent cette indigne calomnie; mais je défie qu'on le puisse croire, vu que je ne suis point de ces Italiennes exercées à jouer des couteaux et du boucon. J'ai négligé ces vilains bruits jusqu'à ne faire justice de leurs fauteurs.

Ah! sire, je me contente que vous ne soyez de ceux-là qu'il faudrait désabuser à mon égard.

Les imaginations d'Alibour n'ayant aucun fondement, j'invoquai la déesse Santé plutôt que Lucine.

« Mon menon, ce dit le roi, sitôt que vous

serez bien rétablie, j'aviserai à l'accomplissement de l'oracle d'Alibour, et vous deviendrez grosse de mon fait.

» — A dieu plaise! sire, car il me plaît à moi comme à vous.

» — J'éprouverai si la foi catholique est plus propice à la procréation de beaux enfants que n'est la protestante.

» — En tout cas, sire, votre conversion m'a tout-à-fait guérie de mon mal, et demain en mes plus brillants atours j'irai vous voir abjurer.

» — Abstenez-vous d'y venir, car s'il arrivait quelque mésaventure parmi la multitude accourue à ce spectacle, je sentirais trop de souci, vous sachant présente.

» — Sire, dit Périnet l'index appuyé dessus la poitrine du roi, en aucune conjoncture ne souffrez près de vous quiconque vous soit inconnu.

» — Prudence est mère de sûreté, comme sûreté est fille de prudence, ajouta maître Guillaume.

DE GABRIELLE D'ESTRÉES.

» — Qu'est-ce, Maheutre ? demanda Henri à ce domestique debout à l'huis de la chambre.

» —Ce bon serviteur veille jour et nuit, sire, dis-je sans le regarder d'autant qu'il me faisait peur à voir, et sous sa garde vous êtes à l'abri des traîtres et des parricides. »

Le Maheutre fit signe par un branlement de tête, et sans quitter les yeux de ma personne, mit la main dessus son cœur, puis sortit poussant une plainte.

« Pauvre cher enfant ! s'écria le roi soupirant en écho.

» — Sire, repartit madame de Sourdis, le Maheutre depuis peu semble appréhender quelque perverse entreprise.

» —Que deviendrait mon peuple ? ô Seigneur Dieu ! » reprit le roi.

On vint rapporter à Sa Majesté qu'une manière de paysan était venu à l'hôtel, l'air quasi affolé, les yeux hagards, et demandant M. le comte de Soissons, lequel, par suite de différends avec M. de Montpensier, séjournait hors de la cour.

« Est-ce point quelque ruse de madame Catherine ? remarqua le roi.

» — Certes, repartis-je, Madame n'a point dit adieu à ses amours.

» — Toutefois, reprit-il, elle épouserait plutôt le Maheutre, car M. de Soissons est de mes ennemis sous le faux semblant d'ami.

» — Sire, dit Périnet, en quel équipage irez-vous demain à l'église ?

» — A pied, et avec grand cortége de princes et de gentilshommes, répondit le roi ; mais à quoi bon cette question, mon ami ?

» — Sire, conclut Périnet, vos gardes-du-corps suisses, écossais et français, feront bien d'être aux aguets, car la plus belle cérémonie peut devenir la plus triste.

» — Merci du bon avis, messire astrologue; mais un roi est mieux gardé par son peuple que par toutes les hallebardes du monde. »

Le lendemain, qui était le vingt-cinquième, dès avant le jour Saint-Denis retentissait d'une rumeur confuse; tous les vrais Politiques de Paris venaient à la fête, criant par les chemins :

« Vive le roi ! Plus de Béarnais ! » Les rues n'étaient assez larges pour contenir les allants et venants avec des transports de joie exprimés par mainte accolade, mainte invective contre la Ligue, maint souhait à la prospérité du roi. Les maisons tendues et tapissées, le pavé jonché de fleurs et de feuilles, les fenêtres, et jusqu'aux toits garnis de monde; c'était tout ainsi que l'entrée de notre Seigneur Jésus-Christ en Jérusalem. La grande église était ornée à l'avenant, et resplendissante de cierges bénits.

Le roi de bonne heure entra en ma chambre vêtu comme il suit : pourpoint et chausses de satin blanc bouffantes et crevées, bas et souliers blancs, manteau et chapeau noir sans plumes. Il me baisa en émoi, et m'offrit en don de riches boucles d'oreilles de diamant.

« Mon menon, dit-il, c'est en mémoire et gratitude de ce que vous avez aidé à me rendre catholique plus efficacement que tous les évêques de mon royaume.

» — Sire, repartis-je, ces diamants de matière indestructible sont des images de notre amour mutuel !

» — Ma mie, je vais faire le saut périlleux de meilleure grâce présentement que je vous ai vue et baisée par réconfort.

» — Quoi donc ! sire, doutez-vous point de la véritable religion ?

» — Nenni, je la crois préférable pour mes intérêts en cette vie comme en l'autre, et à ce prix je l'embrasse de bonne volonté ; mais il y a toujours quelque répugnance à changer la croyance de ses pères.

» — Sire, la honte en cette abjuration serait de commettre un parjure et de tenter Dieu.

» — Loin ces soupçons diffamants ; j'ai si ferme foi que j'irais droit au paradis sans traverser le purgatoire, en cas que je meure, d'aventure, après mon absolution parfaite.

» — Sire, j'aime à vous voir en ces pieuses dispositions, et je serai non moins fière que vous de cette victoire remportée dessus Satan.

» — Ma mie, vous présente à la cérémonie,

je ne réponds pas des distractions qui me pourront troubler en mes oraisons.

» — Ne vous en inquiétez ; je prierai le Seigneur Dieu qu'il ne vous en veuille de tant m'aimer à son détriment. »

Trompettes sonnaient, tambours battaient, et le roi me quitta pour aller recevoir les Dieugard! des princes et grands-officiers de la couronne catholiques; car des protestants la plupart demeurèrent à Mantes, mécontents et indécis. MM. de Sancy et d'Aubigné furent les seuls qui se montrèrent à l'église selon leur rang; l'un tout édifié de la conversion et envieux de l'imiter, l'autre indigné à outrance contre le roi son maître.

J'avais ce jour-là le plus magnifique accoutrement qui fût possible, couvert d'or, de pierreries et de broderies, le tout de la valeur d'un million. Madame Catherine enrageait au fond de l'âme d'être moins triomphante que je n'étais, et de fait en comparaison de moi avait-elle l'air de ma servante; c'est pourquoi elle ne voulut paraître en public, sous prétexte de sa religion, mais vraiment pour ce qu'elle enviait mes beaux habits. Ce même jour, de dépit, elle s'en alla trouver M. de Soissons à Melun, ce qui causa quelque ennui au roi son frère.

J'allai occuper une place honorable dedans le chœur de la cathédrale, où je vis, non sans larmes de joie, l'ordre de la cérémonie, qui fut très imposante; mais ce qui se passa près de la porte est plus remarquable, et j'en dirai ce que m'en a dit le roi.

Le cortége, composé de musiciens, des gardes-du-corps suisses, écossais et français, des princes, seigneurs et gentilshommes catholiques, marchant lentement à cause de la foule, conduisit le roi à la grand' porte de l'église, où se tenait l'archevêque de Bourges en une chaire de damas blanc aux armes de France et de Navarre. Durant la route, le bruit des instruments de musique, les canons tirés des remparts, les acclamations d'un nombre infini de gens, faisaient dans l'air un mélange de bruits qui s'entendirent de Paris. Le roi, du geste et de la voix, répondait à ses chers sujets.

A ce moment M. de Sancy s'approcha, disant :

« Sire, votre conversion me touche de la grâce d'en-haut, et je n'attendrai guère à vous imiter revenant au Dieu que j'ai quitté.

» — Monsieur de Sancy, repartit cet honnête prince, que si vous êtes convaincu de l'excellence du catholicisme, vous ferez sagement d'en faire profession, autrement vivez et mourez en la religion où vous êtes né.

» — Sire, dit M. d'Aubigné comme le mauvais larron aux côtés du Christ, vous boutez votre tête en la gueule de l'hydre papale ; n'était-ce point suffisant d'avoir les catholiques contre vous ? ceux de la religion vous sont aliénés par le fait d'apostasie.

» — D'Aubigné, reprit le roi, épargnez-moi ces vaines paroles, et allez à vos affaires, me laissant aller aux miennes.

» — Sire, sire, devenant relaps, les catholiques vou haïront cent fois plus ; les protestants vous aimeront cent fois moins; car des deux parts on croira feinte votre abjuration.

» — D'Aubigné, vive Dieu! ne m'échauffez pas davantage les oreilles, et passez votre chemin.

» — Sire, plaise à Dieu que vous ne sentiez l'effet de mes craintes. »

Il s'éloigna, et le roi put arriver dessous le porche, où l'attendaient, outre M. de Bourges, plusieurs évêques et religieux de l'abbaye de Saint-Denis portant la croix et les saints évangiles.

« Qui donc êtes-vous, qui venez en présence du Dieu vivant? demanda M. de Bourges faisant l'office.

» — Je suis le roi, répondit Sa Majesté.

» — Que souhaitez-vous, sire?

» — Être reçu au giron de l'église catholique, apostolique et romaine.

» — Le voulez-vous?

» — Oui, je le veux sincèrement. »

Ayant dit, il fut prié de s'agenouiller là devant; ce qu'il fit à regret et rougissant. Néanmoins à deux genoux il fit une profession de foi par laquelle il jurait de renoncer à toutes hérésies, et bailla audit archevêque ladite profession écrite et signée de sa main, et scellée des sceaux de l'État.

M. le cardinal de Bourbon, par surprise, dit à voix basse, mais distincte :

« Sire, jurez de faire la guerre aux hérétiques.

» — Monsieur de Bourbon, reprit le roi très irrité, vous savez bien que pour obtenir de moi ce serment, Dieu même échouerait.

» — Sire, repartit le cardinal, ce serment n'est qu'une formule usitée.

» — Dispensez-m'en, je vous prie, car je préfère m'en retourner sans être absous et catholique. »

M. de Bourges, après quoi, lui fit baiser son anneau sacré avec absolution et bénédiction; puis l'ayant relevé pour le conduire dedans l'église, s'arrêta fort empêché de trouver passage en cette grande presse de peuple.

« Arrière ! cria Périnet à un homme qui, les deux mains cachées en ses chausses, était contre le roi qu'il serrait de près : arrière ! maudit ! »

A ces mots étranges tous les regards se plantèrent dessus ce quidam mal vêtu, et comme en extase à considérer le Maheutre.

« Dieu de vengeance ! murmurait-il, on croirait son mauvais ange ! Pourtant je suis semblable à la femme de Loth changée en statue de sel.

» — Arrière, misérable ! répéta Périnet.

» — Que vous a fait ce brave homme ? dit le roi ; j'entends qu'on le laisse voir tout son soûl, puisqu'il est de mon peuple. Pourquoi le chasser si durement, Périnet ?

» — J'ai bien dévotement communié hier, disait le béat inconnu se parlant à soi-même ; malgré ce, je ne saurais !

» — Mon ami, repartit le roi, vous êtes sous ma sauvegarde si l'on vous moleste... Tenez, si j'avais davantage, je vous le donnerais. »

Là-dessus cet incomparable prince lui mit en main de beaux écus d'or frappés de neuf à son effigie, réservés pour l'offrande, et fut mené au maître-autel par les évêques, curés, docteurs, ce pendant que l'air résonnait de Vive le roi! Quant au personnage susdit, fou en apparence, il remit les écus d'or au Maheutre, et disparut en ces tourbes de gens.

Le reste de la cérémonie fut comme on l'a conté et imprimé. Le roi alla derrière l'autel se confesser à M. de Bourges; tandis que l'on chantait des cantiques, les Vive le roi! continuèrent de plus belle. Après la confession, Sa Majesté sur un oratoire de velours cramoisi à fleurs-de-lis d'or ouït la messe en grande dévotion, si ce n'est qu'il faisait des poses pour me regarder priant avec ferveur, et ne détournant la tête que pour essuyer mes larmes de joie dont il fut touché à fond. Évêques, princes, gentilshommes, messieurs du parlement et du grand-conseil présents, la messe fut dite en la forme ordinaire.

Après un mélodieux *vive le roi* en musique,

des hérauts d'armes jetèrent de grandes sommes d'argent, faisant ce cri : « Largesse du roi ! »

Puis le roi sortit de l'église pour aller dîner à son logis avec les princes ; puis, après dîner, revint à la prédication de M. de Bourges, laquelle fut suivie de vêpres.

Ce fut une journée de réjouissance et de tumulte pour la plus digne cause, et en tout ce peuple assemblé de toutes parts, il ne se trouva point une voix contredisant ni un visage chagrin.

Le roi, enchanté de l'heureux effet de la cérémonie, remerciait ses amis qui l'avaient excité à cette abjuration, et dit à M. d'O :

« Mon cher maître, je serais bien joyeux de m'être catholicisé lors même qu'il n'y aurait d'autre avantage à mon endroit que de faire mon peuple content, comme il apparaissait dessus tous les visages, voire chez les petits enfants aux bras de leurs mères. »

De retour, ce bon roi me baisa tout comme s'il eût été sevré de me voir un mois durant, et me remercia cent fois des prières que j'avais dites à son intention.

« Sire, repartis-je, je suis certaine que le bon Dieu, en cette occurrence, vous a inscrit dessus son registre d'indulgences pour l'autre vie.

» — Ma mie, reprit-il, pendant la messe j'eus certaine vision incroyable.

» — Par mon saint patron ! avez-vous vu d'aventure notre divin Sauveur reluire aux yeux en la sainte hostie.

» — Non, je ne suis point encore assez bon catholique pour être témoin d'un miracle; mais environ le *Kyrie eleison* il me sembla que l'église était tendue de noir, illuminée et pleine de gens en deuil; l'autel et les prêtres portant les ornements lugubres qu'ils ont accoutumé de porter aux messes des défunts. Tout-à-coup, l'esprit troublé de cette illusion, je sentis comme une plaie saignante ouverte en mon côté, et un moment je me crus mort, étendu sur un haut catafalque, ayant des yeux pour voir et des oreilles pour ouïr.

» — Voilà, sire, une horrible imagination,

et je vous supplie de penser qu'elle ne fut jamais.

« — Ma chère, je n'en suis plus soucieux; mais ce m'est un indice que je mourrai de mort violente, assassiné, ainsi que plusieurs l'ont tenté.

« — Ah! sire, ne m'affligez point de ces funèbres idées, en ce jour dédié à l'allégresse de votre abjuration.

» — Ce que j'en dis, mon amie, n'est pour vous chagriner ; mais je suis prédestiné à cette fin, qui me sera plus dure de la main d'un sujet.

» — Sire, au nom de Dieu! chassez de si noirs présages et recommandez votre âme à votre ange gardien; car ce sont visions du démon, ainsi que je vous disais naguère.

» — Seigneur, prends pitié de mon pauvre peuple! «

Sa Majesté n'a pas d'autre prière en la bouche, dès que ses tristesses habituelles le viennent saisir, même à table et en se mettant au lit.

Or dites-moi, sire, vos pressentiments lamentables ont-ils jusqu'à cette heure abouti à rien qu'à vous désoler et nous avec vous? Au contraire, m'est avis, le ciel prend cure de votre vie qui est nôtre; les poignards jésuitiques, les plus dangereux qui soient au monde, n'ont pu répandre votre sang, sinon quelques précieuses gouttes; pourquoi faire tâche de vous procurer tant de soucis et d'affermir votre résolution contre un malheur qui n'est qu'en votre idée? Croyez-moi, les bons rois sont à l'abri des iniques assassins; l'amour des peuples est la plus impénétrable égide. Au demeurant, Périnet, que j'interrogeai sur votre vision mortuaire en l'église de Saint-Denis, a nié comprendre le sens caché en icelle, et il n'est pas merveilleux qu'un roi rêve de son trépas en une basilique aux caveaux de laquelle gisent cinquante rois ou fils de rois.

Le lendemain de la conversion, on eut dit que la guerre finissait; la nuit durant, de Paris jusques à Montmorency des feux de joie éclairèrent la route; des cris et des Vive le roi! furent envoyés aux échos de la Seine. Les

Politiques de Paris soulevèrent toute contrainte et nargue des Seize, nargue des états, nargue des Espagnols! On s'embrassait par les rues, on poussait des clameurs de Dieu-gard! ce pendant qu'aux églises, les prédicateurs furibonds, les Bouche, les Lincestres, les Quarinus et autres, enrageant de voir venir la paix, laquelle ne profite qu'aux honnêtes gens, blasphémaient du haut des chaires, vociférant que recevoir le Béarnais au giron de l'église catholique était renouveler le crucifiement de notre Seigneur Christ.

L'un de ces félons expliqua quelque verset latin de la Bible par cette injure malsonnante: « Seigneur Dieu! débourbonnez-nous, ôtez-nous des mains de cette race de Bourbons hérétiques maudits! »

Le roi eut avis de ces vilenies de ligueurs, et en rit sans colère. « Ces bonnes gens, dit-il, ont la tête lunatique; car hérétique, ils me reculaient de plus de cent lieues, et catholique, il me reculent pis encore; ai-je donc la peste qu'ils craignent de gagner! »

Des malappris semèrent cette calomnie, que le roi, pour se laver de sa messe aux yeux des protestants, passa la nuit au prêche; mais je proteste qu'il n'en fut rien, et je tiens de bonnes raisons pour être mieux instruite qu'aucun à ce sujet. Toutefois point ne dirai où la nuit lui sembla brève et plus agréable qu'une plus longue.

La conversion du roi embarrassa fort M. de Mayenne, qui se voulut du mal pour avoir refusé la trêve générale de trois mois, car il était quasi entre deux précipices, en cas que son neveu le duc de Guise acceptât la couronne à lui offerte par les états et les Espagnols, ou bien que le Béarnais, devenu catholique, fît la paix avec les chefs ligueurs de province.

Donc il agença secrètement un traité avec l'Espagnol, portant que ledit Béarnais ne serait reconnu roi sous prétexte de sa conversion ou autre; en même temps et contradictoirement il bailla des pleins pouvoirs à ses députés MM. de Bassompière, de Belin, de Villeroi, de

La Châtre et Zamet, pour terminer l'affaire de la trève avec les députés royalistes, qui étaient MM. de Schomberg, de Bellièvre, de Thou et de Revol. Ces messieurs firent leurs entrevues à La Chapelle, à Aubervilliers, et par les chemins, soit de nuit, soit en carrosse. Les plus aigres contestations furent pour le titre de roi, que M. de Mayenne déniait obstinément à Sa Majesté dans l'acte de la trève. Enfin on s'arrêta, non sans beaucoup de paroles jetées au vent, à cette formule, *Les chefs des deux partis.*

« Certes, disait le roi, je suis bon d'octroyer cet honneur à un rebelle comme M. de Mayenne ; mais pendant ladite trève j'ai espoir de mieux maltraiter la Ligue qu'en quatre ans de guerre.

» — Comment, sire, comptez-vous employer ce temps là ? s'enquit M. d'Aubigné, un des plus opposés à la trève.

» — Je me ferai aimer de mes sujets, s'il plaît à Dieu. »

Ladite trève ne fut accordée de part et

d'autre qu'au dernier jour de juillet, et la nouvelle en réjouit les plus petits comme les plus grands.

Cette trève avait pour motif l'ambassade à Rome de M. de Nevers, pour obtenir l'approbation du pape à l'absolution provisoire que Sa Majesté tenait des évêques. Le pape Sixte V eût persisté en ses refus et excommunications; la chose réussit tard avec sa sainteté Clément huitième.

Tant que le roi demeura à Saint-Denis, l'affluence des Parisiens fut immense, si que la route était populeuse de même que la rue Saint-Honoré. Plusieurs des principaux Politiques vinrent se mettre corps et biens aux mains du roi, qui les excusa d'avoir séjourné parmi les ligueurs sans le devenir; les autres allaient visiter l'église où s'était faite l'abjuration, et criaient les mains au ciel: « Ah! que Dieu le bénisse! Puisse-t-il bientôt en faire autant en l'église Notre-Dame de Paris!»

Ils s'amassaient devant le logis du roi, qui, se montrant à la fenêtre, redoublait par sa présence chérie les acclamations populaires, et les larmes quasi lui en venaient aux yeux.

« Eh bien ! sire, dit M. de Rosny se rengorgeant comme s'il fût l'auteur de la conversion, que vous en semble de ce peuple que l'on disait ne vouloir pas vous accorder la qualité de roi dans l'instrument de la trève ? il vous l'a donnée cent et cent fois en ses bénédictions.

» — Rosny, repartait cet héroïque prince, s'il fallait bailler ma vie pour ce bon peuple, je ne prendrais que le loisir de faire un *meâ culpâ* pour le salut de mon âme.

» — Sire, fit Périnet, il n'est parmi eux qu'un homme au front de qui se lisent de mauvaises pensées.

» — Moines, prêtres, soudards, loups, serpents et renards ! » s'écria maître Guillaume.

Le roi s'en alla de Saint-Denis à Melun joindre sa sœur, Madame, qui avait des intelligences avec le comte de Soissons, intelligences d'amour et de politique. Henri n'eût pas mangé de bon appétit et dormi d'un bon somme si je ne l'avais accompagné. Son amour, depuis l'abjuration, avait crû de telle sorte, qu'il m'emmenait à cheval en des visites qu'il faisait aux villes prochaines, sans autre escorte qu'un écuyer, sur la foi de la trêve.

Un jour le roi partit avec moi dans l'après-dînée, et cette fois, désirant m'entretenir amicalement durant la traite, jusqu'à Brie-Comte-Robert, ne se précautionna point d'un écuyer à tout évènement.

« Non, mes amis, dit-il à ceux qui s'offraient de galoper derrière, ma dame n'a d'autre serviteur que moi, qui lui tiendrai l'étrier.

» — Sire, dit Périnet, songez à ne descendre de la selle qu'à l'arrivée.

» — Vive Dieu! repartit le roi, on oublie trop que je fus élevé durement et nourri d'ail; au besoin, je me passerais d'écuyer.

» — Sire, fis-je en souriant, M. de Bellegarde n'est point là, écoutant ce propos qui le peinerait, j'imagine. »

Nous fîmes une part de la route sans malencontre, devisant comme des pies au nid. Une ardente soif, aiguillonnée par la chaleur, me séchant le gosier, j'avisai en un champ des pommes vertes qui me mirent l'eau à la bouche.

« Henri, dis-je arrêtant mon palefroi, le chaud qu'il fait me donne envie de rafraîchir mon palais aride ; les pommes dont cet arbre est couvert me sembleraient nectar céleste.

» — Que ne parliez-vous, ma belle Gabrielle ? dit le roi sautant à terre ; j'irais à la conquête des pommes d'or du jardin des Hespérides !

» — Henri, ne vous souciez de cette fantaisie, et ne vous éloignez, crainte que votre cheval ne prenne le mors aux dents.

» — Holà ! mon ami, cria le roi à une espèce de paysan qui suivait la même route, viens çà me servir d'écuyer et garder mon cheval, le tenant par la bride ; je te paierai de ta peine. »

Ledit paysan, sans répondre, obéit à cet appel ; et ce pendant que le roi allait cueillir les fruits à l'arbre, je distinguai l'air méchant de cet homme, ses cheveux et barbe roux, ses yeux fauves, sa bouche gringottant des patenôtres, et l'une de ses mains dedans ses chausses, comme pour en tirer quelque couteau. Ma terreur s'augmentait de la solitude du chemin et de l'air farouche de cet inconnu.

Le roi revint à propos, et se replaça en selle sans que l'autre eût lâché la bride.

« Ma mie, dit-il, la chute du jour est proche, et il me tarde que nous arrivions ; voici des fruits les plus mûrs qui soient dessus le pommier ; si j'en savais de plus beaux je les voudrais querir.

» — Henri, repartis-je, récompensez ce villageois d'avoir veillé à ce que votre cheval ne s'échappât.

» — Mon ami, acceptant ces quelques écus, souviens-toi que le Béarnais est pauvre. »

Ce disant, il jeta la monnaie à terre, et d'un coup d'éperon fit aller le trot à sa monture. Je l'imitai, poussant mon palefroi ; et le faux paysan, ébahi des paroles du roi, comme s'il s'éveillât en sursaut, sortit sa droite de ses chausses, non pour ramasser les pièces d'argent, ce me sembla, et s'écriant : « Bienheureux Ignace de Loyola ! je n'ai donc pas la conscience nette et pure, que je n'aie reconnu en ce cavalier l'hérétique Béarnais! »

« Cet homme assurément, dit le roi, est un ligueur en haute gamme, et les prédicateurs ont abusé son esprit ; Dieu l'ait en sa garde !

» — Sire, me récriai-je voyant qu'il nous suivait à la course, pressez votre cheval à beaux éperons, et tirez-vous de ce guet-apens. »

Sa Majesté appréhenda que cet insensé ne fût pas seul en embuscade, et nous galopâmes, d'autant que je fus me ressouvenant de l'avis baillé à l'étrier par Périnet. Au retour, une petite troupe nous préserva de toute mésaventure.

Le lendemain dudit jour M. de Brancaléon, gentilhomme de la chambre de la reine, veuve du roi Henri troisième, fit tenir à Sa Majesté un portrait et une lettre, pour l'avertir que l'homme figuré en ce portrait avait de mauvais desseins sur sa vie ; qu'il se nommait Pierre Barrière, était batelier de son état, et venait de Lyon pour commettre un parricide.

« Par les saints anges du ciel ! m'écriai-je

après l'inspection de la portraiture, celui-ci est le même qui tint hier la bride de votre cheval sur la route de Brie-Comte-Robert !

» — Ventresaintgris ! repartit le roi, c'est l'homme sur lequel Périnet cria haro en l'église de Saint-Denis, le propre jour de ma conversion !

» — Il le faut faire arrêter, sire, puis juger et condamner.

» — Le pauvre insensé a peut-être honte de sa méchante intention, et je me défie moins d'icelui que du père Séraphin Bianchi, jacobin, espion du duc de Florence et valet de la Ligue, devant lequel s'est confessé ledit Pierre Barrière.

» — Attendrez-vous, sire, qu'il vous ait mis à mal pour le châtier exemplairement ?

« — Un bon roi, ma mie, doit craindre de tirer le sang des siens, voire le plus mauvais. »

Néanmoins Sa Majesté consentit à certaines précautions de gardes, et s'abstint d'aller seul par voie et par chemin.

M. de Brancaléon, sur ces entrefaites, se vint excuser d'un retard insolite, vu le péril du roi. Il dit que la crue de plusieurs rivières, à cause des pluies, l'avait retenu long-temps en voyage. On lui demanda d'où il savait que ledit Barrière avait formé une entreprise sur les jours du roi, et comment il l'avait fait portraire si ressemblant. M. de Brancaléon forçant son embarras, répondit que le père Séraphin Bianchi ayant ouï ledit Barrière en confession, en fut interrogé pour savoir s'il était permis de tuer le roi; et que lui, Brancaléon, caché en un petit endroit, avait entendu la réponse du père jacobin, qu'il n'était loisible d'attenter à la vie des rois, et nommément de personne.

Quant au portrait, M. de Brancaléon avoua l'avoir fait de sa main, pour mieux tenir en garde Sa Majesté contre les projets de l'assassin. Je déclare que ces explications, pour être vraies, étaient trop invraisemblables, et je le dis au roi, qui hochait la tête par incrédulité. Toutefois il remercia M. de Brancaléon de son bon avertissement, et l'assura d'une récompense en proportion du service.

Cette confidence le rendit non jamais soupçonneux et inquiet, mais sombre et marri.

« Bon Dieu ! disait-il, quoi donc leur ai-je fait, qu'ils aient souhait de mon sang !

» — Sire, dis-je alors, ne donnerez-vous point d'ordre eu égard à ce Barrière, qui en veut à votre vie.

» — Non, vive Dieu ! j'ai pour espoir et consolation qu'il se repentira, se désistant de sa perversité ; mais, si pour son malheur et le mien il s'offre à ma vue, de hasard ou autrement, on en fera bonne et prompte justice, sans que je m'émeuve à clémence ou à pitié. »

Périnet n'a pas tort de dire que notre destin est plus fort que tout ; car peu de jours ensuite, le vingt-septième d'août, comme je boutais l'œil à la verrière pour considérer le temps qu'il faisait, je reconnus l'homme du portrait planté devant l'hôtel du roi, et la main en ses chausses, comme je le vis la première fois. J'allai de ce avertir Sa Majesté, qui dépêcha M. Lugoli, lieutenant de la prevôté de son hôtel, avec ordre d'amener devant lui cet homme, au préalable lié des pieds et des mains ; ce qui fut fait sur l'heure.

Moi présente, aussi Perinet, maître Guillaume et plusieurs gentilshommes, le roi fit le premier interrogatoire de ce misérable, avec la volonté de le renvoyer absous en cas qu'il niât tout. Dès l'abord Sa Majesté compara le portrait avec cet homme, peint à sa parfaite ressemblance.

Il était vêtu de toile de Frise, et mal soigné de sa personne ; son arrestation l'avait étonné, comme il paraissait à sa respiration et à sa pâle couleur ; il tenait ses yeux fixés en bas, et mâchait des prières entre ses dents.

« Comment avez-vous nom ? demanda le roi hautement et intelligiblement.

»—Pierre Barrière, répondit l'autre, âgé de vingt-sept ans, natif d'Orléans, de son premier métier batelier, et de présent soldat au service d'Espagne et de la Ligue.

» — Est-il vrai d'aventure que vous me vouliez occire traîtreusement?

» — Bienheureux Ignace! qui vous a rapporté ce que Dieu seul, ses saints et les prêtres savent après moi?

» — Répondez à l'enquête. Avez-vous dedans l'âme ce monstrueux dessein?

» — Oui.

» — Qui vous a mû à conspirer contre mes jours par inspiration de l'enfer?

» — J'aimais passionnément une fille servante de la reine Marguerite, qui est à Usson en Auvergne; mais ladite reine s'étant bandée contre nos épousailles, par le conseil de cette fille, je résolus de me bien venger de madame Marguerite en vous ôtant d'un coup la couronne et la vie.

» — Ventresaintgris! le moyen était bien trouvé pour réjouir Marguerite, dit bas le roi.

» — Barrière, ajouta M. de Lugoli, confessez tous vos crimes avant la question ordinaire et extraordinaire, et par là méritez le pardon de Dieu, aussi des hommes.

: — J'ai ferme fiance que mon salut éternel est acheté au prix de mon entreprise catholique, et d'ailleurs depuis un mois que je vins de Lyon à cet objet, je n'ai failli un dimanche de communier dévotieusement.

» — Voilà un hardi scélérat, et il sent le jésuite d'une lieue, dit le roi.

» — A Lyon, un prêtre, un carme et un capucin m'ayant exhorté à en venir à l'exécution, le révérend père Séraphin Bianchi, jacobin, me promit le paradis moyennant que je vous fisse choir en la géhenne.

» — M. de Brancaléon, dis-je à Sa Majesté non moins stupéfaite de l'aveu, a donc menti par la gorge?

» — Nommez tous vos complices, poursuivit M. le lieutenant de la prevôté.

» — Des complices? je n'en ai d'autres que moi-même; à moins que par complices vous entendiez ceux qui m'ont conseillé d'agir, et ceux qui seront bien aises la chose faite.

» — Vous ne mériterez d'indulgence, reprit

le roi, qu'eu égard à ce que vous confesserez et avouerez sans gêne ni torture.

» — De Lyon j'allai à pied en la bonne ville de Paris, où les prédicateurs en chaire font chanter le *Veni, Creator*, avant que de prêcher le meurtre du Béarnais. M. Aubry, curé de Saint-André-des-Arcs, et son vicaire, et le père Varade, recteur des jésuites, et autres, m'ont fort loué de mon dévouement, qu'ils traitaient de pieux et d'héroïque; ce fut à qui m'y encouragerait le mieux. Je communiai et m'apprêtai à souffrir le martyre. J'allai à Saint-Denis en l'église pendant la fausse abjuration, et j'eusse frappé l'hérétique si une puissance invisible n'avait enchaîné mon bras. Sur la route de Brie-Comte-Robert l'occasion me fut propice pour achever mon dessein généreux; mais l'esprit du mal m'aveugla de telle sorte que je parlai au Béarnais sans le reconnaître.

» — Çà, que t'a fait le roi pour exciter si grosse haine?

» — Voyant que la plupart, et surtout les gens d'église, le haïssaient, je me suis pris à le haïr comme hérétique et ennemi de la religion et du saint père le pape.

» — Hé bien, méchant, que feras-tu si je t'octroie grâce entière au lieu du supplice qui t'est dû ?

» — Tant pis pour vous ; or desserrez un peu les cordes qui me gênent, et lors vous verrez l'usage que je ferai de mes mains libres.

» — Par la morbleu ! qu'on le conduise aux prisons pour commencer son procès sans merci.

» — Monsieur Lugoli, dit Périnet, avisez s'il n'a point arme quelconque latente en ses habits.

» — Non, repartit Barrière, car un couteau est un outil nécessaire à ceux de mon état.

» — Sire, dis-je vitement, le jacobin Jacques Clément n'avait pourtant qu'un grand couteau dont il coupait ses morceaux, et il a méchamment mis à mort le roi Henri troisième !

» — J'entrevois, dit maître Guillaume, que le bienheureux Jacques Clément, de détestable mémoire, aura plus de successeurs que la couronne de France. Icelui sera encore un saint au calendrier des ligueurs. »

Le lieutenant de la prevôté visita les habits de ce Pierre Barrière, et trouva en ses chausses un couteau d'un pied de longueur, tranchant des deux côtés et fraîchement émoulu. Cet objet causa parmi les assistants un trouble indicible; et comme l'infâme semblait avoir regret à sa bonne lame, vierge encore du sang royal, Sa Majesté ordonna d'un signe qu'on l'emmenât hors de sa présence.

« Ah, sire! me récriai-je après la sortie du meurtrier, comment un si bon roi a-t-il des sujets acharnés à sa perte?

» — Ma belle Gabrielle, dit-il, prêtres et jésuites sont d'humeur rancunière; ils ne font pas différence du catholique à l'hérétique, et je m'ébahis que disant, soit aux prêches, soit aux confessions, soit en leurs livres, que de me tuer on servirait la religion; en vérité, je m'ébahis que chacun jour quelque âme chrétienne ne se dévoue à mon trépas.

» — Sire, dit Périnet, montrez votre main que je vous apprenne les mystères de la chiromancie.

» — Puisses-tu, mon fils, voir en ma main ce que j'ai dedans le cœur, à savoir l'amour de mes sujets outre mes amitiés particulières.

» — Sire, reprit Périnet, votre ligne de vie est longue, droite et bien colorée, tous augures avantageux ; mais à sa naissance remarquez ces petits rameaux en contre-bas, ils annoncent de grandes peines de cœur; en plus, ces points rouges dessus la ligne de vie annoncent que vous courrez de gros risques et même serez blessé quelque part.

» — La volonté de Dieu soit ! répondit le roi se résignant.

» — Périnet, dis-je tout irée, vous aviez bien affaire de nous mélancoliser par ces billevesées.

» — Monseigneur l'astrologue, repartit maître Guillaume, désistez-vous d'envahir le domaine de la folie, qui est mien.

» — Ceci s'appelle avoir sa destinée à la

main, conclut Henri remis en belle humeur. »

Ledit Pierre Barrière, aux interrogatoires à lui faits avant et après la question ordinaire et extraordinaire, déclara et confessa ce qu'il avait déclaré et confessé à Sa Majesté; pour réparation de quoi fut condamné à avoir le poing droit brûlé tenant le couteau, dont il fut trouvé saisi, à être tenaillé avec des pinces ardentes, puis rompu tout vif dans le grand marché de Melun, puis exposé dessus la roue, jusqu'à ce que mort s'ensuive, et ensuite à être brûlé et ses cendres jetées au vent.

Telle est la punition des parricides, qui ne sont punis en ce monde par comparaison des tourments de l'enfer. Le roi défendit qu'en cette affaire personne autre, en dépit des soupçons et preuves, fût mis en jugement. M. de Soissons, m'est avis, avait gros à gagner par la mort de Sa Majesté; madame Catherine aussi. Plus tard le parlement, sans demander son bon plaisir, condamna le père Varade, plus coupable que ledit Barrière, à être tiré à quatre quartiers en effigie.

Le propre jour du supplice, le roi s'en alla de Melun, et de la journée ne prit aucune nourriture.

« Quand je viens à songer, dit-il, qu'un chrétien martyrisé ici-bas des mains de la justice le sera davantage par les diables après sa mort, passant du feu des fagots au feu éternel, ma raison se perd, et de compassion j'irais sauver ce misérable qui meurt damné.

» — Sire, vous disais-je comme aujourd'hui, votre bonté vous nuit plus que la tyrannie ne ferait ; car les ingrats sont les plus dangereux ennemis. Moi, qui ne suis fée ni astrologue, je tremble que cette bonté n'achève votre ruine. »

En ce temps, ainsi que l'avaient prévu les hommes d'expérience, la division éclata entre les chefs de la Ligue ; chacun s'occupa de ses intérêts, à défaut de l'intérêt commun. M. de Mayenne machinait force traités avec l'Espagne et le légat pour rompre l'élection de son neveu de Guise. M. de Nemours s'étant voulu emparer du Lyonnais, fut fait prisonnier par les bourgeois de Lyon et enfermé au château de

Pierre-en-Sise, d'où il s'évada depuis. Les provinces nonobstant la trève poursuivaient une rude guerre, et Lesdiguières, les maréchaux d'Aumont et de Matignon auront place en l'histoire pour leurs beaux faits d'armes.

Les trois mois de trève finissant, Zamet et Villeroi, jà quasi détachés de la Ligue, s'employèrent ardemment à la prolonger de deux mois encore; ce qui avança moult et bien les affaires du roi, qui disait : « Je compare la Ligue à un soldat blessé à la bataille, lequel oublieux de son sang qui coule, remplit son devoir sans désemparer d'estoc et de taille ; mais si pour reprendre haleine il s'assied et pose le fer, son membre blessé s'enraidit, le sang se fige en sa plaie, et force lui est de ne remuer avant sa guérison ; ainsi sera de la Ligue, la trève passée. » Cette merveilleuse comparaison s'effectua de point en point l'année suivante.

Le plus heureux évènement de la fin de l'an fut mon engrossement, non plus imaginaire selon la fantaisie du bonhomme Alibour, mais certain et sous une belle constellation, et est venu à terme heureusement. Cette grossesse toutefois fut pénible et souffrante, tellement que j'établis mon séjour à Mantes, en la compagnie de madame de Sourdis et de ma sœur madame de Brancas, qui revint vers moi et ne m'a depuis guère quittée, quoi que nos humeurs soient différentes tant et plus. Toute amitié est rompue entre nous, et malgré cet inconvénient nous vivons ensemble à nous voir sans cesse, à nous parler du soir au matin, et cela en parfaite insouciance l'une de l'autre. C'est le train des cours.

Le roi fut tout réjoui d'avoir mon ventre sur qui compter pour un héritier de sa royauté, car la grande amitié qu'il portait à madame Catherine s'était diminuée en raison de l'accroissement de notre amour ; d'ailleurs la désobéissance de madame sa sœur, préférant M. de Soissons à tout autre époux semblablement noble et riche, affligeait grandement Sa Majesté, qui de son vivant ne voulait point se détrôner à leur profit.

Donc le roi prévoyant que les intrigues de

sa sœur et du comte seraient déjouées par le fruit de mon ventre, s'efforça de m'aimer encore plus; impatient de ma délivrance, qui n'eut lieu qu'au neuvième mois. Or tant que dura madite grossesse, il me visitait ou m'écrivait chaque jour pour connaître de mes nouvelles, et s'il manquait quelque chose à notre petit à naître.

Je ne citerai pas une de ces lettres brèves et faites de baise-mains, de Dieu-gard! et de souhaits pour l'avenir.

Le Maheutre, qui, selon sa charge, m'apportait de près ou de loin les lettres du roi et non sans des soupirs élancés et des regards à mon adresse, tellement que de peur qu'il ne fût réellement piqué d'amour pour moi, je conjurai Henri de faire que ce vilain masque ne vînt par son aspect porter préjudice à mon fruit. Depuis ce rigoureux traitement, je n'ai revu qu'une et dernière fois le pauvre Maheutre, qui disparut après sans qu'on sache s'il est existant ou non. J'appréhende qu'il n'ait attenté sur soi-même en désespoir de ma cruauté et de son amour. Je me prends souvent par commisération à le souhaiter vivant.

La conversion du roi avait à bon droit fait ombrage aux huguenots, qui perdaient en lui un solide appui; mais ce digne prince ne voulait pas le moindrement molester ses anciens serviteurs et coréligionnaires. En des conférences qui se tinrent à Mantes, à Vernon et ailleurs, entre des commissaires pour les deux religions, il fut provisoirement convenu que l'exercice de la religion protestante se ferait en toutes les villes occupées par les calvinistes, et celui de la catholique serait rétabli dans les lieux où il avait cessé.

Les huguenots, qui espéraient tout d'un roi huguenot, furent médiocrement satisfaits de ces avantages et de ce que Sa Majesté les remit à des temps meilleurs pour la fixation de leurs priviléges.

« Mes amis, disait-il pertinemment, jusqu'à ce que je sois roi régnant au Louvre, je ne puis favoriser les catholiques sans renoncer à votre affection qui m'est bien chère, ni les calvinistes sans paraître trahir mes nouveaux amis. Mais, vive Dieu ! l'heure viendra que je n'aurai plus les mains liées, et nul n'entrera de force au cabinet de ma conscience. Car des rois, Dieu seul est le juge.

» — Et le pape, repartit d'Aubigné, n'est-ce point Dieu sur terre, de l'avis des catholiques ?

» — Finalement, mes amis, reprit le roi, quoi qu'il advienne, heur ou malheur, je ne mettrai en oubli que les protestants furent de ma religion avant les catholiques. »

Ces paroles me semblent fort belles et considérables, mais elles sont imprudentes en la bouche du roi, d'autant que les méchants lui reprochent d'être fauteur de l'hérésie, sous couleur d'aimer la vraie religion, et les cendres de Jacques Clément, de Barrière et Châtel ont encore plus d'adorateurs que de saintes reliques en châsse.

Cependant la trêve non plus que la conversion n'avaient fait brèche au parti de la Ligue; c'est pourquoi les choses restaient au même état, si ce n'est que les Politiques allaient tête haute à Paris et aux principales villes des provinces. M. de Boisrosé, gouverneur de Fécamp pour la Ligue, rendit cette place au roi, et avant la fin de l'année, M. de Vitry, qui le premier avait abandonné le roi lors de l'avènement d'icelui, fit le premier défection à la Ligue, remettant les clefs de Meaux à Sa Majesté, qui le reçut comme l'enfant prodigue.

Cet exemple, funeste à la sainte Union, somma tous les chefs et gouverneurs de villes d'entrer en prompt accommodement; et l'an 1594 commença sous d'éclatants auspices par la rentrée en obéissance de M. de La Châtre, qui ouvrit au roi les portes de Bourges et d'Orléans. Les villes d'Aix en Provence et de Lyon reconnurent l'autorité royale bourbonnienne. Paris, où les partisans de la paix étaient supérieurs en nombre aux espagnolisés, ne fût pas demeuré en arrière, si M. de Mayenne, avant que de s'en éloigner, n'avait ôté ce gouvernement à M. de Belin, pour le donner à M. de Cossé-Brissac, en qui, disait-on, la Ligue était incarnée. Ce fut ce qui avança la réduction de cette ville capitale.

M. de Villeroi fut sage de se séparer de M. de Mayenne, qui, pour prix de ses négociations, lui eût fermé toute retraite avantageuse. Je n'aurais jamais fait de nommer tous les braves capitaines qui se donnèrent au roi, aussi leurs troupes et leurs villes.

Mais aussi je n'aurais jamais fait de compter les grandes sommes d'argent que le roi distribua en nombre infini de mains et promit sur billets ; de façon que M. d'O, son surintendant des finances, disait :

« Sire, vous n'avez pas seulement conquis votre couronne, mais l'avez achetée plus cher qu'elle ne vaut. »

Le roi m'a dit maintes fois en mystère : « J'ai expérimenté en ces derniers temps que les plus honnêtes gens se vendent et s'apprécient comme toute marchandise ; j'ai payé ma royauté en écus, rentes, dignités, et le reste. Vraiment c'est chose ruineuse que d'être roi. »

Durant la trève, le roi fit en Normandie et à Dieppe un voyage dont je ne fus point, à cause de mon ventre prêt à poindre. Au retour, la trève cessant, il porta son armée vers Paris, et prit La Ferté-Milon, quasi sans un des siens tué. J'avais si grand'peur de voir avorter mes espérances et celles de Sa Majesté, que je ne bougeais de mon hôtel à Mantes.

Or les amis et serviteurs du roi le pressaient de se faire sacrer, pour vaincre d'un coup les résistances des ligueurs tenaces. Je n'ignorais pas ces menées, qui me semblaient vaines, puisque Reims était à la Ligue, et je renvoyais en idée le sacre après mes couches faites.

Le roi, comme il m'avoua tout pour avoir son pardon, montra en cette occasion plus de faiblesse qu'il n'était capable, et, chose inusitée! descendit à la feinte, afin de complaire à madame Catherine, pour laquelle je suis objet d'envie. Madame, voyant les difficultés du sacre aplanies, persuada non sans peine à Sa Majesté que ma présence en cette cérémonie ne siérait point, vu l'état où je me trouvais. Son but manifeste fut que je ne parusse au sacre, où elle ne serait que la seconde, eu égard à sa religion.

En somme, le roi céda bon gré malgré à ces mauvais prétextes, et me vint prier, tout rouge de mentir, que j'eusse à me rendre à Pontoise, au couvent de ma sœur Angélique, durant un voyage qu'il ferait à Lyon.

« Eh! sire, dis-je étonnée, le séjour de Mantes m'agrée mieux qu'un changement de domicile, et je m'y tiendrai, s'il vous plaît.

» — Nenni, reprit-il embarrassé, j'ai avis que M. de Mayenne veut assiéger Mantes, qui ne se laissera emporter; mais les hasards d'un siége m'effraient pour vous, ma belle Gabrielle que j'aime tant.

» — Il n'est rien que je ne fasse, sire, pour vous faire plaisir; donc, je partirai demain pour voir ma sœur Angélique, de laquelle je fus si long-temps absente. Je vous requiers de m'écrire le plus souvent possible. »

Le roi me baisa plus tendrement encore qu'à l'ordinaire, et je crus qu'il pleurait, de remords sans doute de me tromper. Finalement je m'en allai, sans escorte de cuirassiers, seule, au couvent de Maubuisson, bien chagrine que la règle d'icelui empêchât la venue de Périnet pour me distraire.

« Bon ! dit ma sœur Angélique, la règle est ce qui nous convient ; c'est-à-dire que je serais fort aise d'avoir un astrologue à consulter sur divers cas.

» — Ma sœur, repris-je scandalisée, un homme en un couvent de nonnains !

» — Sainte Vierge ! ma sœur, est-ce péché que de parler à un visage d'homme ! Au demeurant, le péché ne sera point votre fait.

» — Vous usez des priviléges d'abbesse, ma sœur ; mais certes il ne couchera ici.

» — Vraiment, au siége de Pontoise par le roi Henri troisième, le roi de Navarre et ses officiers logèrent en nos cellules.

» — Oui-dà, mesdames les religieuses, si

vous reçûtes Sa Majesté sans crainte, vous recevrez mon petit Périnet sans danger. »

Ma sœur l'abbesse répondit à ce par un visage mécontent.

CHAPITRE V.

Les religieuses en goguette. — Les bâtards et les péchés. — Signes astrologiques. — Une abbesse comme il y en a beaucoup. — Le couvent et la cour. — Le mouchoir, le collier, la couronne et la lettre. — Sacre du roi. — Confession. — Premier mouvement de colère. — Départ pour Paris. — Adieux à Maubuisson. — Un compagnon de voyage. — Le jésuite. — Son portrait. — Une scène de tartufe. — Charité chrétienne. — Le baiser de paix. — La maison des jésuites de la rue Saint-Antoine. — Saint Ignace de Loyola. — Les deux complices. — Morale jésuitique. — Les tableaux d'église et l'anagramme. — L'ange gardien. — Le père Varade ! — Flagrant délit. — Gabrielle sauvée des jésuites. — L'amitié est causeuse. — Le talisman de rats en poudre. — Serment du roi. — Serment du père Varade. — Le comte de Brissac, gouverneur de Paris. — Intrigues pour la réduction de Paris. — Fausses nouvelles. — Anxiété générale. — L'art de feindre. — Le pétillement des flammes. — *Jac, cle* et *pris*. — Sorcellerie. — Le coq noir et les grains de mil. — Les oracles. — Superstition. — Chant du coq. — Bonne nouvelle. — Cas de conscience de Zamet. — La veillée. — Paris pendant la nuit du 22 mars. — Le galop d'un cheval. — Attente. — Henri IV à Paris. — Les amans réunis. — Le marquis de Cœuvres, frère de Gabrielle. — La ville prise. — Le Maheutre parle encore une fois. — Le roi sauvé de l'escopette d'un jésuite. — Le débiteur et le créancier. — Un roi qui a bon appétit. — Futur siége de Laon. — Le bienheureux fauteuil. — Repos du roi et de Dieu.

Ma sœur Angélique m'a conté en détail l'aventure du roi de Navarre et de ses officiers au couvent de Maubuisson, pendant le siége de Pontoise, s'excusant de tout sur les nécessités de la guerre. Le rouge me monta au visage à ce récit, qui ne gâterait pas les Nouvelles de la feue reine de Navarre Marguerite de Valois. Le sujet n'en est beau ni honorable, vu que des religieuses débauchées pèchent plus que d'autres. Finalement ce fut l'origine d'une race de bâtards.

Le roi s'était donné de garde de toucher cette matière, la regardant comme trop honteuse à son honneur. Certaine fois que je l'interrogeai à part :

« Ma mie, dit-il d'un air contraint, dispensez-moi de me souvenir de ce qui est hors de ma mémoire, où je ne mets en réserve que les choses bonnes et louables.

» — Sire, repartis-je, n'avez-vous point des bâtards à foison, tant que l'on en pourrait paver les rues Saint-Denis et Saint-Martin ?

» — Ma mie, dit-il, c'est une cruelle épine qu'être né d'un roi sans qu'on le sache, ou plutôt sans approcher de ce haut rang.

» — Hélas! sire, chaque bâtard, n'en doutez

point, vous est imputé à péché mortel, et ceux-là, nés des religieuses, sont de gros empêchements à faire votre salut.

» — Mon menon, par expiation aidez-moi à procréer autant de fils légitimes. »

Or Périnet, à qui j'envoyai ordre de se venir cloîtrer à mon exemple, n'en fit rien, sans m'en dire autre raison qu'il avait assez de ses méfaits pour ne vouloir point les agraver. Cette désobéissance m'ébahit de la part de Périnet, qui s'était lié à ma fortune de si forts nœuds; et relisant sa lettre, je distinguai des signes astrologiques, lesquels composaient l'horoscope de ma sœur Angélique. Ces calculs me semblèrent très exacts et bien dressés; mais ils signifiaient mauvaises mœurs, impiété, censures ecclésiastiques et châtiment insigne. Je m'affligeai de ces augures fâcheux, et Angélique s'en divertit.

« Par la rédemption! disait-elle, de plus grosses pécheresses que je ne suis, on en rencontre comme s'il en pleuvait. La Madelaine au pied de la croix du Christ avait plus de souillures que moi, elle est sainte pourtant, et sans conteste.

» — Mon astrologue, dis-je, s'est mépris en ses observations célestes qui sont à refaire, et plutôt que de perdre votre couvent, vous en aurez deux et trois sous votre pouvoir abbatial.

» — Vraiment, il ferait beau voir que le roi fût si mal reconnaissant de l'hospitalité qu'il reçut de nous; et du reste je suis abbesse et demeurerai abbesse.

» — Ce ne sera point, ma sœur, de mon vivant qu'aucun se hasardera de vous molester, fût-il évêque ou légat du pape; mais pour le paradis, songez que vous êtes en religion.

— » Vous en parlez à votre aise, madame Gabrielle; je voudrais savoir la moue que vous feriez sous les grilles.

— » Et moi, de quel air vous seriez en cour.

— » C'est un beau pays où j'ai hâte d'aller, et je compte dessus vous pour m'y gouverner.

— » Ah, ma sœur! vous tenez la meilleure place, c'est-à-dire la plus profitable à votre salut; soyez sage d'y rester. »

Depuis lors je n'ai pu empêcher qu'elle fût de passage au Louvre tout le moins une fois l'an, pour se distraire des choses saintes par un tas de mondainetés; encore le roi me seconde pour la forcer à résidence, car une robe d'abbesse n'est pas moins déplaisante à voir qu'une abbesse en robe de cour. De vrai, par ses folles amours et ses grandes profusions elle a mérité la censure ecclésiastique dont la menaça Périnet, mais la protection de Sa Majesté lui est une égide où se rompent les flèches de la satire, et dure à user les dents de l'envie. En somme, le seul défaut de madame Angélique ne vient que d'être en religion (1).

Au couvent, où l'ennui me consumait à cause de l'absence du roi, les nouvelles m'arrivaient plus rares jusques aux premiers jours

---

(1) Angélique d'Estrées, abbesse de Maubuisson, fut déposée en 1618, pour s'être conduite en femme galante et fastueuse.

(*Note de l'éditeur.*)

de mars, quand, allant à l'église, je trouvai dessus mon banc un fort gros paquet auquel étaient un mouchoir taché d'huile, un collier de l'Ordre, fait de pierreries considérables, une couronne d'or bordée de diamants, et une lettre. De ces objets le dernier m'agréa davantage, soupçonnant de quelle source il vint; néanmoins je n'en eus pas le plaisir que j'attendais; au contraire, la teneur me fut un rude crève-cœur.

« Mes chers amours,

» Que si j'eusse offensé grièvement le Sei-
» gneur Dieu, j'irais déboutonner ma conscience
» à l'oreille d'un prêtre et requérir l'absolution,
» qui me serait octroyée moyennant repen-
» tir et pénitence; ainsi est à votre égard, ayant
» péché contre vous, tant que mon cœur en
» saigne; je viens tout contristé réclamer abso-
» lution complète de votre part, qui m'êtes
» chère après Dieu.

» Donc je m'accuse d'un mensonge par pré-
» méditation, et en forme d'excuse je vous

» envoie par le Maheutre, invisible pour vous
» plaire, la moitié des biens que je tiens du
» ciel ; car la moitié de mes joies et de mes
» peines vous est acquise d'avance. Partant, ce
» collier vous confère l'ordre du Saint-Esprit,
» cette couronne vous tient lieu de sacre royal ;
» quant à ce mouchoir, dont fut essuyée la
» sainte ampoule de Saint-Martin de Tours, il
» vous vaudra l'onction céleste.

» C'est vous dire, mon amie, que le di-
» manche, vingt-septième de février, je fus sa-
» cré en l'église de Chartres, par les mains de
» M. Nicolas de Thou, évêque de Chartres, et
» que le lendemain dudit sacre je reçus des
» mains du même évêque le collier des deux
» Ordres.

» Je suis confus et chagrin que cette belle céré-
» monie se soit faite sans votre assistance et voire
» à votre insu ; mais la faute n'est pas mienne.
» Madame ma sœur et d'autres pensèrent que de
» l'émotion d'une si grande fête votre fruit pou-
» vait pâtir. M. d'O, qui est votre plus sûr ami,
» pensa de même, et retint le courrier qui vou

» devait de ma part prier d'y venir. Songez, mon
» menon, combien de pleurs fussent nés de ces
» réjouissances publiques si notre petit à naître
» en eût souffert. Certes la messe qui fut remar-
» quable et en bel ordre, aurait profité de votre
» présence comme d'une vraie reine. Vous seule
» avez manqué de toute ma cour, et je vous
» eusse souhaitée de préférence à tous.

» Or maintenant que la chose est faite sans
» remède, sinon sans regret, je vous prie en
» toute humilité de pardonner le fait et la feinte
» dont j'ai vervogne. Je vous disais de nuit que
» vous feriez à mon sacre une royale figure, et
» que de la sainte ampoule de Reims, laquelle
» n'est tarie depuis des siècles, on peut oindre
» plus d'un encore. Mais ce qui s'est passé n'est
» point un démenti, que je sache? et on fait le
» sacre de la reine ainsi que celui du roi. Si je
» me suis trop hâté, gardez de m'en faire un
» crime; car j'ai agi pour le bien de mon État,
» et je tiens cette espérance que les plus détermi-
» nés ligueurs s'arrêteront après mon sacre, se
» doutant que je suis roi de droit et de fait.

» Enfin l'attente de savoir de quelle hu-
» meur vous mettra cette épître me rend sou-
» cieux un petit, et il me vient à l'idée qu'il
» serait mieux d'aller où vous êtes, répondre
» à vos grands reproches par de grands baisers.
» Mais il est temps de vous faire revenir à
» Mantes, où vous êtes attendue de tous, et
» moult il tarde à plusieurs, dont je suis, de
» voir les progrès de votre ventre.

» Sur ce, M. de Mayenne partant de Paris
» avec madame son épouse et ses enfants, ce
» m'écrit-on, je me réjouis de vous intro-
» duire avant peu dedans notre ville capitale.
» Demain je vous enverrai à Maubuisson une
» escorte d'arquebusiers qui vous ramènera.
» Oh! comme je vous baiserai et rebaiserai
» mains, pieds, bouche, et tout! Je ressens
» violent appétit de vous tenir en mes bras.
» Adieu un million de fois.

» HENRI. »

Cette lettre me jeta en telle consternation et colère, que j'eusse quasi brisé en éclats collier, couronne et mouchoir; mais je m'en abstins à cause de la sainte ampoule qui avait sanctifié ces choses mondaines. Je sortis de la chapelle toute pleurante et me retirai en ma chambre afin d'y mener un grand deuil, songeant que le sacre s'était fait sans que j'y fusse. Je me résolus de n'attendre pas les gardes-du-corps qui viendraient le lendemain. D'abord l'envie me prit de demeurer au cloître pour y faire des vœux; mais je fus détournée de cette fantaisie par le souvenir de la belle vie que conduisent les religieuses, parmi lesquelles mon ventre eût joué son personnage. L'indignation où j'étais me somma de m'en aller à Paris, où le roi s'efforcerait en vain de me joindre.

Les apprêts du départ furent prompts, mais lents à mon gré; mes gens et la Rousse même, en qui j'ai bouté ma confiance, se persuadèrent de mon retour à Mantes, comme aussi ma sœur Angélique et les religieuses, que je pratiquais fort assiduement.

« Adieu, la belle Gabrielle, dit Angélique, de même qu'en mon couvent j'ai admis la maîtresse du roi, de même à votre cour vous consentirez à recevoir une dame abbesse.

» — Ma sœur, dis-je, chacun ferait prudemment de rester à son lieu et place; pour moi je m'en veux d'être entrée dessous votre règle.

» — Vous riez, ma sœur, et je vous prie d'informer le roi qu'à Maubuisson les choses ne sont point changées.

» — Vous lui pouvez écrire ce qu'il vous plaît, d'autant que je ne vais point querir le roi à Paris.

» — Bon! je sais un religieux de mes amis qui s'en revient à Paris, ne l'y voudrez-vous point accompagner?

» — Je me réjouirai, ma sœur, de faire route en si honnête entretien; la vertu de son habit me protègera de tout encombre.

» — Je ne vous déclarerai point son nom, pour ce qu'il ne veut être connu sur les chemins.

» — Adieu, ma sœur, je vous ferai tenir en don une robe de satin pour la sainte Vierge de votre couvent, et du drap bleu et rouge pour habiller de neuf monseigneur Jésus-Christ. »

Le religieux, qui paraissait de qualité aux égards que lui montraient les nonnains et au train de seigneur qu'il avait, se dit et sembla fort satisfait de ma compagnie, au point qu'il préféra mon carrosse à sa litière. C'était un père jésuite, au témoignage de son habit et plus de ses paroles emmiellées quant au bord d'icelles. Son air et sa personne ne m'agréèrent point, et j'eus raison de ne me fier à ses yeux patelins, à son sourire faux, et le reste à l'avenant, savoir: un grand corps sec et maigre, une face pâle et jaunie de bile. Je n'osai lui demander son nom, et lui ne m'en dit une lettre.

Il ne me souvient guère des propos du voyage, sinon que ce maître jésuite me touchant les mains aucunes fois et les pieds davantage, réglant ses regards dessus les miens, sembla d'entrée suspect à ma pudeur, et je le reculai par mon air compassé et sévère.

« Madame, dit-il entre autres faussetés, le

Béarnais est digne d'envie en ce point que vous êtes sienne.

» — Par mon saint patron! me récriai-je, désistez-vous d'appeler Béarnais le plus grand roi qui jamais ait été.

» — Saint Ignace m'est témoin, belle dame, que, pour ne vous pas mécontenter, je ferai tort à mes doctrines.

» — Vous êtes de la Ligue et l'un des prédicateurs, sans doute? je n'ai point la science qu'il faut pour vous remettre en la bonne voie; mais qui que vous soyez, le plus honorable parti, depuis la conversion de Saint-Denis et le sacre de Chartres, est de crier Vive le roi!

» — Madame, ce serait en mon endroit apostasie et parjure à expier devant et après la mort; mais je m'en soucierais peu pour vous plaire.

» — Vraiment, mon père, vous êtes d'humeur accommodante, et je vous persuade de composer avec votre conscience pour reconnaître le roi.

» — Dieu m'est témoin que je ne veux rien,

sinon ce que vous voulez ; mais vous ne voudrez pas ce que je veux.

» — Dites, mon père.

» — Madame, il serait profitable à mon salut comme au vôtre que vous alliez en oraison par-devant les reliques du bienheureux saint Ignace, qui sont en la chapelle de la maison professe des jésuites, rue Saint-Antoine.

» — Par mon saint patron ! mon père, une devotion de surplus ne me fait peur, et j'irai volontiers en pèlerinage à l'église des jésuites, moyennant que de ligueur vous vous rendiez royaliste.

» — Ma chère dame, je me résigne à vos pieds, comme esclave prêt à tout faire, et me recommande à vos indulgences, préférables à celles provenant des mérites du précieux sang.

» — Mon père, ne parlez de telle sorte ; car un homme de votre état est appartenant à Dieu seul.

» — Je sacrifierais mon salut éternel et deux avec pour avoir en main tant d'heur qu'a le Béarnais.

» — Voilà des manquements de foi, car désormais le roi existe et le Béarnais est mort.

» — Mort! la bonne nouvelle! mais non, j'erre; le petit Châtel est à Paris, l'autre à Mantes!

» — Quelle mouche vous pique? Avez-vous le sens bien rassis? Je n'entends ce que vous dites du petit Châtel?

» — Avez-vous, madame, un confesseur dont vous soyez satisfaite?

» — Certainement, mon père, et vous connaissez M. l'archevêque de Bourges pour un saint homme; j'en fais cas, non seulement à cause de sa grande vertu, mais parceque les pénitences qu'il me baille à faire sont brèves, et pourtant exquises.

» — Si ce n'est que la brièveté des pénitences qui vous engage, je m'offre à vous en exempter du tout, en cas que vous veniez à moi vous confesser.

» — Nenni, mon révérend, et je vous prie d'excuser ce refus, car j'ai accoutumé de dire mes péchés à M. de Bourges, et toutefois j'en rougis de vergogne. Que serait-ce à un autre confesseur?

» —Madame Angélique, votre sœur, se confesse à moi, et ne me changerait pour quiconque; car il est un art de mener les âmes au ciel par une voie semée de délices et plantée de plaisirs, et j'ai à cœur de vous enseigner icelle.

» — M'est avis que les jeûnes et pénitences sont pour expier les péchés, et d'autant que je suis sujette à pécher, je mortifie ma chair, achetant ainsi un grand bien par un petit mal.

» — Madame, ma chère dame, souffrez que je vous baise un peu pour l'amour de notre Seigneur Jésus-Christ. »

Force me fut de le laisser faire, sous peine de n'aimer le Fils de Dieu et paraître mauvaise chrétienne; mais il me baisa dessus la bouche à me faire peur du demeurant.

Je fus contente, en suite de cela, d'arriver à la maison des jésuites, où mon compagnon me fit entrer, non sans tremblement de ma part, et regards jetés à droite et à gauche.

Comme il m'égara en un corridor noir, où, comme par mégarde, il me touchait, je m'écriai :

« Monsieur, hâtez-vous de me conduire à la chapelle y accomplir mon vœu, ou je retourne en arrière !

» — Madame, dit-il à mi-voix, pourpensez à nos conditions, vous livrant à ce que je veux de vous. »

Les cierges allumés de la chapelle me vinrent aussi à propos qu'un rayon de lune au voyageur perdu entre des abîmes, et je me remis de mes craintes après un double signe de croix pour chasser l'esprit malin.

Le parvis était désert à cette heure, et je m'allai dévotieusement agenouiller vis-à-vis le reliquaire de saint Ignace de Loyola, lequel saint, pour n'être point béatifié en cour de Rome (1), a fait de grands miracles en guérison de malades.

(1) « Il le fut depuis, en 1606, par la saint pape Paul cinquième du nom, qui l'a déclaré un des plus grands saints du calendrier, nonobstant les crimes des pères jésuites, lesquels tuent les rois qui ne sont approuvés par le pape. Le parricide fait par Ravaillac sur la personne

Ce pendant que je priais à mains jointes, songeant à sortir de céans le plus tôt, d'un petit huis ouvert vinrent devers nous deux hommes, l'un prêtre, l'autre non; l'un vieux, chauve, laid et de mauvaise couleur ; l'autre jeune, grave et l'air déterminé.

« Mon père, dit le garçon à mondit jésuite qui faisait mine de pousser au ciel une oraison, la chambre des Méditations m'a décidé à cette généreuse entreprise, sans laquelle je serais damné éternellement, ce dit le père Guignard.

» — Au nom de Jésus ! repartit icelui Guignard, bienheureux qui fera mourir ce Néron bourbonnien, ce Sardanapale de France, ce porc du Béarn, ce lépreux navarrois, cet hérétique schismatique, calviniste maudit !

» — Mon révérend père, se récria le jeune homme, faut-il me ceindre les reins et l'aller occire entre ses huguenots ?

» — Bon Dieu ! interrompit mon guide, in-

sacrée du feu roi a démontré tout à plat la doctrine de la compagnie de Jésus. »

(*Note du secrétaire de ces Mémoires et Journal.*)

sensés que vous êtes, ayez bouche close et ne vendez pas les secrets de Jésus ! »

Ce disant il tira en un coin ces deux nouveau-venus et leur parla fortement jusqu'à ce qu'ils passassent tous trois le seuil de la porte susdite, qui fut refermée peu après.

J'avais ce pendant considéré les tableaux de l'autel où étaient portraits les bienheureux Jacques Clément et Pierre Barrière ; les cheveux me dressèrent au front de voir une représentation du meurtre commis sur le feu roi, de la bouche de qui sortaient ces mots : HENRI DE VALOIS, dont l'anagramme était en inscription à la bouche de l'assassin faisant : O LE VILAIN HÉRODES. Les jésuites éloignés, si d'une part je fus bien allégée de ne les voir plus, je sentis une terreur panique de me voir seule en la maison du Seigneur, c'est-à-dire des jésuites.

Tout soudain je fus assurée par cette voix comme descendue du ciel : « Sus, madame, je suis votre ange gardien. Hors d'ici, ou résignez-vous de n'en partir jamais. »

Je tournai la tête et courus à Périnet, qui sans mot dire m'entraîna dehors jusqu'en la cour, où le frère gardien ne lui voulait ouvrir que le recteur n'y consentît.

« Belzébuth d'enfer! s'écria Périnet faisant reluire sa dague, chien de jésuite, ton ventre servira de fourreau à ma lame si tu n'aimes mieux nous livrer passage; vite, je ne te baille le loisir de dire un *Ave;* as-tu fait?

» — Monseigneur, reprit le dolent portier, je risque ma charge de gardien pour n'obéir pas aux commandements du recteur, le vénérable père Varade.

» — Varade! » dis-je par ressouvenir du procès fait à Pierre Barrière.

Je pâmais et m'en allais choir, si mon Périnet ne m'eût portée à bras dedans le carrosse; et le cocher toucha. Mes sens revenus, je vis Périnet à genoux, baisant mes deux mains, ce pendant que la voiture suivait sa route vers l'hôtel Zamet :

« Périnet, dis-je devenue rouge moins qu'il

ne fut de se voir surpris, que faites-vous, mon ami ?

» — Ma chère dame, répondit-il s'affermissant, j'étais tout affolé de votre évanouissement et voulais qu'il cessât, c'est pourquoi je vous échauffais les mains des miennes et de la bouche.

» — Çà, quel était ce méchant homme qui me dressait une embûche au propre couvent des jésuites ?

» — Le recteur Varade, celui-là même qui par ses conseils et morale causa l'entreprise de Barrière sur la vie de Sa Majesté.

» — O mon Dieu ! comment dépolluer ma langue d'avoir parlé à ce scélérat qui sans doute eût étouffé le fruit royal que je porte en mon sein ? O mon saint patron ! punis ma sœur Angélique de sa méchanceté, pour m'avoir soumis à cet artisan d'iniquités.

» — Madame, c'est à moi de rendre mille actions de grâces à celui qui m'a envoyé à temps, puisque vous êtes saine et sauve hors de la tanière jésuitique.

» —Sais-tu pas quelles figures j'ai vues en l'église, devisant avec le père Varade?

» —Je les promets d'avance à l'exécuteur des hautes œuvres de la justice du roi.

» — Hélas! Périnet, comme d'à présent je me repens de ma faute! et il ne s'en faut de l'épaisseur d'un cheveu que je retourne d'où je viens.

» — Ne perdez vos pas en vain, madame, et demeurez céans pour attendre Sa Majesté.

» — Holà! Périnet, à ton avis j'attendrais jusqu'à la prise de la ville!

» — En vérité, vous n'attendrez guère! »

J'arrivai à l'hôtel de Zamet, qui n'avait pas assez de ses deux bras pour me tenir au corps, et mon inopinée apparition lui mit les larmes aux yeux et ces mots à la bouche :

« Sainte Madone! ma fille, notre bon roi est-il jà maître de sa ville de Paris?

» —Point, repartit Périnet, vous le sauriez des premiers; car voici le fauteuil du roi, lequel est vide et inoccupé.

» — Mon cher Bastien, m'écriai-je pleurante,

le roi fut sacré le vingt-septième de février, et je n'y étais point! »

A cette exclamation, larmes, sanglots entrèrent en danse, et Zamet eut belle affaire pour me rasseoir l'esprit; après quoi je lui contai non sans pleurs mes griefs contre Henri et la fâcheuse aventure de la maison des jésuites, où je serais demeurée si Périnet n'avait été au monde.

Cet honnête Bastien fit ses grands dieux par la joie qu'il sentait de me savoir en lieu sûr, et embrassa Périnet qui m'avait délivrée.

« Ma belle Gabrielle, dit-il, Dieu en personne ne vous eût point tirée de ce guêpier!

» — Qu'eussent-ils fait de mon pauvre corps? me récriai-je; je serais morte avant leurs violences.

» — Madame, dit Périnet, le talisman de M. d'Aumale, ne le portez-vous plus?

» — O téméraire que je suis! fis-je en émoi, au dernier bain où je lavai mon corps, ledit talisman fut ôté de son lieu, et depuis je négligeai de l'y rétablir.

» — Quel talisman? demanda Zamet; morceau de la vraie croix, terre bénite du Calvaire, relique de saints?

» — Non, répondis-je, ce sont les cendres des rats qui rongèrent le corps mort de M. d'Aumale.

» — Paix aux âmes des morts! » dit-il se signant.

Le roi m'écrivit des lettres désespérées pour s'excuser et requérir mon retour, qui fut impossible à cause d'une grosse fièvre avec transports, laquelle me vint de la peur que j'eus chez les jésuites. J'avais sujet d'appréhender que ma grossesse eût fâcheuse issue; mais les soins et les médicaments réussirent à ma guérison. Le roi, à qui je fis connaître tout au long les périls que j'avais éprouvés, jura sa foi de gentilhomme qu'il chasserait de son royaume cette peste jésuitique, tant fatale à la vie des rois, à l'honneur des dames et à l'institution des enfants.

Ce pendant le père Varade, mal content de perdre la belle proie qu'il se promettait de la mère et du fils, se ravisa pour me réengager en ses lacs. Il ignora d'abord qui m'avait mise hors de sa puissance diabolique, car le frère gardien, quasi mort de la grande frayeur que lui fit Périnet, dague au poing et menaces à la bouche, déclara qu'une espèce de démon à cornes et à griffes m'avait enlevée de la maison. Varade ne fut point de ceux qui lui prêtèrent croyance. Il m'adressa divers messages que je brûlai sans lire, et prononçant des mots sacramentels. Mais Zamet ayant ouvert une de ses épîtres écrites avec du sang, s'épouvanta d'une kyrielle d'exécrables serments et impiétés contre le roi et moi-même, en cas que je déniasse à cet infâme mon honneur à souiller.

« Par mon saint patron ! m'écriai-je l'œil au ciel, je me ris de ce méchant tentateur, et comme fit Judith après avoir couché avec ce satrape d'Holopherne, je lui couperais la tête tout au moins ! »

Ici Périnet soupira, et après un temps de silence dit : « Les destinées s'accompliront ! »

En effet le roi s'était montré en vue de Paris, où les Politiques triomphaient en nombre et avantage ; M. de Saint-Luc et son beau-frère M. de Cossé-Brissac avaient eu des conférences secrètes pour la réduction de la ville, à savoir la somme et les grâces que l'on dispenserait aux vendeurs.

M. de Brissac, gouverneur au lieu de M. de Belin, jouait le ligueur forcené, caressant les Seize et les Espagnols au détriment des royalistes ; mais ce n'était que feintise et abusion, car il se moquait de la Ligue et de sa religion, n'adorant autre Dieu que son intérêt ; et tandis que les vieux ligueurs des Barricades exaltaient sa dureté incorruptible, Zamet, mieux clairvoyant et mieux instruit, disait à part nous : « M. Brissac est semblable à l'oiseleur qui attire en ses filets cailles, perdrix et alouettes, desquelles il contrefait le chant : ô l'habile pipeur ! »

C'est ainsi que M. de Brissac fit sortir des murs une part de la garnison espagnole, sous apparence qu'un convoi d'argent pour le roi passerait à Palaiseau; mais pensant le surprendre, les ligueurs d'Espagne furent surpris; car la porte resta close pour eux et s'ouvrit au roi. Le prevôt des marchands Lhuillier, les échevins Langlois et Néret, le président Le Maistre et plusieurs conseillers du parlement avaient si bien concerté les intelligences, que personne, avant le vingt-unième au soir, ne sut les nouvelles du lendemain, qui fut véritablement le premier jour du règne de Sa Majesté.

Le soir dudit vingt-unième, de grosses rumeurs coururent par la ville; ceux des Seize appréhendèrent quelque trahison, les Politiques poussant mille cris d'une paix signée entre le roi et Mayenne; mais les principaux bourgeois furent informés de se tenir en armes vers les trois heures du matin, aux fins de seconder l'entrée de Sa Majesté.

Or cette nouvelle ne fut pas si secrète qu'elle ne vînt aux oreilles espagnoles. Ce pendant que parmi les rues les petites gens criaient : « Paix! plus de Ligue! » et dressaient de beaux feux comme si ce fût la Saint-Jean, le duc de Feria et don Diego d'Ibaria eurent peur d'être pris à la souricière, et mandèrent le comte de Brissac, qui les amusa de paroles, et feignant d'être fort tranquille, les mena visiter les remparts pour leur ôter tout soupçon.

Bien des gens, toutefois bons royalistes d'ailleurs, disaient tout bas à leur voisin: « Compère, vous êtes notoirement ligueur, et mal vous pourrait advenir si vous sortiez demain dans la rue au bruit que vous ouïrez; au contraire, barricadez vos maisons et restez coi. »

En somme, l'agitation fut grande et dura une part de la nuit, les uns cachant leur or, les autres se précautionnant de l'absolution d'un prêtre, à tout hasard. M. le gouverneur des premiers fit mine de bien défendre la ville.

« Mordieu! disait-il publiquement, tant que je serai en vie Paris n'entendra nulle composition, et le Béarnais ne fera onc le rôle de roi au Louvre.

» — Monsieur le comte, repartit le duc de

Feria, si je doutais que vous dussiez nous livrer, par saint Jean d'Alcenara! je vous tuerais comme un Bulgare.

» — Monseigneur, reprit M. de Brissac, il sera jour demain, et nous châtierons les traîtres, votre seigneurie aidant. »

Les semblants ne manquèrent point à endormir les craintes des Espagnols, si ce n'est que don Diego d'Ibaria dit à quelqu'un : « Cet hérétique de Brissac est tel que Judas, qui à la Cène, ayant vendu son maître, portait insolemment la main au plat. »

Mais en dépit de ces signes apparents, craintes et perturbations, l'esprit de Dieu aveugla tant d'yeux ouverts, et Paris fut pendant la nuit pris à la nasse, ainsi que fait le pêcheur.

Cette soirée-là, pluvieuse et sombre, je me chauffais à la flamme du foyer, impatiente de lettres fraîches, attendant Zamet, qui était mandé chez le gouverneur et le prevôt des marchands. Périnet assis à mes côtés, triste de me voir préoccupée, inventa un plaisant moyen de me divertir.

« Ma chère dame, dit-il, les astres au ciel signalent de grands évènements qui sont proches et quasi infaillibles.

» — Oui-dà ! répondis-je, j'écoutais selon la coutume du vieux Mahom pétiller la flamme pour y connaître l'avenir.

» — Certes, interrompit Périnet, cette façon est bonne lorsque le bois brûle vert, et le propre jour du meurtre du feu roi j'ouïs au brûlement de la ramée les premières lettres du nom de l'assassin : *Jac* et *Cle* bruissaient coup à coup.

» — Je ne sais, mais j'entends le feu dire : *Pris !* de façon très distincte.

» — La chose deviendra claire, moyennant une épreuve dont se servent les sorciers, et laquelle mérite d'être considérée.

» — Périnet, voulez-vous pas nous damner tous deux ensemble ?

» — Peut-être est-ce affaire conclue de ma part !

» — Fi, ne raillez sur ces matières ardues, et si l'œuvre n'est pas coupable, faites-m'en témoin.

« — Le jeu me semble innocent, vu qu'il faut disposer un grain de mil sur chaque lettre de l'alphabet, et voir où picorera un coq noir, les yeux couverts ; les grains ôtés au hasard rendront des mots divinatoires. »

L'expédient me parut un peu bien sentant la sorcellerie et intelligences infernales ; mais je fus aise d'en savoir l'effet, quitte à m'absoudre par une absolution. Donc je permis que mon astrologue allât querir un coq noir qui avait la crête rouge de sang et les yeux ardents. On m'a conté depuis que le diable se montrait aux yeux volontiers en cet équipage : mais en tout cas je suis sans avoir péché, et Périnet en pâtira s'il y a mal.

Ledit coq, ayant les yeux bandés, fut lâché parmi les grains de mil figurant l'alphabet, et ceux qu'il mangea tout d'une haleinée figuraient par ordre le mot *pris*, tout ainsi que le bruissement des flammes avait fait.

« Par le sacré triangle ! s'écria Périnet, messire coq a bien fait son personnage, et le charme est complet.

» — En vérité, dis-je, la chance est des plus étranges, et ce mot de retour sort de la propre bouche du destin.

» — Ces quatre lettres, *pris*, sont meilleur oracle que celui de la Dive Bouteille disant *trinc* ; monseigneur le coq ne parlera plus clairement ; or il m'est avis que cette bonne sera prise par le roi Henri.

» — Dieu t'entende, mon fils, et que cela soit bientôt ! »

Entra Zamet, qui, voyant le coq noir se promener à l'aveuglette, dit avec signes de croix :

« Sainte Madone ! qui donc a introduit le diable en ma demeure ?

» — Le diable soit ! repartit Périnet.

» — Mon cher Bastien, dis-je, ne vous souciez d'une invention cabalistique pour connaître les choses à venir ; il appert de là que la ville est devant être prise par Sa Majesté.

» — Vive Dieu ! reprit Zamet, le fait est sûr ; mais je tairai ce que j'en sais tant que ce vilain coq sera céans aux écoutes. »

Périnet ouvrit la fenêtre et lâcha le coq noir, qui s'envola en sonnant de son clairon, pareil aux trompes du jugement dernier.

« La méchante bête! dit Zamet se signant de nouveau. Si Périnet continue ce jeu à damner son âme, il sera plus tôt que tard brûlé comme sorcier en place de Grève.

» — Çà, monseigneur, reprit Périnet, je brûle à cette heure plus que vous ne pensez, et brûlerai ne sais combien. Mais contez-nous les prospérités du roi.

» — Oui! m'écriai-je, gorgez-nous d'espérance, qui est la plus douce viande creuse. Aidez-moi à la patience, s'il se peut.

» — Cette nuit, ma belle Gabrielle, Paris sera livré au roi.

» — Cette nuit! interrompis-je, le coq noir n'est pas un imposteur! Oh! la bonne nouvelle à en mourir!

» — Il fera son entrée vers quatre heures du matin, ajouta Périnet, pour ce qu'il est Henri quatrième du nom.

» — Qui vous a dit ces choses, Bastien? me

récriai-je pleurante d'allégresse; n'est-ce point promesse fallacieuse?

» — Non, dit Zamet, M. de Brissac m'a requis d'armer tous mes gens à cet effet, et le prevôt des marchands, qui m'estime bon royaliste, m'a détaillé l'œuvre de la réduction, à savoir que les Espagnols et Seize, après une longue veillée en armes, retournés à leurs logis et corps-de-garde, la porte Saint-Denis et la porte Neuve seront remises aux troupes du roi.

» — Dieu soit loué, cent fois loué! dis-je en pamoison. Et vous, Bastien, n'allez-vous pas vous employer à la réussite du complot?

» — Je demeurerai les bras croisés en attente de l'évènement, et demain, la ville prise, je partirai solliciter la paix de Mayenne, qui obtiendra un traité à son avantage.

» — Quoi! Bastien, vous ne vous rangerez point au parti royal?

» — Ma chère belle, j'y suis tout rangé dès long-temps; mais aussi Mayenne, qui se fie en mon amitié, n'a point affaire à un traître ni ingrat; j'ai mis à néant les secrets que je tiens des serviteurs de Sa Majesté, et de même que je ne concourrai aucunement à la prise de Paris, je m'abstiendrai de la défense. Quant au fond du cœur, j'y ai un grand désir de voir le véritable maître du Louvre en chasser les états de la Ligue.

» — Bastien, repris-je fâchée, qu'est-ce qu'un frivole souhait pour le service du roi? c'est de l'épée qu'il est besoin de le seconder.

» — Ma fille, dit Zamet, ce que je puis faire sans trouble de ma conscience, ainsi l'ai-je déclaré à M. de Brissac, ce sont des prières au ciel pour le succès de l'entreprise.

» — Le succès ne saurait être mauvais, fit Périnet traçant au plancher un cercle où il entra; le roi entrera dedans Paris aussi aisément que moi en ce cercle magique.

» — Je vais à mes oraisons, dit Zamet; n'y voulez-vous point aller pareillement?

» — Nenni, répondis-je, je reste aux aguets en une chambre haute d'où je verrai la face de la ville.

» — Voici la minuit passée, dit Périnet; allez-vous-en dépêcher vos patenôtres, seigneur Zamet; on vous avertira à la quatrième heure du matin. »

Zamet me donna le bonsoir et se retira. Je montai au faîte de la maison, et malgré le vent, la pluie et le froid qu'il faisait, je tins la fenêtre ouverte du côté du nord.

Les feux s'éteignaient aux carrefours, les bourgeois dormaient ou veillaient en leurs demeures, la plupart éclairées en dedans; les soldats, après les rondes faites, séjournaient à leurs corps-de-garde; il se fit tout alentour un silence non interrompu, durant trois heures et plus que je ne cessai de regarder, sans proférer de bouche même une prière, ce pendant que Périnet aux clartés fumeuses de la lampe étudiait ses grimoires, dessinait des lignes et figures astrologiques, observait les astres et composait des oracles.

Aux environs de quatre heures une sorte de bruit de pas et de voix s'entendit au loin, croissant, diminuant, approchant jusqu'à ce que parmi cette rumeur quelques mousqueteries parties vers le boulevard de la porte Saint-Denis firent écho en mon cœur.

« Périnet, m'écriai-je, l'attaque commence, et la surprise est éventée!

» — Madame, dit Périnet, demeurez coite et tranquillisée; quand la cloche Notre-Dame sonnera quatre heures, le roi prendra possession de sa cité.

» — Ainsi soit-il! mon cher astrologue; tends l'œil aux étoiles pour voir si la chance ne tourne pas contraire.

» — Ma chère dame, j'entends le galop du cheval que monte Sa Majesté.

» — Périnet, mon ami, prête l'oreille pour savoir s'il vient de ce côté.

» — Madame, gardez de me distraire en ces graves pensées qui me dévoilent l'avenir bon ou mauvais.

» — Ah, Périnet! voici de fait des cavaliers qui viennent; mais entre eux tous je ne reconnais pas celui que je désire! »

Un gros de gens à cheval passa outre dans la rue de la Cerisaie; aucun ne s'arrêta devant l'hôtel, et je pleurai en cachant mes pleurs. Des troupes en petits corps, à pied ou à cheval, allaient de rue en rue, la plupart tirant vers les ponts, le Châtelet et le Palais.

« Il ne vient pas, hélas! disais-je à part; aurait-il donc oublié celle-là qui l'aime le plus et s'intéresse à son heur et malheur!

» — Il vient! reprit Périnet le regard au firmament; Paris est au roi de qui l'ascendant a vaincu la Ligue! »

A ces paroles prophétiques j'avisai deux hommes à cheval courant à toute bride; et mon cœur de battre vite comme s'il eût ouï quelque voix secrète. Sans plus de retardement je volai à l'oratoire de Zamet, qui se frappait la poitrine en pécheur endurci.

« Le roi! m'écriai-je à perdre haleine, le roi à Paris!

» — Sainte Madone! repartit Zamet, tel fut l'effet de ma prière fervente! »

Au même temps le heurtoir de la porte retentit, et j'arrivai à l'ouverture quási aussitôt qu'un valet.

« Sire, sire ! criai-je pendue au cou de Henri, ne nous séparons désormais l'un de l'autre, l'absence est trop rude.

» — Ma belle Gabrielle, repartit-il, je suis roi de Paris !

» — Dieu vous gard ! ma sœur, dit quelqu'un qui m'embrassa pareillement ; voilà tantôt cinq ans que je ne vous ai vue ! votre ventre a bien enflé depuis lors.

» — Je ne vous attendais guère, monsieur, répondis-je à mon frère François-Louis d'Estrées, marquis de Cœuvres; mais j'ai su des nouvelles de votre courage délibéré, et le roi vous en tiendra compte.

» — Ventresaintgris ! dit le roi, c'est un batailleur jeune d'âge et vieux d'exploits; je me souviendrai, ma mie, qu'il est votre frère, et, par-dessus, qu'il aida tout à l'heure à me sauver la vie.

» — Par mon saint patron ! sire, m'exclamai-je ; est-ce encore une méchante tentative contre vous ?

» — Certes, mon menon ; et je suis résigné qu'il y en ait jusqu'à ma mort. Mais je ne les craindrai qu'autant que le Maheutre sera loin de ma personne.

» — Quoi donc ! sire, le Maheutre est-il de nouveau cette fois votre ange gardien ?

» — Comme toujours, ma mie, et son bon secours m'a préservé d'une mort certaine, M. de Cœuvres aidant. Vers quatre heures du matin, mon armée étant proche de Paris, le prevôt des marchands me livra la porte Saint-Denis, par laquelle j'entrai le premier avec MM. de Cœuvres et de Vitry, ce pendant que M. d'O se saisissait de la Porte-Neuve. Mes ordres baillés aux capitaines, et mes soldats répandus par la ville, je résolus, à part moi, de vous venir surprendre au réveil ; et sans demander conseil pour cette téméraire visite, je ne pris d'autre compagnon de route que M. de Cœuvres.

» — Par mon saint patron ! interrompis-je, imprudent que vous êtes de vous hasarder en une ville non encore soumise! Si vous étiez tombé en un piége de ligueurs?

» — Vive Dieu! mon menon, les miens à ce moment sont maîtres des portes, des ponts, des Tuileries et de Paris entier. Pour revenir à mon conte, je ne pris garde en notre route à un cavalier réglant sa marche sur la nôtre, et même j'avais requis monsieur votre frère de ne me point distraire de penser à vous. Soudain, au coin d'une rue, une douce voix féminine me tira de ma préoccupation : « Sire, un haubert et un corselet vous viendraient plus à propos cejourd'hui que parmi la mêlée d'une bataille; vous êtes à la portée du mousquet. » C'était le Maheutre qui parlait ainsi.

» — Le Maheutre! sire, me récriai-je stupéfaite; il ne parle donc qu'à vous et en de telles conjectures?

» — Ma fille, reprit le roi, c'est la deuxième fois que le bon Dieu lui délia la langue par un miracle sans doute, M. de Cœuvres oyant ces paroles étranges.

» — Quoi ! mon frère, dis-je, vous avez entendu vraiment la voix du Maheutre ?

» — Que ce soit le ciel, l'enfer ou le Maheutre qui parlât de cette sorte ou à peu près, répondit M. de Cœuvres, je m'en soucie peu ; mais, regardant derrière qui nous suivait, j'aperçus à petite distance le feu d'une mèche aux mains d'un homme à cheval ; je quittai le roi pour courir sus, et ne songeais guère à trouver un moine bien monté dessus la mule de son couvent, soufflant la mèche d'une escopette qui branlait au trot de la mule : « Mon père, quel métier pratiquez-vous là ? » criai-je faisant vider les étriers à ce frappart qui chut en un amas de boue où s'éteignit la mèche de son escopette. « Que deviendra mon vœu à saint Ignace de Loyola, si le Béarnais est vif au jour levé ? murmura le moine étourdi par la chute. « Ton vœu s'en ira à tous les diables avec ton âme, scélérat ! » fis-je de colère, le perçant de trois grands coups de mon épée, en l'honneur de la sainte Trinité. Après quoi je joignis le roi sans plus voir le Malheutre ni personne.

» — Merci, monsieur de Cœuvres, dis-je, sauvant la vie du roi vous sauvâtes la mienne, qui y est attachée.

» — Ce m'est beaucoup d'honneur, reprit-il ; mais je n'en veux rien savoir. »

Zamet, qui s'inquiétait de ne me pas voir revenir à lui, s'offrit au-devant du roi, et se voulait prosterner en adoration ; mais Sa Majesté lui donna l'accolade, disant :

« Seigneur Bastien, voici que je vais payer toutes mes dettes à gros intérêts, et je me réjouis de vous avoir pour créancier.

» — Sire, repartit Zamet, M. de Mayenne me devra davantage lorsque j'aurai conclu sa paix avec un si magnanime souverain.

» — Il est quelque chose de plus pressé que n'est la paix : avisez, mon cher maître, à faire taire les abois de mon ventre.

» — Béni soit le jour où vous êtes venu en mon hôtel ! s'écria Zamet ; je n'ai reçu onc d'aussi grand seigneur que vous à ma table, sire.

» — Mon ami Bastien, reprit Henri, si tu le trouves bon, j'y reviendrai souper maintes fois, lorsque je serai curieux de bonne chère et d'amitié.

» — Sire, dis-je, vous n'avez donc point soupé hier au soir?

» — Et n'en avais nulle envie, ma mie, non plus que le pouvoir; car M. d'O ne m'a point laissé un écu vaillant en poche, et ce n'a pas été petite affaire d'ordonner mes troupes, puis de les conduire à bas bruit de la vallée de Montmorency contre Paris, le nez au vent et mouillé de pluie.

» — Sire, dit mon pauvre frère, ce sont des roses à la guerre, et nous en aurons ailleurs les épines.

» — Au siége de Laon, d'aventure? objecta Périnet.

» — Vive Dieu! reprit le roi, tu es vraiment sorcier, confrère astrologue; car Laon est la première ville que j'ai décidé d'enlever à la Ligue.

» — Je vous requiers, sire, fit mon frère, de

m'envoyer à ce siége, qui, j'imagine, ne réussira pas sans coup férir.

» — Maître Stéphano, criait Zamet à son majordome, mille ducats à gagner si votre cuisine est digne d'un roi de France.

» — Ce bon Bastien, disait Henri en souriant, il va renouveler le repas de Lucullus.

» — Sire, s'écria Zamet, on est si aise en la compagnie de Votre Majesté, que l'on demeure au vestibule sans y songer; permettez que je vous conduise en ma maison, qui est bien honorée d'un tel hôte. »

Zamet prit des mains d'un valet la lumière pour éclairer le roi, qui, me tenant par la main, arriva en un salon où il s'assit, m'attira sur ses genoux, et redoubla ses caresses.

« Sainte Madone, dit Zamet l'air radieux, la prophétie de Périnet a lieu présentement : Sa Majesté s'est assise au même fauteuil à icelle réservé d'après l'avis de l'astrologue. O bienheureux fauteuil! tu seras désormais plus précieux que relique de saint.

» — En effet, dit le roi, c'est chez toi, Zamet, que pour la première fois je m'assieds en ma ville de Paris.

» — Sire, reprit Périnet, le repos convient après la victoire.

» — C'est affaire au Dieu de la Bible, conclut le roi, de ne se reposer que le septième jour. »

CHAPITRE VI.

Souvenirs du livre d'Heures. — Pudeur fraternelle. — Sermens en chansons. — *Charmante Gabrielle* avec variantes. — Thibaut et la reine Blanche. — Pour et contre M. d'O. — Le repas. — Embarras de Zamet. — Paix à faire. — L'hydre. — Réveil de Paris. — La porte Neuve. — La cuirasse du bon roi. — De loin et de près. — Entrée de Henri IV. — Principaux seigneurs. — Visite à la portière d'un carrosse. — Les deux écharpes. — Les clefs de la ville. — Mauvais temps. — Les rues de Paris. — Départ de Zamet. — Regret de M. de Givry. — Gabrielle au Louvre. — Le roi revient de Notre-Dame. — Prédication commencée et interrompue. — Clémence royale. — L'abomination de la désolation. — Mathurine, la folle du feu roi. — Une reconnaissance. — Fidélité domestique. — Le dîner du roi. — L'art de se faire des amis. — Les bouteilles vides. — Le président de Nully. — Les mânes du président Brisson. — Le président de Hacqueville. — L'homme qui souffle le chaud et le froid. — Le secrétaire Nicolas. — Le rival de maître Guillaume. — Les santés. — Les chansons. — Échec au fou. — Embellissements du Louvre. — L'appartement de la reine. — M. de Lanoue. — Les équipages saisis. — La dette du roi. — — Les pierreries de la couronne en gage. — Le roi dans son Louvre. — Rendre à César ce qui est à César. — Les vendeurs. — Le tableau de Notre-Dame. — Les prêtres et les ambassadeurs. — Les souvenirs de M. de Cheverny. — Le ventre à la poulaine. — La cuillerée de miel et la tonne de vinaigre. — Le curé de Saint-André. — Les vrais ennemis du roi. — Le pâtissier ligueur. — Listes et

DE GABRIELLE D'ESTRÉES.

billets d'exil. — Gabrielle à la porte Saint-Denis. — Sans cuirasse et sans danger. — La pierre et le billet. — Nos amis les ennemis. — Sortie des troupes espagnoles. — Adieux récriproques. — Le pèlerinage à Saint Jacques-de-Compostelle. — MM. d'O et de Rosny dans le carrosse du roi. — Prêté pour un rendu. — Le gouvernement de Paris. — Le solliciteur désappointé. — Députés de la ville. — Échanges des cœurs. — Les dragées. — Ivresse de la joie. — La plus agréable musique. — La moue de maître Guillaume. — Entrée de Henri II à Paris. — Mot sublime. — Les vêtements mouillés et les pieds moites. — Souhait de Henri IV. — Mesdames de Nemours et de Montpensier. — Accueil politique. — Sujet d'étonnement. — Regret de ligueuse. — Propos de femme. — Costume du prophète Jonas. — Le vainqueur au jeu de cartes. — Projet d'une entrée solennelle. — Le plus beau jour et la plus belle nuit. — Gabrielle couche au Louvre.

Le roi étant assis, moi dessus ses genoux, avisa le livre d'Heures si précieux au calendrier duquel Périnet désigna la bienheureuse nuit de Noel; il le prit en ses mains, le baisa amoureusement et considéra le G entrelacé avec l'H.

« Ma belle Gabrielle, dit-il, voilà deux ans tantôt de cela, et je jurerais que ce fut hier.

» — Sire, repartis-je, ces souvenirs sont bons au tête à tête pour raviver notre amour s'il voulait s'éteindre ; car vous voilà de ce jour roi en votre Louvre, et je puis dire m'y être employée à force de prières.

» — Vive Dieu ! ma mie, vos bons conseils n'ont pas moins besogné pour moi, et pour prix je prétends que vous égaliez en rang madame ma sœur.

» — Sire, vous m'avez promis bien davantage et n'y songez plus.

» — Mon tout, vous promîtes pareillement un petit Bourbon à moi et à mes sujets, et ne tiendrez qu'à terme.

» — Sire, interrompit mon frère, je me contente qu'il en soit ainsi sans qu'on m'en rebatte les oreilles cent fois.

» — Marquis, dit le roi, vous n'êtes pas de bonne composition ainsi que votre frère l'évêque ; mais nous vous prouverons avant peu que nous avons à cœur l'honneur de la famille d'Estrées.

» — Sire, répondis-je, j'ai de vous de beaux serments en chansons. »

Là-dessus j'ouvris le livre d'Heures au premier feuillet, où de sa main était écrite la chanson de *Charmante Gabrielle*, comme j'ai conté ci-devant.

« Mon cœur, dit-il demandant de quoi écrire, ce qui est écrit en vers ou prose, mon seing vaut ma parole royale. Je ne fus onc poète de métier, et les quatrains de La Gaucherie, mon précepteur, m'ont instruits en l'art poétique.

» — Sire, dis-je, que récrivez-vous après ces admirables couplets?

» — C'est mon *Te Deum* amoureux. »

Je le laissai faire, rimant plus vite qu'écrivant; et, quand l'œuvre fut complet, je le requis de chanter l'air suivant, qui depuis m'a donné mainte distraction durant la sainte messe :

Charmante Gabrielle
Régnez avecque moi,
Quand mon Paris rebelle
Se soumet à ma loi.
O ma reine chérie,
En ce beau jour,
Mieux vaut être sans vie
Que sans amour.

Je n'ai pu dans la guerre
Qu'un royaume gagner,
Mais sur toute la terre
Vos yeux doivent régner.
O ma reine chérie,
  En ce beau jour,
Mieux vaut être sans vie
  Que sans amour.

L'amour sans nulle peine
M'a par vos doux regards,
Comme un grand capitaine,
Mis sous vos étendards.
O ma reine chérie,
  En ce beau jour,
Mieux vaut être sans vie
  Que sans amour.

Si votre nom célèbre
Sur mes drapeaux était,
Jusques aux bords de l'Èbre
L'Espagne me craindrait.
O ma reine chérie,
  En ce beau jour,
Mieux vaut être sans vie,
  Que sans amour!

« Par mon saint patron! m'écriai-je le chant cessé, ce me sera une gloire éternelle d'être célébrée en rimes par un si grand roi.

» — Blanche de Castille, reine de France, laquelle ne vous valait, a rendu illustre Thibaut, comte de Champagne, à cause des chansons pour elle composées.

» — Ah, sire ! combien de tout point vous êtes supérieur au comte Thibaut, le faiseur de chansons !

» — Sire, vint dire Zamet, la table est mise ; je vous remémore que vous n'aurez point chère de roi en mon chétif hôtel, et m'excuse d'avance de vous traiter selon mes petits moyens.

» — Vous raillez, mon ami, car un seigneur de dix-sept cent mille écus l'emporte dessus un roi qui n'a ni sou ni maille.

» — Votre trésorier, sire, dit Zamet, a donc bien des trous à ses coffres, car votre royaume est riche malgré la guerre, et sans qu'il soit besoin de le pressurer d'impôts il fait pleuvoir l'argent.

» — M. d'O, reprit le marquis de Cœuvres, a cent mains pour prendre, comme le géant Briarée, et pas une pour donner. Sire, Paris serait vôtre depuis la bataille d'Ivry, si M. d'O y eût trouvé son avantage.

» — Mon frère, dis-je, à vous ouïr on croirait que M. d'O est un de vos créanciers ; mais je nie qu'il soit ainsi que vous dites : de meilleur surintendant des finances et de plus loyal serviteur, je n'en connais point ; le roi l'estime à sa valeur en temps de guerre ou de paix.

» — Certes ! repartit Sa Majesté, et je lui rends le gouvernement de Paris qu'il avait sous le feu roi. Sus donc, mes amis, le festin de Zamet s'en va refroidir. »

Le roi et M. de Cœuvres avaient les dents bien aiguisées par la faim, et de les voir manger de si gros appétit, l'envie me vint de faire de même. Zamet était recueilli en ses pensées, et non joyeux ainsi, qu'il devait, de recevoir son prince à sa table.

« Mon ami, dit le roi, êtes-vous donc malcontent que je sois maître de Paris ?

» — A Dieu ne plaise ! répondit Zamet, sire ; je brûlerai plus d'un cierge à la sainte Madone en réjouissance.

» — Je vous crois, Bastien, d'autant que j'ai déjà expérimenté votre attachement ; mais est-ce la mode de votre pays italique, d'être gai sous l'apparence de la tristesse?

» — Sire, dis-je, cet honnête Bastien se voit entre deux nécessités : d'un part, il est bon royaliste, et vous veut servir à ses risques et périls; d'autre part, il doit ne trahir point M. de Mayenne, dont il est ami et serviteur.

» — Monsieur Zamet, reprit M. de Cœuvres, ne soyez plus timide que maint ligueur, entre autres MM. de Vitry, de La Châtre, de Villeroi, lesquels ont quitté honorablement le parti de la rébellion, et obtenu du roi leur véritable maître, pardon des offenses passées.

» — Nenni, repartit le roi, ces messieurs ont agi selon leur intérêt, soit pour quelque somme, soit pour des charges ou la conservation de leurs dignités; mais autre est Zamet, qui tient aux devoirs de royaliste et d'ami; je l'en honore davantage.

» — Sire, dit Zamet, votre bonté fait croître ma confusion d'autant; car la Vierge immaculée est témoin que je serais cejourd'hui le plus heureux de vos sujets si la paix était faite et signée.

» — Je n'ai plus d'autre vœu à jeter au ciel, et je passerai par où voudra M. du Maine, afin de mettre un terme aux misères de mon peuple.

» — Au jour levé, sire, j'irai à Soissons porter à Mayenne la nouvelle que Paris est réduit; baillez-moi vos pouvoirs pour asseoir une solide paix.

» — Volontiers, Bastien, et je vous devrai une belle reconnaissance en cas que la chose réussisse; dites à mon cousin, M. de Mayenne, qu'il se fie à ma foi de gentilhomme pour être content de moi.

» — Et si Mayenne refuse de rien entendre? objectai-je à Zamet.

» — Alors, s'écria-t-il, à la grâce de Dieu! je me rends royaliste sans partage, et je lègue au diable mon emploi de négociateur de la Ligue.

» — Désormais, dit Périnet, la Ligue est semblable à une hydre dont les cent têtes furent coupées à la fois; elle s'en va mourir petit à petit. »

A ce moment la ville, qui était demeurée

paisible, éclata en mille cris de : « Vive le roi ! paix ! plus de Ligue ! Paris est au roi ! mort aux Espagnols ! » et les bourgeois se barricadaient en leurs maisons, et les fenêtres s'éclairaient de lumières, et les Politiques s'assemblaient tout armés par les rues, et les cloches tintinnabulaient, et par-ci par-là des appels aux armes et des arquebusades au lointain.

« Dieu fasse, s'écria le roi, que la réduction s'achève sans effusion de sang !

» — Sire, repartit M. de Cœuvres, j'ai peur que les soldats fassent main-basse sur quiconque sortira contre eux en armes.

» — Adieu, ma belle Gabrielle, dit le roi ; adieu, Zamet : l'œil du maître empêchera bien des malheurs. Quelle heure est-il, que le jour ne vient point ?

» — Sire, voilà l'horloge qui sonne la demie après cinq heures.

» — La ville est maintenant tout occupée, et j'y vais faire mon entrée solennelle.

» — Sire, remarqua Périnet, le feu roi Henri fit retraite par la porte Neuve ; avisez à revenir par le même endroit, comme si vous n'étiez qu'absent de votre capitale.

» — Où vous revoir? sire, fis-je entre deux baisers.

» — Ma mignonne, n'allez point au *Te Deum* chanté à Notre-Dame, la presse y sera grande et dangereuse pour votre grossesse ; mais venez m'attendre à mon Louvre.

» — Sire, n'oubliez qu'en cette ville conquise il y a des arquebuses en pareil nombre aux ligueurs ; donc prenez garde de paraître en public ainsi désarmé.

» — Ah! quand sera le temps où je n'aurai d'autre cuirasse que l'amour de mes sujets !

» — Sire, dit mon frère, est-ce l'heure de tant d'embrassades ? Le sang me bout de vous voir ici plutôt qu'ailleurs. N'est-ce point assez long-temps exposer votre conquête et votre personne sacrée pour des caresses de femme?

» — Ma Gabrielle, répondit le roi, cesse de me regarder si tendrement, ou je me désiste de partir jamais. »

Il partit pourtant, et je le suivis de l'œil, ne

pouvant le suivre d'autre sorte. A peine fut-il loin que mes anxiétés me percèrent de mille pointes d'aiguille; j'écoutais les clameurs, sons de cloches, pétarades, bruits divers, et du haut observatoire j'examinais le jour poindre à l'orient, les rues désertes ou pleines de troupes, les ligueurs et Espagnols se cachant, et le tableau d'une ville en l'attente du pillage.

Mais il me tardait de voir plus, à savoir l'entrée de Sa Majesté; donc j'importunai si fort Zamet, qu'il consentit à me mener où je souhaitais, avant que de se rendre à Soissons.

Nous montâmes en carrosse avec Périnet, sous l'escorte de quelques piqueurs et hallebardiers, et sans obstacles parvînmes rue Saint-Honoré aux environs de sept heures. Personne ne bougeait dans les maisons, mais c'était à qui plus hautement crierait : *La paix!* ou *Vive le roi!* Un coup de canon pour annoncer l'entrée de Sa Majesté effraya bien les Parisiens, et les larmes de mes yeux coulèrent à gros flots, de joie que je sentais du rétablissement du roi en sa bonne ville.

De loin je l'aperçus à cheval, suivant ma requête, salade en tête et corselet au dos; il semblait ému et quasi étonné d'être au milieu de Paris, comme il le dit lors au maréchal de Matignon; ses gentilshommes le pressaient de toutes parts pour rehausser son triomphe, et je reconnus les principaux, qui étaient M. le comte de Saint-Pol, MM. les maréchaux de Retz et de Matignon, MM. d'O, de Saint-Luc, de Bellegarde, d'Humières, de Sancy, d'Aubigné, de Rosny, de Belin, de Vic, de Vitry, de Mouchy, de Bellegranville, et mon frère le marquis de Cœuvres.

Aucuns de ces seigneurs m'ayant saluée à la portière de mon carrosse, le roi me vit et me sut gré de ma désobéissance; il tira devers moi, et je lui offris la main à baiser.

« Gabrielle, dit-il, Ève ne fut pas moins curieuse que vous êtes; toutefois je vous excuse d'être venue, en faveur du motif; mais dissuadez-vous d'aller à Notre-Dame, où je vais.

— Sire, m'écriai-je, je n'ai que faire d'être

en une église pour prier Dieu, qui vous protége si visiblement.

» — Quel compagnon, ma belle, menez-vous là, outre Périnet ?

» — Sire, dit Zamet se découvrant, je me cache d'autant que j'ai honte d'être ici plutôt que par la route de Soissons.

» — Dieu vous gard! monsieur le ligueur. Vous, ma chère âme, allez-vous-en au Louvre, où je dois dîner. »

Au-devant de Sa Majesté s'avançait M. de Brissac précédant le prevôt des marchands, les échevins et une troupe de bourgeois, nu-tête et en armes. Le roi mit pied à terre, et courant à M. Brissac, l'accola en présence de tous.

« Mon cher comte, dit-il, je vous remercie de me rendre mon bien.

» — Sire, répondit-il, acceptez de mes mains cette écharpe en broderie pour gage du pardon accordé en général et en particulier.

» — Monsieur le maréchal de Brissac, je l'accepte en échange de la mienne. »

Ayant dit, il détacha son écharpe blanche pour en vêtir Brissac, fait maréchal de France, qui auparavant la baisa respectueusement. Lhuillier, prevôt des marchands, vint ensuite portant les clefs de la ville en un plat d'or. Le roi les prit hâtivement, et les considérant :

« Merci, messieurs, dit-il, je vais si bien clore vos portes que les Espagnols n'y auront l'entrée libre de même que la sortie.

» — Sire, reprit le prevôt des marchands, j'ai promis en votre nom amnistie à chacun ; c'est à vous de montrer que votre bonté surmonte les éloges qu'on en fait ; la chose est aisée à Votre Majesté.

» — Messieurs et mes amis, dit le roi, plaise à Dieu que le passé soit oublié des deux côtés ; ce grand jour équivaut à mon joyeux avènement. »

Après ce colloque et autres, les cris de *Vive le roi!* recommencèrent plus fort, et le cortége marcha triomphalement vers Notre-Dame, le roi saluant les dames aux fenêtres et souriant aux plus petits.

« Bastien, disais-je en émoi, le grand roi qui règne dessus nous ! David, Titus et saint Louis n'avaient pas plus droit à l'amour de leurs peuples.

» — Le temps est pluvieux et mauvais, reprit Périnet, les ligueurs en tireront quelque fâcheux présage. Ces grosses nues seraient bonnes de céder la place à un clair soleil triomphant, image de Sa Majesté victorieuse de la Ligue. »

Le carrosse suivit sa route jusqu'au Louvre, et par les rues où nous passâmes, des hérauts d'armes en casaques de velours violet à fleurs-de-lis d'or allaient proclamant le pardon général, qui suscitait force *Vive le roi!* les échevins semaient des billets de grâce pour rassurer les plus fiers ligueurs, Seize ou prédicateurs. Les boutiques se rouvraient; hommes et femmes sortaient de leur logis, la plupart prenaient l'écharpe blanche; et lorsque les grosses cloches de Notre-Dame furent mises en branle à l'occasion du *Te Deum*, les uns de s'embrasser, les autres de jeter en l'air leurs bonnets; tous riaient, chantaient et batifolaient insensément.

« Ma fille, dit Zamet, triste de partir sitôt, n'as-tu pas d'amis à Soissons qu'il faille réjouir de tes nouvelles? car il me répugne fort d'essayer cette ambassade non moins incertaine que l'humeur de M. de Mayenne, et pour m'y encourager, je souhaiterais un autre objet.

» — Dites à M. de Mayenne, repartis-je, que je le baiserai en cas qu'il veuille la paix.

» — Ce chef ligueur, interrompit Périnet, est maladroit à force d'être adroit.

» — Il sera tôt ou tard forcé à la paix, dit Zamet, et jamais avec tels avantages. Adieu, ma belle Gabrielle, je vous quitte reine à moitié et déjà dedans le Louvre! »

Nos adieux terminés, je descendis avec Périnet au pont tournant, et fus reçue par M. Anglure de Givry, lequel me complimenta de cette sorte, entendant parler de mon ventre :

« Madame, permettez que j'introduise en ce château royal le successeur de Sa Majesté, qui n'a pas vu le jour.

» — Anglure, répondis-je, n'êtes-vous pas stupéfait de voir le roi établi en sa bonne ville comme s'il ne l'eût point quittée ?

» — Sur mon épée! madame, je m'ébahis seulement que ce jour n'ait pas été trois ans plus tôt; on eût tué de vrai plus que vingt lansquenets; mais la prise eût été loyale et glorieuse.

» — Quoi! vingt lansquenets seulement tués, comme si ce fût le siége d'une chaumière!

» — Plus, deux ou trois forcenés animant le peuple à la résistance. Oh! le grand carnage que c'était !

» — Le roi doit être content de ce que sa conquête n'a coûté la mort à plus de monde.

» — Sa Majesté au contraire a dit vouloir racheter ce sang versé de tout le sien; car ç'eût été miracle qu'une si grande ville prise sans ôter l'épée du fourreau.

» — Enfin je suis au Louvre, et y resterai jusqu'à ma mort, ce j'espère.

» — On a mis ordre à ce que cette antique demeure des rois ne témoigne nulle part que la Ligue y a tenu ses états. Le roi y entrant croira n'en être jamais sorti. »

De fait tout était rangé, accommodé comme du temps du feu roi, voire je reconnus, non sans plaisir, les galeries où j'avais tenu le bal avec Bellegarde, pour le divertissement de Henri troisième. Partout à mon passage gardes s'inclinaient, gentilshommes saluaient comme si je fusse en effet la reine. Je me promenai en toutes les salles du Louvre, me faisant expliquer par Périnet les évènements qui eurent lieu là ou j'étais.

Lorsque j'entendis que le roi revenait de Notre-Dame, je m'acheminai à sa rencontre jusques au bas du grand escalier. Sa Majesté descendant de cheval parmi un tonnerre d'acclamations, un prédicateur, du haut d'un montoir de pierre en guise de chaire, commença de crier audacieusement :

« Damnation au Béarnais qui est l'Antechrist prédit en l'apocalypse de Saint-Jean ! De même qu'il est écrit que tout mauvais arbre ne pouvant porter de bons fruits doit être jeté et mis au feu, de même l'hérétique ne sera onc vraiment catholique... »

Son sermon fut coupé court par un capitaine des gardes qui le tira par son froc si raidement qu'il chut à terre; mais le roi ordonna qu'il eût la vie sauve et s'en allât :

« C'est Jean Quarinus, dit quelqu'un, le plus fougueux des prédicateurs espagnolisés; il n'est qu'un bon coup pour réduire au silence sa langue envenimée.

» — Non, reprit le roi, ce jour est un jour de rémission, et cet homme, s'il lui plaît, peut sortir de Paris avec les Espagnols qui s'en iront vers trois heures.

» — Par mon saint patron! sire, me récriai-je, avez-vous fait grâce à vos plus ennemis ?

» — Oui, ma fille, à l'exemple de notre Seigneur, qui pardonna en mourant à ceux qui le crucifièrent. »

Par ordonnance de cet incomparable prince, Jean Quarinus, au lieu d'être coupé par quartiers, s'en alla en liberté, si ce n'est que le peuple, ému de sa méchanceté, voulait le lapider.

Le lendemain il abandonna la ville, non sans prêcher impunément que l'abomination de la désolation prédite par le prophète Daniel était venue en croupe derrière le Béarnais.

Le roi me rebaisa joyeusement aux yeux de tous, et me présenta le comte de Brissac, qu'il nommait le libérateur de ses pauvres sujets. Tout-à-coup une vieille femme, de noir vêtue, poussant des cris en personne insensée, se vint prosterner à ses pieds en telle impétuosité, qu'il recula pour ne pas choir par les de grés :

« C'est Mathurine, la folle du feu roi, dirent les gentilshommes de la suite.

» — Sire, mon bon sire, disait-elle, je vous croyais mort et damné en l'autre vie, c'est pourquoi je portais votre deuil et priais et pleurais, le tout en vain. Merci Dieu ! je vous revois devant que de mourir.

» — Ma fille, reprit le roi la reconnaissant bien, je suis le roi pour vrai ; mais le roi votre maître est défunt par suite d'un détestable parricide ; j'occupe son trône à sa place.

» — Nenni, sire, ne moquez point une servante de feu votre honorée mère madame Catherine de Médicis; je vous reconnais voirement malgré que je sois tout à l'heure aveugle, et à défaut de vous je reconnaîtrais MM. d'O, de Bellegarde et de Saint-Luc, qui menaient si belle vie naguère au Louvre.

» — Çà, Mathurine, puisque tu reconnais ton sire, qui a pris barbe grise pendant cette longue absence, je te prie de ne pas te gêner davantage en mon palais, lequel demeure tien comme au temps passé.

» — Hélas, sire, que si vous fussiez de séjour ici précédemment, on n'eût point empli votre Louvre de capes espagnoles et de grands chapeaux pointus; ce n'étaient qu'étrangers d'habits et de langage, et il y avait plus de vingt rois desquels vous n'étiez pas, mon bon sire.

» — Vive Dieu! Mathurine, ce fut mettre ta fidélité à une longue et rude épreuve; mais tous ces beaux rois de fumée, autant en emporte le vent.

» — N'est-ce point, sire, que dorénavant vous ne laisserez votre Louvre que pour aller soit à la chasse, soit à votre maison de Vincennes ? Surtout, sire, empêchez que des gens du vulgaire, sentant l'ail et grossiers d'habitudes, viennent tenir leur cour en ce palais magnifique.

» — Les choses ont bien changé, Mathurine, Paris est au roi, et mon Louvre ne sera ouvert qu'à mes amis; je te prie d'y demeurer au même état que naguère.

» — Oui-dà, sire, avec votre licence j'y mourrai plus tranquillement qu'ailleurs, sous les yeux de la reine Catherine, ma chère maîtresse, de qui le portrait est en mon alcôve.

» — Pauvre Mathurine, Dieu t'ait en sa très digne garde ! »

Le roi passa outre, essuyant une larme dessus sa joue. Je l'accompagnai sans mot dire jusques au lieu où le dîner était prêt; ses officiers et gentilshommes se rangèrent autour, chacun suivant son rang, et M. de Brissac le premier.

« Qui me donnera des nouvelles de madame de Montpensier? demanda le roi.

» — Sire, repartit M. de Brissac, elle a passé une mauvaise matinée, priant ses domestiques de la tuer par pitié; mais un d'iceux s'étant présenté l'épée au poing, cette dame vit les évènements d'un esprit mieux rassis, et se soulagea m'appelant méchant, traître, et cent injures de même sorte.

» — M. d'O, dit le roi, vous êtes des vieux amis de madame de Montpensier : allez de ma part la saluer ainsi que madame de Nemours, et les invitez toutes deux à venir ce soir au Louvre.

» — Sire, reprit M. d'O, madame de Montpensier, au contraire, me porte haine à cause de mon grand attachement au feu roi, qu'elle fit tuer par le jacobin Jacques Clément.

» — Silence, M. d'O, repartit le roi, j'ai accordé pardon et oubli à tous et pour tout. M. de Saint-Luc, remplacez M. d'O, et ayant assuré lesdites dames de mon amitié, vous avertirez le secrétaire Nicolas pour me divertir.

» — Sire, dit maître Guillaume, le neuf plaît mieux, mais le vieux vaut mieux ; ne me changez pas, s'il vous plaît ; car je ne suis vraiment bouffon du roi que d'à présent.

» — Petit, répondit le roi, sais-tu que par ordonnance j'ai promis de conserver tout le monde en ses priviléges, états, dignités, offices et bénéfices ?

» — D'autant mieux, sire, que d'ordinaire on ne jette les bouteilles que vides, et j'ai pour vous amuser du fin sel attique en magasin. »

L'huissier annonça que le président de Nully se présentait pour faire sa révérence à Sa Majesté.

« Sancy, dit le roi, va-t-en savoir en quelle qualité il me la veut faire.

» — En qualité de son très humble et très obéissant sujet et serviteur, fit répondre ledit président.

» — Dites-lui, reprit le roi, que je ne tiens

point pour sujet ni serviteur quiconque l'est de l'Espagnol ; sur ce, qu'il s'en aille où bon lui semblera ; possible est que les mânes du président de Laplace auquel il succéda, crient vengeance contre le meurtrier. »

M. de Nully fit massacrer, à la Saint-Barthélemy, le susdit Laplace pour avoir sa présidence en cour des aides. C'était un passionné ligueur, espion de Mayenne, partisan des Seize et en quête des doublons d'Espagne. Le lendemain on écrivit en grosses lettres dessus sa porte : « Français, pendez cet homme méchant ! » Il eut un billet pour vider de Paris avec les boute-feux de la Ligue.

M. le président de Hacqueville eut l'heur d'arriver jusques à saluer profondément le roi, disant chapeau bas :

« Sire, de vos sujets vous voyez le plus réjoui et le plus humble.

» — Monsieur le président, ne vous découvrez pas tant ; car vous êtes un homme couvert de votre nature, ne vous souciant de l'un ni de l'autre, sinon qu'en diverses affaires importantes à mon service, vous étiez ordinairement malade. Aujourd'hui vous portez une figure triste et puez la fièvre; donc je suis d'avis que vous vous retiriez à votre Grand-Conseil. »

Le président de Hacqueville, qui avait sa place teinte du sang du président Brisson, fit une belle salutation et sortit le visage en son bonnet.

Le secrétaire Nicolas vint ensuite, tout ainsi qu'un chien qui a pillé le lard de son maître, se traîne la queue basse sous le bâton levé.

« Monsieur le secrétaire du feu roi Charles neuvième et de M. de Mayenne, dit Sa Majesté, venez çà vous excuser d'avoir tant fait rire la Ligue à mes dépens.

» — Mon bon sire, repartit maître Nicolas, c'est justice d'avouer que je suis animal d'habitude, c'est-à-dire gros réjoui, bon compagnon, assez divertissant d'esprit et fort enclin à la bonne chère.

» — Le vin chez vous, mon frère, interrompit maître Guillaume, vous délie la langue comme aux perroquets; vous avez trahi le roi ci-présent; mais rouge trogne et grosse panse n'annoncent pas pénitence.

» — Guillaume, dis-je, soyez généreux à ce point de ne troubler la gaieté du secrétaire Nicolas, qui fait cejourd'hui ses premières armes devant nous.

» — Madame, s'écria le secrétaire reconnaissant que je vinsse à son aide, votre renommée est semblable au clair soleil levant qui excite le coq à chanter; ainsi fais-je et ferai-je, dégoisant vers et prose à votre honneur.

» — Nicolas, mon ami, dit le roi, sieds-toi près de cette belle dame, et trinque comme Allemand à ma santé.

» — Si grand coupable que je sois, sire, je suis trop petit pour tenir table avec Votre Majesté.

» — Bois, mon ami, et que chaque goutte de ce vieil arbois nous soit rendue en vers plaisans et harmonieux?

» — Sire, les hidalgos n'ont pas mis à sec mon

Hippocrène ; mais il s'est quasi écoulé en larmes à votre sujet :

>A la santé
>De Votre Majesté,
>Sire, je bois, en vérité ;
>Santé portée est toujours saine,
>Faites-moi pour ma peine
>Boire la Seine.

» — Vive Dieu ! mon poétiseur, M. de Mayenne n'a pas épuisé le fond du sac où sont vos rimes.

» — Sire, je me permets de rimer à l'endroit de madame, qui a nom la belle Gabrielle, et le sera jusqu'à la consommation des siècles :

>Certes, madame Gabrielle
>Est la plus noble et la plus belle ;
>Déesse, non plus que mortelle,
>Pour son honneur, onc ne fut telle.
>Amour, le maître à tous près d'elle
>Est clairvoyant et n'a point d'aile.

» — Certes, dis-je, l'éloge est au-dessus du

sujet, et je vous fais mon secrétaire, si vous n'avez pas trop regret à M. de Mayenne.

» — Madame, répondit Nicolas, s'il s'agit d'écrire au net toutes les paroles mémorables sorties de la bouche du roi, toutes les belles actions venues de votre part, je n'aurais pas fait à la fin du monde, et toutes les oies qui sont en votre bonne ville de Paris ne me fourniraient assez de plumes.

» — Tout est beau qui est nouveau, s'écria maître Guillaume; affublez d'aventure messire le secrétaire d'un bonnet de fou et d'une marotte à grelots, je lui damerai le pion et ferai échec au fou. »

Après le fruit, Sa Majesté passa en sa petite galerie, commencée de bâtir par le roi Charles IX, et monta dessus la plate-forme pour voir les bâtimens du vieux et nouveau Louvre. Une part de ses gentilshommes le suivirent à distance, de sorte que je conférai avec le roi sans être entendue d'aucun.

« Ma mie, disait-il, sitôt la guerre cessée, je ferai de mon Louvre le plus beau palais du monde par de beaux bâtimens; ensuite je le fortifierai afin de n'être plus assiégé par MM. les barricadeurs.

» — Sire, répondis-je, huit rois ont habité en ce château, et certes ne l'auront embelli autant que vous ferez en votre règne.

» — J'ai de grands projets pour l'avenir, et prie Dieu que le temps de les exécuter soit entre mes mains; architectes, sculpteurs, peintres, viendront à mon aide pour l'honneur de mes États, car les arts font merveille en un royaume bien policé.

» — Où sera mon appartement au Louvre, sire?

» — Celui de la reine, en attendant qu'il y ait vraiment une reine.

» — Quoi qu'il advienne, vous aurez avant peu un fils de roi. »

Tout soudainement M. de Lanoue, cramoisi de colère, perça la foule des courtisans et se vint planter devant Henri, les bras croisés, et se mordant les lèvres.

« Vive Dieu! mon ami, dit le roi, votre

fort de Gournai est-il enlevé par surprise ou trahison ?

» — Non, sire, repartit-il, les remparts de *Pillebadaud* (1) tiendront plus long-temps que la Ligue; mais ma patience est de petite résistance, et le diable l'emporte.

» — Çà, mon cher Lanoue, qui vous évertue à crier si haut? L'ire est mauvaise conseillère : dites-moi la cause de tout ce bruit, que j'y remédie si possible est.

» — Quoi! sire, par le bras de fer de feu mon père! n'est-ce pas vergogne pour vous et moi que, sous vos yeux, des gens de justice viennent saisir mes équipages?

» — Vous avez donc des dettes, mon pauvre Lanoue?

» — Oui, sire, tout l'argent que monsieur mon père emprunta pour votre cause.

» — Je me souviens en effet que Lanoue était un fidèle serviteur et honnête gentil-

---

(1) On appelait ainsi le fort de Gournai, parcequ'il enlevait des prisonniers à rançon jusqu'aux portes de Paris, et s'emparait des convois de vivres charriés par la Marne.   (*Note de l'éditeur.*)

homme, lequel empruntait avec ferme résolution de rendre.

» — Certes, sire, et malgré moi, carrosses et chevaux ont payé cette grosse somme qui n'entra point en notre bourse, et Dieu me garde de vous en faire reproche aucun ; mais l'ire me transporte de penser que vis-à-vis le Louvre mes équipages furent la proie des créanciers.

» — Ventresaintgris! M. de Lanoue, il faut que chacun paie ses dettes, puisque je paie bien les miennes.

» — Ah! cette parole est équitable, mais dure en votre bouche.

» — Voici les moyens de payer vos dettes, ajouta ce grand roi le tirant à part et à voix basse; en ce sac de peau sont trois diamans de la couronne que je vous prie d'engager au lieu de vos équipages.

» — Non, sire, cette grande bonté dont vous êtes coutumier tourne à ma confusion, et j'ai honte de m'être tant ému d'un fait auquel vous ne pouvez rien.

» — Lanoue, mon ami, ces pierreries me paraîtront plus précieuses pour vous être utiles, et un seigneur de votre rang ne saurait aller sans ses équipages.

» — Sire, j'accepte une offre faite si généreusement; mais s'il fallait contenter vos créanciers, j'y vendrais ma dernière pièce de terre.

» — Mon ami, je suis encore votre débiteur, et nous paierons les vieilles dettes comme les nouvelles. »

Le roi était si joyeux d'être au Louvre, qu'il visitait les chambres, observait les tableaux et dorures, et partout suivi d'un groupe de seigneurs, envoyait à Dieu mainte exclamation de personne émue. Le secrétaire Nicolas, non encore remis de ses craintes, eu égard à sa conduite ligueuse, semblait le porte-queue du roi, tant il le suivait de près et pas à pas. Henri ouvrit une fenêtre regardant la rivière, et considéra la ville paisible comme devant; et davantage, les hurleries des Seize ayant pris fin.

« Ah ! mon cher sire, dit Nicolas, votre couronne vaut bien une messe catholique.

» — Ne t'ébahis-tu pas de me voir à Paris comme j'y suis ?

» — Non, sire ; suivant le précepte évangélique, on a rendu à César ce qui est à César ; de même qu'il faut rendre à Dieu ce qui appartient à Dieu.

» — Ventresaingris ! on ne m'a pas fait comme à César, on ne m'a rien rendu, mais tout vendu.

» — Sire, si j'étais roi régnant à votre place, je forcerais bien messieurs ces vendeurs à rendre gorge.

» — Au contraire, je leur ai obligation infinie, et je n'imiterai onc Jésus-Christ, lequel chassa les vendeurs du Temple. »

M. de Brissac, qui là était avec le prevôt des marchands et d'autres vendeurs, devint pourpre de ce qui visait droit à lui.

« A propos, dit le roi se ravisant, ce matin, pendant le *Te Deum* chanté à Notre-Dame, j'ai été distrait de mes dévotions par un grand vilain tableau figurant la reine d'Angleterre se liguant contre les catholiques. La peinture en est mauvaise, outre que le sujet en est calomnieux. Monsieur Lhuillier, allez hâtivement et en mon nom faire retirer cette méchante toile.

» — Sire, reprit le prévôt des marchands, messieurs du chapitre de Notre-Dame s'opposeront à ce que ledit tableau soit ôté de son lieu, où le fit mettre M. de La Chapelle-Marteau.

» — En ce cas, dites-leur que s'ils sont plus curieux de cette peinture que de mon amitié, ils ne garderont ni l'un ni l'autre.

» — Sire, repris-je à mi-voix, le clergé catholique se plaindra d'une telle rigueur, et en tirera l'augure de votre tyrannie.

» — Ma mie, répondit-il, je respecte les prêtres, mais davantage les ambassadeurs; et celui de la reine Élisabeth m'a fait solliciter de supprimer cette image injurieuse. »

M. de Cheverny, qui avait vu les principaux du parlement et traité avec les chefs espagnols, ne vint au Louvre qu'à ce moment, et ce bon vieillard, quasi larmoyant de la joie qu'il avait d'être de retour au palais des rois François Ier, Henri II, François II, Charles IX et Henri III, paraissait affolé tant il courait, tracassait, remuait et pérorait. Pour aller du grand vestibule en la salle des Suisses, où était le roi, le chancelier s'arrêta cent fois en des récits du temps passé.

« M. de Cheverny, lui dit le roi, d'ennui je me morfondais à vous attendre, et je pensais qu'un prédicateur vous eût attardé en route pour ouïr un sermon.

» — Sire, répondit le chancelier, je doute que telle joie ait été baillée aux bourgeois de Paris depuis l'entrée de François Ier, à sa sortie de la prison d'Espagne ; c'était en 1526, et je n'y étais pas.

» — On dit, reprit le roi, qu'il s'est ému quelque trouble au quartier de l'Université, et que le vieux Crucé appelait les écoliers au jeu des couteaux.

» — Madame, dit lors M. de Cheverny sans se soucier de ce que le roi parlait, vous avez un beau ventre à la poulaine, suivant une vieille expression; madame de Sourdis votre tante a pris à tâche de vous imiter en tout; son accouchement se fera le premier ou second de novembre, si je sais bien compter.

» — Sire, s'écria M. de Rosny, trop de clémence est dangereuse; vous faites à tort publier la grâce des plus coupables; car il y a en ce Paris des âmes gangrenées qui gâteront le reste, à moins d'y mettre ordre.

» — En effet, ajouta M. d'O, une taxe extraordinaire à titre de châtiment ôterait le vide de vos coffres.

» — Quant et quantes fois les Parisiens ont mérité d'être punis par le fer et le feu! reprit M. de Sancy.

» — Le mieux, remarqua M. de Bellegarde, serait de renvoyer les plus ardents à l'armée de la Ligue; déjà les prédicateurs ayant dit ce matin qu'ils ne prêcheraient pas puisque l'Antechrist était en ces murailles, je suis d'avis qu'on les convie de prêcher ou de se retirer.

» — Sire, dit M. de Brissac, tous ces conseils

sortent de bonne source, mais ne sont pas tous bons, tant s'en faut; la voie de la douceur est la meilleure à suivre.

» — Tel est mon sentiment, dit le roi, que l'on attrape plus de mouches avec une cuillerée de miel qu'avec une tonne de vinaigre.

» — Oui-dà, sire, reprit M. de Rosny, souffririez-vous être insulté par les rues de votre ville, et n'est-ce point loyale justice que de séparer le bon grain du mauvais ?

» — Qu'est-ce à dire ? mon ami, le plus petit comme le plus grand pâtira d'une insulte, non pas contre Henri de Bourbon, mais contre la personne royale.

» — Ce matin, dit mon frère le marquis de Cœuvres, passant par la rue de l'Hirondelle, j'ai avisé le curé de Saint-André, à qui je proposai de crier Vive le roi; ce qu'il foula sous ses pieds en disant qu'il crierait plus volontiers autre chose: la main me démangeait de tirer l'épée contre ce ligueur endurci.

» — Les pères jésuites, capucins et chartreux, reprit M. d'Humières, pensent que le pape mettra la France en interdit, et ne veulent plus confesser.

» — Vive Dieu! messieurs, s'écria le roi, si notre saint père, duquel je suis le fils soumis quant à présent, se hasardait de le prendre si haut, notre Seigneur Dieu excuserait les suites!

» — Sire, dit M. de Rosny, je tiens d'une honnête demoiselle, parente de mon épouse madame la baronne de Rosny, qu'un maçon et un boulanger de son quartier, encouragés par les prédicateurs à souffrir le martyre, ont juré de vous faire mourir.

» — Sire, m'exclamai-je, hâtez-vous de reprendre votre casaque d'acier poli que vous avez quittée, ainsi que votre heaume; une mèche est vite allumée, et vite un malheur irréparable.

» — Ventresaintgris! ma fille, répondit-il, à t'obéir, il faudrait coucher en cuirasse et dormir la visière baissée; mais, Dieu merci! quelque chose qui arrive, je n'ai que faire de m'en inquiéter puisque l'œil de la Providence est incessamment ouvert dessus les princes?

» — Tout à l'heure, continua M. de Cheverny; contre Saint-Sevérin j'entendis un pâtissier impudent jeter à mes oreilles, en pleine rue, qu'il était entré ce matin un tas de chiens à Paris.

» — Vous avez raison, mes amis, fit le roi après un instant de réflexion, une brebis ayant la gale ou la clavelée peut infecter tout le troupeau ; ainsi je dresserai la liste de ceux qu'il est prudent d'expulser, à savoir les meurtriers du président Brisson, les chefs des Seize et les créatures d'Espagne, magistrats ou prédicateurs. »

Les jours ensuivant ladite liste fut composée par les quarteniers et approuvée par le roi, qui réduisit à cent le nombre des personnes lesquelles par billets furent sommés de se retirer dehors de Paris, soit devers M. de Mayenne, soit en toute ville où ne serait garnison quelconque de Sa Majesté. La plupart des curés de Paris eurent des billets, et leur renvoi assura la paix.

Vers les trois heures dudit jour de l'entrée, le roi, sans vouloir reprendre sa cuirasse, pria

M. d'O de me vouloir bien conduire en carrosse à la porte Saint-Denis, où il nous rejoindrait pour voir partir les Espagnols; chose moult agréable, disait-il, d'autant qu'il ne la verrait pas une seconde fois. M. d'O et M. de Rosny montèrent avec moi en carrosse, et nous arrivâmes à grand'peine à cause de la foule de peuple bouchant les passages.

Étant introduits en la petite chambre qui est au-dessus de la porte, avec une fenêtre de laquelle on voit de front la grande rue Saint-Denis, nous vîmes le roi venir à cheval parmi les cris de Vive le roi, le sourire et le contentement au visage.

« Hélas! dis-je, Sa Majesté, avec tant d'ennemis qu'elle a, serait sage de s'encuirasser plutôt que livrer sa vie au premier parricide qui en voudra.

» — Le roi ne court aucun danger présentement, répondit une voix inattendue qui était celle de Périnet entré là je ne sais comment. »

Le roi arriva lors avec ses gentilshommes, qui remplissaient la chambre à y étouffer; le roi et moi étions à la fenêtre, quand s'écria Périnet:

« Sire et madame, reculez à droite. »

Soudain une pierre lancée d'un bras ferme traversa la chambre et n'atteignit que le mur; cette pierre portait avec elle un papier où il était dit : « Sire, un sujet fidèle vous fait assavoir » que les jésuites vous tueront si vous vous » exposez sans cuirasse et sans gardes. »

« Périnet, dis-je sévèrement, qui donc baille cet avis à Sa Majesté avec un coup de pierre ?

» —Sire, repartit Périnet, quel qu'il soit, son intention est bonne, et il tient à vous qu'elle soit profitable.

» — Messieurs, interrompit le roi, voici nos amis les Espagnols, jadis amis de loin. »

Bientôt commencèrent à passer, sous l'escorte de MM. de Saint-Luc et de Salignac, Napolitains, Espagnols, Lansquenets et Wallons, faisant de profondes révérences, armes bas, mèches éteintes, enseignes ployées, et sans tambours ni trompettes. Suivaient des femmes, des prêtres, et une tourbe de mécontents, écume de la Ligue.

Les ambassadeurs du roi Philippe, le duc de Feria, Jean-Baptiste Taxis, don Diego d'Ibaria, montant de beaux genets de leur nation, saluèrent le roi de voix et du chapeau.

« Sire, dit le duc de Feria, votre magnanimité passe tout ce que l'on cite des anciens; votre courage n'est pas moindre.

» — M. l'ambassadeur, répondit le roi, dites au roi votre maître qu'il m'attende à Madrid pour plus ample connaissance.

» — Adieu, sire, reprit don Diego d'Ibaria; si je fusse ligueur français, je me rendrais royaliste le temps de dire mon chapelet.

» — Adieu, messieurs, adieu plutôt cent fois qu'une; recommandez-moi à celui qui vous envoya; mais n'y revenez plus, sous peine de sortir moins aisément; quant à moi, j'irai en pèlerinage à Saint-Jacques de Compostelle après l'entière extinction de la Ligue.

Au retour, le roi sans doute troublé par le jet de cette pierre, monta en carrosse avec

MM. d'O, de Rosny et moi, les gentilshommes à cheval autour.

« Sire, dit M. de Rosny, je vous annonçai hier soir à mon arrivée de Rouen, que le traité sera conclure avec M. de Villars, moyennant que M. de Montpensier se désisterait trois ans durant de son gouvernement de Normandie, et M. de Biron de son titre d'amiral.

» — La chose est difficile à accommoder, reprit M. d'O, et MM. de Biron et Montpensier ne se dépouilleront de leurs biens et honneurs à l'avantage d'un franc ligueur qui s'en va vous ruiner, sire, par les grosses sommes qu'il exige.

» — Rosny, reprit le roi, j'ai en mains le consentement de ces messieurs, et vous pouvez passer outre. J'achèterais plus cher encore l'alliance de Villars, qui me remet une bonne province; de sorte que Mayenne n'aura plus en son pouvoir que trois ou quatre villes de Picardie. Mon ami, ce traité fait par votre habileté me sera plus précieux.

» — Sire, répondit M. de Rosny, d'habitude

je suis lent et timide à demander récompense quelconque; mais cette fois je m'encourage à vous solliciter pour ce qui me plairait le mieux.

» — Mon ami, dit le roi, j'obtempère par avance à votre requête et la reconnais pour légitime.

» — Sire, me récriai-je en riant, gardez de promettre chose promise; car je gage que M. de Rosny s'en va vous demander le gouvernement de Paris.

» — Qui vous a si bien instruite de mes secrètes pensées? dit M. de Rosny.

» — Vive Dieu! s'exclama le roi, ce pauvre ami se laisse toujours devancer; mais cette fois M. d'O, précédemment gouverneur, est déjà investi de ses droits.

» — Je parie cinq cents écus d'or, objecta M. d'O riant de plus belle, que M. de Rosny a pris cette fantaisie en coupant ses blés à Bontin.

» — Monsieur d'O, reprit aigrement M. de Rosny, les services que j'ai rendus à Sa Majesté en attachement, en argent, en sang perdu et le reste, valent ce me semble les concussions d'un surintendant des finances qui dépenserait tout le revenu de son maître plutôt qu'y ajouter du sien.

» — Messieurs, s'écria le roi, vous êtes bien osés de quereller devant une dame; d'O, raillerie est mauvaise raison ; Rosny, colère a toujours tort.

» — Par saint Maximilien! sire, dit M. de Rosny en soupirant, les gouvernements des villes sont distribués six mois devant leur vacation; c'est pourquoi je vous prie de m'en réserver un, à moins que M. d'O ne les ait tous demandés. »

Le roi revenu au Louvre parmi les acclamations et bénédictions, messieurs de la ville qui attendaient en la petite galerie vinrent au-devant de Sa Majesté en grand apparat, et lui offrirent de l'hypocras, de la dragée et des flambeaux, le priant d'avoir en excuse la pauvreté de son Paris.

« Messieurs, répondit le roi, nous travaillerons à la prospérité du commerce, et la richesse de mes sujets sera la mienne propre.

« » — Sire, dit quelqu'un, nous vous donnons nos cœurs à la charge que vous les accepterez.

» — Mes bons amis, reprit le roi, je fais échange du mien contre les vôtres, et je suis si assuré de votre fidélité que je ne veux être gardé que par vous. Çà, madame, ajouta-t-il tendant le drageoir, goûtez un peu de ma royauté. »

Quand cette audience fut terminée, le roi s'assit en un fauteuil devant un feu vif, et, la tête coiffée de ses mains, avait l'air de réfléchir à part lui. M. de Rosny s'approchant, réclama des ordres pour retourner à Rouen achever le traité de M. de Villars, et par deux fois répéta son dire renforçant sa voix.

« Vous me parliez, mon ami? fit le roi comme réveillé d'un somme pesant: remettez ceci à d'autres moments, s'il vous plaît, car je vous confesse que je suis si enivré d'aise de me voir où je suis, que je ne sais ce que vous me dites, non plus que ce que je veux dire. »

Le roi se mit à table pour souper, et m'invita de faire pareillement. M. d'O, ainsi qu'il était accoutumé du temps de Henri troisième, imagina de régaler Sa Majesté d'une symphonie des meilleurs musiciens, pour ajouter aux délices du repas ; mais le roi le fit taire sous prétexte que la plus douce musique à son oreille c'étaient les Vive le roi! et les pétarades éclatant au lointain et dessous les fenêtres du Louvre.

Maître Guillaume faisait piteuse grimace, à cause que le secrétaire Nicolas avait occupé ses fonctions de bouffon.

« Enfant, dit le roi, quitte cet air maussade ou va te coucher, mandant le médecin, car, en ce grand et mémorable jour, je ne sache que les ligueurs qui doivent faire la moue.

« — Sire, dit M. de Cheverny, le roi Henri deuxième fut moins triomphant que vous êtes, lorsque, le seizième jour de juin 1549, il fit son entrée solennelle à Paris au bruit de trois cent cinquante pièces d'artillerie, et alla loger au Palais ayant été salué au passage par une Vénus, pomme d'or en main, bergers phrygiens, nymphes et déesses, lesquels du haut d'un grand amphithéâtre le complimentèrent en rimes. Oh! le beau spectacle que c'était!

» — A mon avis, repartit Sa Majesté la larme à l'œil, ce fut un plus glorieux spectacle que tout ce peuple empressé autour de mon cheval, criant, applaudissant, et, comme je disais, affamé de voir un roi.

» — Sire, m'écriai-je touchant de la main son pourpoint, la pluie de toute la journée a mouillé vos vêtements dont vous n'avez point changé.

» — Mon menon, répondit-il, j'ai le cœur si chaud et enflammé pour mon peuple, que mes habits sècheront sans autre feu.

» — Mais, sire, sans votre précieuse santé tout n'est rien, et un roi s'enrhume, si grand soit-il; vos pieds sont-ils pas moites?

» — Et crottés vraiment de la boue de Paris;

mais peu m'importe, puisque je n'ai perdu mes pas.

» — Sire, s'écria maître Guillaume, vous avez gagné vos États en moins de temps qu'un autre les eût perdus ; vous vous fîtes aimer de vos sujets plus aisément qu'un autre en fut haï.

» — Dieu fasse, repartit le roi, que la Parque me laisse le loisir de parfaire ma tâche de roi, je rendrai à mon successeur la couronne plus riche et plus solide.

» — Sire, dis-je doucement, votre successeur est encore à naître, et je vous le promets à votre ressemblance. »

Le roi passa en la grande galerie, où les gentilshommes et les dames abondèrent cette soirée, comme si la cour n'eût point été interrompue. Vinrent mesdames de Nemours et de Montpensier, toutes deux pâles comme du linge et tremblantes à ne pouvoir parler ; le roi courut à leur rencontre et les embrassa, disant :

« Mes chères dames, je vous aimais dès

long-temps; mais d'aujourd'hui seulement il m'est permis de vous le dire.

» — Sire, reprit madame de Montpensier, je ne m'étonne pas de vous voir à Paris, mais bien de ce qu'on n'y a volé, insulté personne, ni fait tort à homme du monde de la valeur d'un fétu, tellement que la racaille des goujats n'y a rien pris sans payer.

» — Oui, mesdames, et j'y étais grandement intéressé; j'ai failli tuer un de mes soldats qui enlevait un pain chez un boulanger; c'eût été dommage, n'est-ce pas, ma cousine?

» — Sire, reprit madame de Montpensier, nous ne pouvons dire autre chose, sinon que vous êtes un très grand roi, très bénin, très clément et très généreux.

» — Une chose me contriste, c'est que vous voulez du mal à mon fidèle Brissac, de m'avoir ouvert la porte.

» — Non, sire, fit madame de Nemours, M. de Brissac aura l'approbation de la plupart, dont je suis.

» — Je ne regrette qu'une chose en la réduction de votre ville de Paris, ajouta madame de Montpensier, c'est que M. de Mayenne mon frère ne vous ait abaissé le pont pour y entrer.

» — Ventresaintgris! s'écria le roi, je n'y fusse point arrivé si matin. Maintenant, pour amour de vous, j'accorderai la paix à M. de Mayenne qui fera plus grasse chère au Louvre qu'aux dépens d'Espagne. »

Ensuite le roi me présenta de sa main auxdites dames, qui m'entretinrent de franche amitié touchant mille propos de pierreries, d'étoffes et de modes nouvelles.

« J'ai vu le quart d'heure, dit madame de Montpensier, où d'ennui je voulais adopter la parure de Jonas le prophète, pleurant le déplorable sort de Ninive sa patrie, à savoir un sac et de la cendre. »

Le roi pria cette belle ligueuse de jouer aux cartes contre lui; ce qu'elle fit gracieusement et fut vaincue à plusieurs fois.

« Ma cousine, dit en riant Sa Majesté, vous êtes téméraire de vous risquer à l'encontre d'un vainqueur et triomphateur comme je suis.

» — Sire, repartit madame de Nemours, vous êtes roi au jeu de cartes et partout.

» — Madame, objecta madame de Montpensier à mon adresse, votre grossesse arrive à bien, ce me semble?

» — Oui, madame, répondis-je, avant le cinquième mois, Sa Majesté aura un petit roi fait à son image et de son pur sang.

» — Sire, interrompit madame de Nemours, quand les dames de votre cour viendront-elles de Mantes au Louvre?

» — Madame, repartit le roi, à leur convenance; mais au plus tôt possible je vais assiéger les villes ligueuses de Picardie; après, quoi qu'il en réussisse, je ferai mon entrée solennelle à Paris.

» — Sire, s'écria M. de Cheverny accouru à ce mot d'entrée, vous imiterez sans doute la belle ordonnance de l'entrée que fit le roi François Ier, le 24e de janvier 1515, et de laquelle on imprima la description.

» — Sire, repris-je, la reine Marguerite manquant à cette fête royale, je ferai de mon mieux pour y paraître avec honneur.

» — Ma cousine, dit le roi bas à madame de Montpensier pensive redevenue, j'espère que vous ne pendrez plus à votre ceinture ces petits ciseaux, avec lesquels vous vouliez bailler une couronne monacale au feu roi Henri troisième. »

Cette dame évita de répondre en ce sujet délicat. Finalement je fus non moins satisfaite que Sa Majesté des honneurs de cette illustre journée, où je jouai quasi le rôle de reine.

Ce pendant que, la minuit passée, les Parisiens allumaient sur les places publiques de grands feux de joie, chantaient *Te Deum laudamus*, riaient d'allégresse et poussaient maints Vive le roi :

« Ma belle Gabrielle, dit le roi me baisant après le monde retiré, voici certainement le plus beau jour de ma vie, comme la plus belle nuit fut celle de la Noel.

» — Henri, repris-je, il n'est pour moi que

de beaux jours et de belles nuits tant que vous m'aimerez. »

Pour la première fois je couchai dedans le Louvre.

CHAPITRE VII.

Le bien vient sans qu'on y pense. — Légèreté des Français. — L'ange. — Enfant miraculeux. — Impunité vendue. — Les prédicateurs Commolet et Lincestre. — Lincestre au Louvre. — Le *mea culpa*! — Gare au couteau! — Inconvénients du froc. — Premiers effets de la réduction de Paris. — Les plongeons. — Le sommeil d'Épiménide. — La loi du plus fort. — Les clefs des villes de France. — Maître Guillaume change de maître. — Le cardinal et le fou. — Procession du roi. — Le talisman. — Ignorance du temps. — Les reliques et d'Aubigné. — Les linges de la Vierge, et saint Guignolet. — Ordre de la procession. — Les échafaudages. — Le bûcher, et le pape brûlé en effigie. — Le *Dé profundis*. — Les larmes de madame de Montpensier. — Femme morte de déplaisir. — Mort du cardinal de Pélevé. — Ligueur incorrigible. — Les perroquets de Paris et M. de Brissac. — Le défi de M. de Bourg. — Convoi d'un cardinal. — Pardon des injures. — L'oraison funèbre. — Le poison et le poignard. — Retour de Zamet. — Philippe Desportes. — Deux sortes de flatteries. — MM. de Sancy et de Cheverny renvoyés. — Ressentiment contre Gabrielle. — L'audience des Ambassadeurs de la Ligue. — Distiques sur Brissac. — La paix impossible. — La raison de Mayenne. — La poésie et la politique. — Le sonnet. — Les ligueurs convertis. — Apollon intéressé. — Le roi et le sujet. — Le sel. — Partie gagnée. — Qui trop entend mal entend. — La femme folle de son corps. — Les calomnies. — Baisement de main mystérieux. — Dernière apparition du Maheutre. — Apparition plus inattendue. — Les courtisans confondus. — Arrivée à Paris de madame Catherine et du

DE GABRIELLE D'ESTRÉES.

comte de Soissons. — Haine féminine. — La maîtresse du roi. — Le Louvre et l'hôtel du Bouchage. — Nouveau-venus. — Le rang de la reine. — Regrets de M. de Villars. — Mariage avec la terre. — Le mari qui ne sait pas rougir. — Comme vous-même. — Le peintre de son déshonneur. — Argent fait merveilles. — Siége de la Capelle et de Laon. — Le dauphin et le duc de Vendôme. — Le mouchoir. — Alibour en fonctions. — C'est un garçon. — L'accoucheur malgré vous. — Le médecin en disgrâce. — Mort singulière. — Les empoisonnements. — Empoules aux pieds. — Souvenir de la naissance de Henri IV. — Façon de faire des enfants qui ne pleurent pas. — Le mal d'enfant. — A quoi tient notre destinée. — La chanson de l'accouchée. — La brebis et le lion. — Le petit César. — Gabrielle, marquise de Monceaux. — Bon et mauvais présage.

La réduction de Paris au roi, sans autre effusion de sang que vingt lansquenets tués au quartier Saint-Germain, pour avoir tenté résistance, me sembla un miracle tout divin, et la plupart le jugèrent ainsi. Sa Majesté demeura quasi comme étonnée, l'octave du jour, tant cette merveilleuse conquête, par de si petits moyens, avait confondu et surpassé ses espérances.

« Je doute encore, disait-il, que je sois là où je suis; plus j'y pense et plus je ne sais qu'en penser, car je trouve qu'il n'y a rien de l'homme en tout ceci. C'est une œuvre de Dieu extraordinaire, car c'est chose vraiment incroyable qu'une entreprise si grande et si hérissée d'obstacles, éventée comme elle était et sue de tant de gens, long-temps devant l'exécution, ait pu venir à bonne fin, car le secret est rare et inusité chez notre nation, réputée si légère, que la main gauche ne saurait rien faire sans le dire à la droite.

» — Par ma foi ! répondit M. de Cheverny, je tiens pour vrai que durant le *Te Deum* à Notre-Dame, chanté en actions de grâces, l'enfant qui vous est apparu, sire, était un véritable ange incarné gardien de votre personne sacrée, ainsi que pareille fortune arriva l'an 1535 au roi François Ier, durant la belle procession qu'il fit à Notre-Dame en expiation de l'hérésie et des placards blasphématoires contre le saint sacrifice de la messe.

» — M. de Cheverny, n'ayant de ma vie vu figure d'ange autre part qu'aux tableaux des églises, je ne puis former de comparaison avec le bel enfant aux yeux bleus et bien vêtu qui se tint près de moi à la messe en dépit de messieurs les gardes-du-corps qui le voulaient éconduire. Je veux toutefois perpétuer la mémoire de mon entrée à Paris par une procession annuelle, d'autant que j'abolirai plus de quatre fêtes de la Ligue. »

Les personnes à qui furent envoyés des billets d'exil se hâtèrent d'en user, de peur de trouver les chemins fermés ; aucunes, et entre autres le fougueux curé de Saint-André-des-Arts, exaltèrent la clémence du roi qui baillait la vie à ses plus grands ennemis. M. d'O avait charge de distribuer ces billets ; et comme plusieurs gros ligueurs furent laissés tranquilles, les méchants arguèrent le cher M. d'O d'avoir tiré des sommes et rançons à cet effet ; et vraiment des premiers seigneurs de la cour s'enrichirent de la ruine des bannis, leur vendant le séjour et résidence en la ville.

Le roi ne se montra point assez sévère, et l'ivraie ne fut toute arrachée. Les fameux prédicateurs Commelet et Lincestre, qui avaient gagné beaucoup d'or d'Espagne à invectiver furieusement Henri III et le Béarnais, les traitant de fils du diable, hérétiques infects, magiciens, et mille injures, furent pardonnés et conservés en leurs cures et bénéfices, moyennant qu'ils signassent le serment de fidélité au roi.

Le lendemain de l'entrée, le roi dînant en son Louvre, du bruit se fit entendre à la porte, et ayant demandé ce que c'était, sur ce qu'on lui répondit que le curé de Saint-Gervais, Lincestre, voulait être admis en sa présence, il ordonna qu'on lui permît d'entrer.

Ledit Lincestre, plus remarquable par sa chevelure noire, son abord faux et son marcher tortueux, que par son éloquence, fut, ce m'a-t-on dit, des galants de madame de Montpensier, qui choisissait tous ses amours sous le froc, témoin Jacques Clément, parceque, suivant son opinion, elle commettait le péché aussitôt qu'absous.

Donc ce Lincestre, empêtré en un sac mouillé et les reins ceints d'une triple corde, parut discipline en main, se flagellant à chaque pas avec des soupirs, oraisons et grands coups dans la poitrine.

« Mon très honoré sire, disait-il, crachez-moi au visage, flagellez-moi, couronnez-moi d'épines, crucifiez-moi ; mais, pour Dieu ! merci de mes péchés mortels.

» — Mon ami, répondit le roi, levez-vous de cette posture pénitente, car vos fautes, tant grandes qu'elles soient, ont de ma part oubli et rémission.

» — C'est ce même furieux ; dit bas M. de Sancy, qui de sa chaire força M. le président du Harlay à jurer en pleine église, la main haute, de venger le trépas de MM. de Guise.

» — Sire, ajouta d'Aubigné à mi-voix, c'est ce catholique qui, à son dire, n'eût pas fait scrupule de tuer le roi Henri troisième devant le saint-sacrement, bien que tenant le corps du fils de Dieu en ses mains.

» — J'ai pardonné, repartit hautement le roi, comme prescrit ma religion, et le passé est pour moi n'existant plus. Mon père, je vous tiens désormais pour un de mes fidèles serviteurs.

» — Sujet indigne et misérable, reprit Lincestre, le regard en bas et s'approchant de la table. Sire, vous voilà en votre Louvre, la joie est dans Israel, les montagnes sautent comme des beliers, les collines comme des agneaux.

» — J'ai défiance de ces gens-là, dit maître Guillaume; les réduire à obéissance est quasi impossible; trente moines et un abbé ne feraient manger un âne contre son gré.

» — Sire, continua le prédicateur, l'œil dessus un couteau de la table, je n'ai pas ce que je mérite; car on en a rompu en quatre quartiers qui ne me valaient.

» — Ventresaintgris! gare au couteau! s'écria Sa Majesté malassurée de voir ce prêtre à portée d'un vilain coup.

Lincestre fut congédié subitement, et s'en alla grinçant des dents et louant Dieu.

« Ces robes ecclésiastiques, dit le roi, n'annoncent rien de bon ; car elles possèdent plus de vingt poches déguisées où mettre des armes; en outre, ces beaux pères jésuites ont écrit de savants livres, en latin par bonheur, pour élever le pape au-dessus des rois et menacer la vie d'iceux. »

Les premiers faits du roi furent le rétablissement du parlement par M. le chancelier, la mise à néant de tous les actes et ordonnances faits par la Ligue, la récompense de tous les auteurs de la réduction, enfin la Bastille rendue à composition par le gouverneur M. de Bourg; huit jours suffirent à pourvoir au plus pressé, et ensuite la ville était si paisible et les habitants si satisfaits, qu'il semblait que ceci durait depuis toujours.

De toutes parts la cour revenait, voire de vieux gentilshommes restés neutres en leurs provinces tant que la victoire pendait indécise entre le roi et la Ligue. A ceux-là le roi dit par forme de reproche :

« Messieurs, je ne pensais pas que les morts ressuscitassent parmi les vivants.

» — Sire, disaient aucuns, nous n'avons cessé de faire des vœux pour votre succès.

» — C'était donc en dormant comme fit le

philosophe grec Épiménide, lequel s'éveilla trente ans après. Je n'aime pas ceux de la nature du plongeon, qui sortent de l'eau la tempête passée. »

A ce moment les chefs ligueurs concertaient des traités avantageux à leurs affaires, pour remettre au roi ses villes et son autorité. Henri, contre mon conseil, ne regardait à deux fois pour signer un accommodement fort coûteux, et ne craignait rien tant que le souci d'attendre.

« Sire, disais-je, c'est au plus fort à dicter la loi au plus faible, et vous agissez tout contrairement.

» — Mon menon, répondait-il, je regagnerai au centuple ce que je cède en argent et en charges, si j'acquiers par là d'habiles capitaines, et le loisir d'obvier aux misères de mon peuple.

» — Sire, disait flatteusement maître Guillaume m'est avis qu'en un coffre de votre Louvre, vous avez trouvé les clefs des villes de votre royaume. »

Le secrétaire Nicolas ayant l'excellence de la nouveauté, par tous les applaudissements qu'il recevait, causait douleur mortelle à maître Guillaume, lequel en perdait appétit. Rosny, qui protégeait ce petit bouffon, obtint du roi que M. le cardinal de Bourbon le prendrait à son service, où Guillaume fit de sages économies, sans doute d'après les conseils de son maître, M. de Rosny, le plus ladre des ladres.

M. de Bourbon, quoique homme d'église, aimait volontiers rire, car sa maladie et sa mort vinrent d'excès d'ennui ; en cela maître Guillaume le soignait mieux que ses dix-sept médecins. Comme il mourut cette même année, faute d'être roi, disait Henri, maître Guillaume retourna chez son premier maître, d'autant que Nicolas n'avait de langue qu'après avoir bu. Le roi fut content de recevoir son apothicaire, qui n'avait de lardons que pour les méchants, et parlait proverbes mieux que le grand roi Salomon.

La procession du roi eut lieu comme j'ai dit, le 29ᵉ du même mois, octave de la réduction; elle fut longue et magnifique. Pour fonder la solennité, la veille, des hérauts l'avaient criée par les carrefours et places publiques. Les rues furent tapissées de Notre-Dame à la porte Saint-Denis, et de la porte Neuve au Louvre; le pavé fut lavé, couvert de jonchées et paille fraîche; on ne saurait dire la multitude regardant aux fenêtres et dessus les toits.

Le matin de ce jour, Périnet, à ma prière, malgré la peur du fagot, fabriqua une amulette magique propre à garder sain et sauf celui qui en était porteur; j'eus grand'peine à persuader le roi d'en user à tout accident.

« Mon menou, disait-il, le plus sûr talisman n'empêcherait pas ce qui est prédestiné, et je vous rappelle qu'Achille invulnérable de tout le corps, fut tué d'une flèche au talon.

» — Henri, repartis-je, en tous cas, si ce signe est de nul effet, il n'est point nuisible, il vous peut sauver et ne vous peut faire mal.

» — Si fait, à mon âme, car ces objets viennent en propre des mauvais esprits.

» — N'en croyez rien, sire; j'ai consulté un prêtre touchant cette grave matière, et il appert que l'invocation du diable porte seule préjudice à qui l'emploie.

» — Advienne que pourra, ma mie; j'aime mieux commettre un péché que de vous chagriner en quelque chose. »

Il vêtit l'amulette à la mode que je lui enseignai, et de fait pas un jésuite n'entreprit rien contre sa personne.

La procession générale fut dans l'ordre suivant: le haut clergé de Notre-Dame et des autres paroisses, portant l'hostie à découvert, les châsses de plusieurs saints et saintes, les reliques de la Sainte-Chapelle, la vraie croix, la croix de Victoire, la couronne d'épines et le chef de Saint-Denis, avec des corps saints venus des moutiers et églises des environs.

C'était une richesse prodigieuse de reliques, et M. d'Aubigné, schismatique iconoclaste, fut violemment tancé pour avoir dit par gausserie que le plus curieux était le nombre infini de bras dits de saint Jean-Baptiste, qui devait être Briarée de son temps ; il demanda encore à M. de Sancy s'il n'avait pas adoré parmi ces précieux objets quelques uns des vrais linges de la Vierge, et l'image déshonnête de saint Guignolet, grand faiseur d'enfants aux femmes stériles.

Je reviens à la procession, où firent montre tous les ordres religieux cloîtrés ou mendiants, sauf les jacobins, dits tueurs de rois. Suivaient Sa Majesté, les grands-officiers de sa maison, ducs et pairs, et gentilshommes ; le parlement en corps, la cour des comptes et des aides, messieurs de la ville ; puis les dames et demoiselles en somptueux accoutrements ; puis des pages, valets et gendarmes ; puis les bourgeois royalistes en nombre infini. Il y avait bien quinze mille personnes tant hommes que femmes de tout âge et de tout rang, marchant par ordre aux sons des psaumes chantés en musique.

En divers endroits étaient des échafaudages représentant la ville de Paris sous le semblant d'une déesse forcée par un chevalier, qui était le roi ; ailleurs d'autres allégories avec l'explication en vers français et latins.

Un grand bûcher était dressé à la place de Grève, et lorsque le roi passa, on alluma les bourrées et on jeta parmi les flammes des effigies peintes et vêtues selon les personnages. On brûla en pompe et avec de joyeux cris, qui troublèrent la cérémonie, le légat, le roi d'Espagne, le duc de Mayenne, les Seize, voire, dit-on, le pape ; insolence inouïe, imaginée sans doute par des ennemis du roi. Cette farce fut répétée avec pareil succès par toutes les places de Paris, et la canaille se divertissait fort de ce spectacle.

Ce pendant que la procession suivait la rue Saint-Denis, je lisais en mon livre d'Heures les cantiques latins, sans comprendre ce grimoire barbare qui me brouille quasi l'entendement; il se fit en avant un bruit de *De Profundis* assez malséant entre ces chants de fête.

Madame de Montpensier, que je voyais mieux occupée à se cacher la face qu'à lire des prières, évadait par là le chagrin de voir le triomphe du roi; et comme elle essuyait des larmes de ses yeux:

« Madame, lui dis-je, êtes-vous en pleurs à cause que ce méchant tonnelier, lequel fut arrêté la dague au poing en votre hôtel quand le roi y était, n'a pas accompli son damnable attentat?

» — Madame, reprit-elle aigrement, les femmes meurent de déplaisir plutôt que de joie, témoin celle de Lebrun, marchand de draps en cette rue Saint-Denis, laquelle, m'apprend-on, est décédée ce matin par suite de l'entrée du roi à Paris.

» — Ah, madame! fis-je en colère, le bon Dieu aurait-il soin de notre repos, qu'il nous délivre de ces ligueuses pires que tous les grands ligueurs.

» — Madame, vous serez contente, car le meilleur de la Ligue meurt ou s'en va: heureux qui aura même chance que le cardinal de Pélevé, ce brave et honnête serviteur de la religion, mort le vingt-sixième courant, moins de son mal que de chagrin.

» — Madame, ce cardinal était un digne Espagnol et sera pleuré par ses amis d'Espagne; le roi fut trop clément d'envoyer devers lui M. de Saint-Luc savoir de ses nouvelles; car ce cardinal incivil, pour réponse à tant d'égards, se tourna de l'autre côté, criant : « Qu'on le prenne! » et depuis n'a prononcé parole quelconque jusqu'au dernier soupir.

» — O grand homme! ô martyr de la foi! présentement tu es avec Dieu, et j'ai bon espoir que ta requête fera cheoir l'ire céleste dessus ce traître de Brissac! »

Au même temps le cortège s'arrêta et les cantiques aussi, seulement le *De Profundis* devenait plus proche de nous, et la rumeur plus copieuse. Tout-à-coup s'élance un seul cri de Vive le roi! formé de maint cri aigu.

« Pauvre Clément, que n'es-tu là! » dit madame de Montpensier soupirant. Et pour se raviser ajouta : « Brissac a plus fait que sa femme, qui en quinze ans n'a fait chanter qu'un cocu, au lieu que lui en huit jours a fait chanter plus de vingt mille perroquets à Paris.

» — Madame, repartis-je , M. le maréchal de Brissac s'est acquis gloire immortelle par sa loyale trahison.

» — Ah, par mes ciseaux ! M. de Bourg, gouverneur de la Bastille, a dit ce que je ferais si j'étais homme et non pas femme, dont j'enrage ; je le combattrais entre quatre piques et lui mangerais le cœur au ventre. »

Or la cause de la procession interrompue était le convoi du pauvre cardinal de Pelevé, lequel, dès avant, abandonné de tous, sinon du roi, qui, par bonté exemplaire, fit tenir au moribond de l'argent et un médecin ; car ce cardinal, dit Pelé à cause de sa gueuserie plutôt que de son front chauve, n'avait en sa maison de la rue Saint-Denis de quoi payer l'apothicaire.

Quand il fut allé de vie à mort, comme de veille à sommeil, son corps maigre et chétif ne fut exposé dessus un lit de parade, mais demeura trois jours sans autre gardien que maître Engoulevent, bouffon de la Ligue et son mignon assidu, tellement que ledit Engoulevent, avec l'assistance de trois prêtres en capuce, menait le défunt aux Célestins, où, par humanité, l'évêque de Glascow le fit enterrer de ses propres deniers. Or la bière, portée à bras, passait suivie des prêtres chantant le *de Profundis*, et du bouffon faisant l'oraison funèbre.

Le roi, mu d'un sentiment d'humilité chrétienne, en suivant le précepte du pardon des injures, quitta son rang pour aller donner de l'eau bénite à feu monsieur le cardinal, ce qui sembla beau et sublime aux spectateurs, lesquels en jetèrent des acclamations. Ce piteux convoi, poursuivant sa route, vint contre l'endroit où j'étais, et j'entendis Engoulevent dire tout haut :

« Ah ! monseigneur Des Cornets (1), votre âme s'en va toute consolée de ce qu'un roi, et plus que roi, a rendu cet honneur à vos reliques, de les asperger de sa main digne. O

---

(1) C'était le nom d'une cure-prieuré qu'il possédait dans l'évêché d'Avranches, lorsque dans son jeune âge il était conseiller aux requêtes du parlement de Paris.

(*Note de l'Éditeur.*)

grand roi, qui as perdu tel cardinal! O grand cardinal qui es frustré de voir tel roi!

» — C'est un saint véritablement, reprit madame de Montpensier, et je solliciterai sa béatification en cour de Rome.

» — L'Espagnol, qu'il a si fidèlement servi, repartis-je, devrait lui faire d'honorables funérailles.

» — Monsieur le cardinal, priez pour nous! disait Engoulevent, jetant des larmes à seaux.

» — Monsieur le bouffon, priez pour le cardinal, répondit maître Guillaume par jalousie de métier.

» —Madame, dit la duchesse de Montpensier, pensez-vous que les royalistes soient bien innocens de cette énorme perte?

» — Par mon saint patron! fis-je avec un signe de croix, à quel âge la mort sera-t-elle suspecte, si un vieillard de quatre-vingts ans vous semble trop jeune pour mourir? D'ailleurs, madame, le poison nous est moins familier qu'à vous le poignard. »

Le convoi tira d'un côté et la procession de

l'autre, nonobstant la pluie et le mauvais temps qu'il faisait; mais depuis, cette mémorable procession est célébrée annuellement, et pas un ne s'est souvenu du cardinal de Pelevé en ses prières.

Le premier d'avril, revint Zamet, porteur de mauvaises nouvelles, ce me semblait à son air mécontent et honteux; Sa Majesté l'attendait en impatience, et fut réjouie de le savoir de retour, non qu'il eût bon espoir en cette négociation, mais par l'envie qu'il avait de s'attacher solidement le seigneur Zamet, qui dès long-temps pratiquait son parti, et méditait son amitié. Zamet, dont Mayenne, toujours incertain de son humeur, appréhendait l'abandon, fut accompagné à Paris par le sieur Philippe Desportes, abbé de Tyron et de Bon-Port, homme de cour à langue dorée, excellent poète, et, par-dessus tout, passé maître en négociations.

Ce grand parleur et renard cauteleux, qui avait de récent accompli le traité de M. de Villars, savait maintenir haut les prétentions de son client, et demandait beaucoup au risque d'obtenir moins. Je le connaissais par ouï-dire à titre de glouton d'abbayes, de bénéfices et d'argent; et d'avance je tins pour assuré que son entremise ne saurait aboutir à bien.

Alors qu'on annonça l'arrivée de ces ambassadeurs de M. de Mayenne, j'étais en la chambre du roi; pareillement y étaient M. de Cheverny, disant des dates d'années, et M. de Sancy, que Sa Majesté prenait en amitié, eu égard à ses belles paroles.

« Sancy est un flatteur de son emploi, disait ce grand prince, et, de même que Philippe, roi de Macédoine, j'ai juré guerre à l'adulation; mais autre est de dire la vérité flatteusement, que de la fausser par flatterie. »

Sancy n'était pas moins adorateur zélé de ma personne, par ambition, d'autant que j'avais soin que le surintendant des finances du roi subvînt à ses grosses prodigalités. Maintenant que le traître de Sancy a joué de la langue contre mon honneur, après avoir baisé la poussière de mes pieds, je dirai comme d'Aubigné, que M. de Sancy est le fils aîné de la peste, voleur, menteur, impie et fanatique. N'est-il pas damné de son vivant?

Or donc, avant que le roi eût dit d'introduire MM. Zamet et Desportes, je lui contai tout bas les inconvénients de ces deux témoins, M. de Sancy et M. de Cheverny, bien qu'icelui fût, par la nature de sa charge, discret à l'épreuve; mais l'amitié que j'avais pour cet ingrat Sancy fît que je persuadai au roi de renvoyer tous les deux.

« Messieurs, dit Henri, je serai bien aise que ces envoyés de M. du Maine me parlent fort nettement, et j'ai le doute que votre présence leur ôterait une part de leur franchise.

» — Messieurs, repartis-je, le roi vous instruira ensuite de ce qui se passera entre nous.

» — Par le sacré nom de Dieu! se récria M. de Sancy.

» — Sancy! interrompit doucement le roi,

soyez averti que demain défenses seront faites de jurer et blasphémer le nom de Dieu, l'université ayant requis de ce faire.

» — Sire, reprit M. de Cheverny, le feu roi François Ier, en l'année 1532, voulut traiter d'une affaire d'État hors du conseil de son chancelier Duprat, qui lui dit de reprendre les sceaux, plutôt que de faire cet outrage à un vieux serviteur.

» — Mon ami, dit le roi à l'oreille dudit chancelier, sortez de bonne grâce, pour la raison que je vous apprendrai tout à l'heure.

» — Madame, reprit fièrement Sancy, ayez égard aux intérêts de Mayenne, et chassez toujours ainsi les vrais serviteurs de Sa Majesté. »

Bien lui prit de sortir ce disant, car le roi l'eût grièvement réprimandé de son insolence, et la moutarde me monta au nez et le sang au visage, tant cette insulte me fut sensible chez un homme que j'estimais au prix de Sancy. M. de Cheverny, d'un air résigné, passa en la salle prochaine, d'où j'entendais les crieries de ce lâche Sancy.

Entrèrent Zamet et Desportes ; le premier, chagrin et inquiet, fut accolé par le roi, qui lui donna du *cher ami*, à l'étonnement du poète Desportes, qui se démantibulait l'épine dorsale en saluts jusqu'à terre, sans regarder personne ou rien en face.

« Sainte Madone ! sire, dit Zamet après un temps de silence, j'espérais vous rapporter des conditions plus avantageuses.

» — Seigneur Zamet, répliqua Philippe Desportes, je vous trouve imprudent de si mal prévenir Sa Majesté au sujet de l'accommodement proposé.

» — Quel est-il ? demanda le roi.

» — Sire, repartit Desportes, M. de Cossé-Brissac vous a rendu Paris en trahison, ainsi que je l'ai consigné en ces deux rimes :

> Tout est perdu, Paris, ton gouverneur Brissac
> A mis ton beau navire et au bris et au sac.

» — Monsieur Desportes, dit le roi, ces rimes dont j'estime mal la beauté, peuvent être retournées, de même que l'action de M. de Brissac me semble action louable et méritoire. Sur ce je changerai votre poésie :

> Prends courage, Paris, ton gouverneur Brissac
> A sauvé ton navire et du bris et du sac.

mais sachons ce que souhaite mon beau cousin du Maine.

» — Sire, dit Zamet, M. de Mayenne, selon ses lenteurs ordinaires, tarde à faire sa paix honorablement.

» — Non, fit M. Desportes mielleusement, M. le duc de Mayenne sera joyeux de cesser les désastres de la guerre, moyennant que la ville de Paris lui sera restituée.

» — Ventresaintgris ! s'exclama le roi, m'est avis que mon beau cousin veut railler ; mais, foi de gentilhomme, je lui montrerai qui de nous deux est le roi de France.

» — La requête est un peu bien impudente, dis-je, Sa Majesté s'en souviendra, en cas que M. de Mayenne soit réduit à merci.

» — Sire, repartit Desportes retirant sa proposition, M. du Maine se contenterait, j'imagine, de conserver son titre de lieutenant-général de la couronne avec plusieurs villes à garnison.

» — Vive Dieu! répondit le roi, allez-vous-en vers qui vous envoie, monsieur Desportes, et ne parlons plus d'accommodement ensemble; car on saura bientôt que le sujet rebelle a passé l'heure du pardon.

» — Sire, reprit Desportes, voilà ce que j'ai conseillé à M. du Maine, qui ne me baillerait trente mille écus pour l'impression de mes poésies, comme fit le feu roi Henri III, mon bon maître.

» — Sire, soupira Zamet, à toutes les meilleures raisons que j'objectais à Mayenne pour la paix, il répondait : « Mon ami, vous parlez bien, mais attendre vaut mieux.

» — Sire, reprit Desportes, croyez bien qu'à tous les services que je lui rends, M. de Mayenne est si pauvre et si avare qu'il ne financera d'un écu, tandis qu'au règne précédent, M. l'amiral de Joyeuse, pour un sonnet, me délivra une abbaye de dix mille livres de rentes.

» — Monsieur, disait le roi, avant de payer les poètes, je soulagerai mon misérable peuple du faix des impôts, et fasse des sonnets qui voudra.

» — Sire, persévérait Desportes, ce n'est pas faute de bons avis de ma part si M. de Mayenne qui, vous dis-je, a la bourse plus vide qu'un métayer, poursuit sa rébellion contre son souverain légitime ; daignez écouter le beau sonnet que je lui composai avant que de partir.

> Le jour chasse le jour, comme un flot l'autre chasse,
> Le temps léger s'envole et nous va décevant ;
> Misérables mortels, qui tramons en vivant
> Desseins dessus desseins, fallace sur fallace !
>
> Le cours de ce grand ciel qui les autres embrasse,
> Fait que l'âge fuitif passe comme le vent,
> Et sans voir que la mort de près nous va suivant,
> En mille et mille erreurs notre esprit s'embarrasse.
>
> L'un esclave des grands meurt sans avoir vécu,
> L'autre de convoitise ou d'amour est vaincu ;
> L'un est ambitieux, l'autre est chaud à la guerre.

Ainsi diversement les destins sont poussés ;
Mais que sert tant de peine, ô mortels insensés,
Il faut tous à la fin retourner à la terre.

» — En vérité, dit Henri pensivement, c'est de la philosophie chrétienne dont l'âme se nourrit, et ainsi va le monde; le plus grand et la plus belle sont mis en cendres par l'inexorable mort.

» — Le feu roi Henri troisième, ajouta Desportes faisant le fiérot, eût acquitté la valeur d'un si noble sonnet en caresses et deniers sonnants; mais, au contraire, M. de Mayenne répondit : « Par la double croix de Lorraine ! mon ami, ce lamentable sonnet serait bon pour les pénitences du vendredi saint, et je préfère une chanson de table à la façon d'Anacréon. »

» — Ça, nous sommes loin de nos moutons, interrompit le roi; faites assavoir à M. de Mayenne qu'il se prépare à batailler, non plus avec des prédicateurs et des Seize, mais en rase campagne, s'il veut que je lui taille des croupières.

» — Sire, dit Zamet, il l'entend de cette sorte ; car l'armée du comte Charles Mansfeld le vient secourir.

» — Vive Dieu ! j'en suis bien aise, fit le roi, et je ne souhaite qu'une bonne occasion d'en venir aux mains le plus tôt possible ; ceux qui aspirent à ma couronne, qu'ils la viennent prendre ; elle est mieux défendue que la Toison d'or de la fable.

» — Monsieur Desportes, dit Zamet, retournez à M. du Maine, porter la réponse et le défi de Sa Majesté ; car je demeure à Paris, et serai plus volontiers négociateur du diable que de la Ligue.

» — Bien, mon ami, s'écria le roi serrant Zamet à beaux bras, je vous tiens présentement et ne vous lâche point. J'ai promis d'aller souper à votre hôtel, et souvent.

» — Sire, ajouta Desportes voyant le succès de tout ceci, les affaires de M. de Villars mon bon seigneur et maître étant terminées par un accord, je me retire tout-à-fait de la Ligue et du parti de M. de Mayenne ; car voici sa chute prochaine, et je ne veux être écrasé dessous les ruines.

» — Vous avez tort, monsieur le poète, dit le roi, il serait plus honorable de rester fidèle au vaincu, comme faisait Caton pour narguer les dieux propices au vainqueur.

» — Sire, dit M. Desportes, je composerai des vers bien limés en l'honneur de votre fortuné triomphe, d'autant que M. Baïf, Durant ou Passerat, ne savent guère emboucher la trompette héroïque.

» — Monsieur, finit le roi, pour ne vous pas prendre au dépourvu, je vous avertis par avance que je n'ai pas une abbaye à octroyer, ni finances chez mon trésorier.

» — Quoi qu'il arrive, continua Desportes, je vous compare à votre prédécesseur Henri III, en vers alexandrins et strophes de six vers. Je m'en vais me mettre à l'œuvre. »

Le roi aurait de bon cœur fait ouvrir toutes les portes à ce poète tenace, qui avait la main tendue à l'aumône, et la verve facile pour chanter le chaud et le froid. Quand il fut dehors avec tous ses sonnets fort beaux à lire en ses OEuvres, Henri réitéra ses tendresses à Zamet, qui larmoyait de joie, disant :

« Sire, c'en est fait, je ne m'entremêle plus aux affaires de la Ligue, et, de ce jour, mon épargne est fermée à Mayenne.

» — Il ne suffit pas, reprit Henri ; mon cher Zamet, ravivez votre joyeuseté quasi défunte par la guerre et les soucis qui en sont la suite ; je fais cas surtout du sel attique.

» — Je n'ai point oublié, repartit Zamet, que ma grosse fortune est dérivée du commerce du sel, et je viderai le sac aux bons mots.

» — Maintenant, Bastien, dis-je, vous ne serez plus neutre, et Sa Majesté profite des pertes que fait M. de Mayenne ; votre amitié n'est pas la moindre. »

Le roi fit une réponse brève et royale à M. le lieutenant-général de la couronne, lui déclarant guerre à mort, et finissant par ces mots : « Monsieur mon cousin, la partie n'étant pas égale, je vous rendrai six points comme au jeu de dés. »

Or d'aventure je ne sais pourquoi, sinon par inspiration céleste, je sortis d'abord, laissant Zamet deviser en bonne étrenne avec Henri, et entrai en un palier secret conduisant par un degré au cabinet du feu roi, où se réunissaient les gentilshommes pour attendre le lever de Sa Mejesté. J'entendis une voix haute et mon nom proféré à plusieurs fois; je m'approchai des montées à bas bruit, et souhaitai en cet instant les cent oreilles de la Renommée.

C'était bien Sancy parlant de ses griefs contre moi à M. de Cheverny, qui évitait de répondre oui ou non, et à M. d'Aubigné, qui décochait de piquantes railleries.

« Par les saintes reliques ! s'écriait Sancy, le roi présent ou aux écoutes, je soutiendrais mon dire, déclarant que madame Gabrielle a fait la folie de son corps. »

Cette vilaine calomnie m'ôta tout courage de démentir clair et net le fourbe Sancy, et quasi pâmée, je m'assis sur le degré pour ouïr la fin de ceci.

« Monsieur de Sancy, repartit en riant

M. d'Aubigné, j'ouvre l'avis qu'il est plus licite de changer d'amour que de religion, ainsi que vous fîtes et ferez sans remords.

» — J'ai souvenance, reprit M. de Cheverny, qu'en 1573, madame Marie Touchet, devant accoucher du comte d'Auvergne, propre fils du roi Charles neuvième, fut semblablement piquée par les plus fins languards de la cour.

» — Monsieur le chancelier, disait Sancy, je tiens la chose du bonhomme Alibour, qui m'assura madame Gabrielle être grosse, bien que de quatre mois le roi n'avait couché avec elle.

» — De l'an 1500 à la présente année 1594, répondit M. de Cheverny, combien de filles et de femmes ont fait pis ! Toutefois madame de Sourdis ne m'a sonné mot de cette conjoncture.

» — M. de Sancy, répliqua d'Aubigné, est si acertainé de ce fait advenu sous les courtines du lit, qu'il jurera tout à l'heure être père de l'enfant à naître. »

Tout-à-coup je fus distraite de mon indignation par un baiser baillé dessus ma main si chaudement que je m'écriai de frayeur, pensant que ce fût le diable, issu exprès du trou d'enfer ; mais j'avisai à deux genoux vis-à-vis le Maheutre, duquel l'aspect m'était si désagréable que j'excitai mes yeux à ne regarder point.

La peur, qui prête aux objets des formes singulières et porte à l'oreille des sons étranges, me persuada que le Maheutre disait d'un accent doux et bénin : « Adieu, madame ! adieu pour toujours ! » Mais, par un effort extrême, rouvrant les yeux à demi, je ne vis plus le Maheutre à mes pieds ni ailleurs, et seulement un gros soupir exhalé là auprès me somma de croire à cette vision, qui fut la dernière où le Maheutre apparut à moi la face encapuchonnée, d'autant qu'il est mort, dit-on, en ce même temps.

Cependant Sancy poursuivait au cabinet d'en haut ses propos diffamants, mon cri n'étant parvenu jusques à lui pour l'avertir de cesser. Je me réconfortai d'une bonne résolution, et au moment que Sancy, outre-passant ses insolences, disait connaître l'auteur de ma grossesse, je me montrai devant ces discoureurs, qui restèrent stupides comme si la foudre les eût touchés.

« Messieurs, dis-je affectant l'air et l'esprit paisibles, que ne m'avez-vous mandée pour savoir mon avis? M. de Sancy, par exemple, est savant en l'art divinatoire.

» — Ma chère dame, reprit hâtivement M. de Cheverny, en cas que vous ayez bien écouté, je suis content que vous sachiez comme quoi je plaide votre cause, vous absente.

» — Madame, repartit d'Aubigné, voici M. de Sancy tout prêt à faire abjuration de ce qu'il disait à cette heure, vous cuidant hors de portée.

» — Monsieur, fis-je un peu rassise, merci Dieu qui m'a montré à nu votre âme perfide! vos calomnies mériteraient prison perpétuelle; mais ce m'est assez de vous retirer toute estime comme toute amitié.

» — Madame, fit Sancy fléchissant le genou et tête baissée, je n'avais pas mauvaise intention, et je m'indignais d'un propos du docteur Alibour.

» — Messieurs, répondis-je, soyez témoins qu'un gentilhomme sait mentir.

» — De même qu'un roi, interrompit ce téméraire d'Aubigné.

» — Au surplus, dis-je, M. de Sancy a inventé un plaisant conte, et il fera bien de le publier pour le divertissement de Sa Majesté. »

Je gardai quelque rancune à M. de Cheverny pour avoir si mal défendu mon honneur; mais après je bornai mon ressentiment à ce scélérat de Sancy, qui souffla ses mensonges dedans l'esprit du roi. J'ai vaincu à grand'peine les embûches de ce pervers.

Peu de jours ensuite parut en grand arroi madame Catherine avec ses gens et sa petite cour, emplissant huit coches et carrosses. Le peuple, qui d'après sa réputation l'aimait moins que rien, disait à son passage :

« En ces voitures sont ses femmes ou ses amants; mais en tous cas ses ministres. »

M. de Soissons ne tarda guère de la rejoindre avec un train magnifique; car nonobstant les promesses de mariage rendues, et rapatriage fait avec M. de Montpensier, l'un et l'autre espéraient en venir à une alliance que le roi redoutait plus que tout. Madame sa sœur ne visait qu'à succéder au trône de France, et si Henri n'avait résisté à se lier les mains par quelque traité, possible est que sa vie eût couru de plus grands périls. Madame Catherine ne pouvant lui nuire, l'a souventesfois blessé en ma personne, et ces deux fils du roi croissant dessous les fleurs-de-lis portent ombrage à son ambition.

Ah, sire! pour ne vous déplaire en rien, je m'efforce de déguiser la haine qui pousse de si profondes racines en mon cœur, mais je le dis, non sans trembler par crainte d'allumer votre courroux, il en arrivera mal à votre mie Gabrielle!

Madame Catherine fut outrée de me voir loger au Louvre, et les paroles malignes qu'elle fit déborder m'offensèrent au point que j'abaissai ma coiffe pour cacher mes larmes de rage.

« Madame, dit-elle, je vous plains d'habiter le château, où n'habitèrent jamais mesdames d'Étampes et de Valentinois, et récemment madame Marie Touchet, aujourd'hui madame d'Entragues.

» — Madame, repris-je, quelle comparaison à faire de moi à ces dames ?

» — Vraiment, je ne sais si en leur jeune âge elles furent plus célèbres en beauté que vous n'êtes ; mais par la grande amitié que j'ai à votre égard, je prierai le roi mon frère de vous acheter un hôtel à Paris.

» — En effet, madame, le Louvre ne sera point à regretter pour ma part si vous y élevez domicile. »

Cette méchante princesse, j'ai honte à le dire, et Henri ne me le dit point, n'eut cesse ni repos jusqu'à ce que Sa Majesté, cédant à ses raisons moins qu'à ses importunités, consentit de me loger hors du Louvre ; ce qu'il fit sous un prétexte quelconque après la naissance de mon petit César, ayant acquis pendant mon absence de Paris l'hôtel de Bouchage, sis rue du Coq, vaste et splendide hôtel que j'ai vendu par suite du parricide de Jean Châtel.

Madame de Sourdis, le ventre gros d'un petit chancelier, était venue de Mantes en la compagnie de M. d'Escoubleau son trois et quatre fois cocu de mari, et avec ma sœur madame de Brancas pareillement en la campagnie de son mari, M. le chevalier d'Oise, lequel était avantagé au traité de son frère, M. de Villars, qui, menant un train de prince, vint aussi prêter serment aux mains du roi.

Ce furent à la cour de pompeuses fêtes, des festins, des bals et de la musique. Je tenais partout le rang de la reine, et j'eusse préféré danser folâtrement plutôt que de trôner en une chaire à coussins, le ventre en bosse, recevant des salutations et Dieu gard' de toute espèce.

M. de Villars, qui savait de mes nouvelles et languissait inconsolé de n'être pas mon ami ou mon époux, me dit d'emblée :

« Madame et belle-sœur, il me semble à présent qu'il eût été d'un amoureux de haut parage tel que je suis de continuer la guerre pour vous rendre ma captive, comme le roi Ménélas fit à l'égard d'Hélène assiégée dans la ville de Troyes.

» — Monsieur mon parent, repris-je, les dames aiment d'ordinaire les braves gens, et si je n'eusse point connu Sa Majesté, la défense de Rouen vous gagnait le cœur et la personne de votre servante.

» — Ah! par le sang des Brancaccio! madame, je désirerais tant seulement avoir fait ce qui est fait par un autre plus digne que moi, et ce ventre rondelet me tiendrait lieu de tous exploits et de toute gloire.

» — Monsieur de Villars, n'y touchez point, je vous prie; ceci est l'œuvre d'un roi.

» — J'en ai juré mes grands dieux, ma belle Gabrielle, faute de vous avoir pour femme, je ne veux point en avoir une autre.

» — Monsieur l'amiral, reprit Périnet présent à ce devis, vous serez marié avec madame la terre, et les vers iront à vos noces tenir banquet. »

Cet oracle mystique et lugubre chagrina M. de Villars, qui, loin d'entrer en grosse colère, suivant sa méthode, regarda fixement l'astrologue, et sortit comme frappé de silence.

M. d'Escoubleau de Sourdis, mon oncle, en ce mois d'avril, réjouit le roi et la cour par ses comiques boutades, et maintefois me somma de rougir tant par ses dits que par ses faits. Il était incessamment pendu au derrière de M. de Cheverny, le courtisant et l'exhortant de bien aimer fidèlement madame ma tante, qui par avarice amuse cette vieille barbe grise. Je ne répèterai pas ce qu'on répandait touchant sa grossesse, dont le chancelier se montrait si orgueilleux.

«Monsieur d'Escoubleau, dit cette double langue de d'Aubigné, à quand madame de Sourdis sera-t-elle à terme?

» — Demandez cela à M. Huraut de Cheverny, répondait le mari; car là-dessus je suis instruit comme vous-même, monsieur.

» — D'Escoubleau, disait le roi, n'êtes-vous

pas joyeux de voir le ventre de madame de Sourdis porter fruit?

» — Comme vous-même, sire.

» — Monsieur d'Escoubleau, disait aussi le chancelier, demeurez céans tandis que je vais à l'hôtel de madame de Sourdis querir de ses nouvelles à ce matin.

» — Monsieur de Cheverny, elle vous attend, et je n'aurais que faire d'y aller; mais n'oubliez de fermer l'huis de la chambre. »

C'était merveille que cette bonhomie conjugale, peu soucieuse des lardons et des enfants à venir, le chancelier aidant. Henri, plus que tous, ébahi de cette impassibilité cuirassée d'airain, remarquait ceci : « Il n'est que de se faire un front qui ne rougit plus; je pensais que les infidélités en mariage n'étaient à dédaigner que de loin; ainsi Margot peut à son aise changer son chaudronnier pour un muletier, et le muletier contre un cordelier; je n'en ai ni la vue ni le bruit, mais d'Escoubleau met les mains à son déshonneur. »

Cependant la réduction de Paris entraînait celle de mainte ville ; c'était à qui des gouverneurs ligueurs se vendrait le plus tôt et le plus chèrement ; Sa Majesté eût vidé les trésors de la reine de Saba, et M. d'O, maugréant contre sa charge de surintendant des finances, contre les vendeurs et contre le roi, criait famine en ces termes :

« Sire, avisez à découvrir quelque mine d'or en France ; autrement nous serons tous réduits à ébûcheter dans les forêts royales pour nous chauffer, et à gueuser de porte en porte pour vivre autrement que de fumée.

» — Mon ami, répondait le roi, encore un ou deux millions à distribuer, et nous songerons aux économies. »

Si le généreux Zamet n'eût prêté sans intérêts plusieurs belles sommes qui doraient les escarcelles des ligueurs, la guerre aurait tiré en longueur autre part qu'en Picardie : les villes de Troyes, d'Agen, de Marmande, de Riom, de Poitiers, et d'autres, furent achetées en la personne de leurs gouverneurs ; mais le comte de Mansfeld menant son armée à Mayenne, dressa le siége de la Capelle, qui, malgré ses fortifications, fut prise avant que secourue. Par représailles, M. de Biron, qui d'amiral fut fait maréchal de France pour satisfaire au traité de M. de Villars, alla investir Laon, la plus forte place de Picardie; et Sa Majesté prévoyant que le siége serait long-temps débattu, me pria d'aller au château de Coucy, peu distant de ladite ville.

« Mon menon, dit-il, je veux voir le premier et de mes yeux ce que vous portez en vos flancs, ainsi que disait mon aïeul à madame d'Albret grosse alors de moi; et en cas que le Seigneur Dieu m'envoie un fils, je célébrerai sa naissance à pleine voix.

» — Sire, dis-je timidement, sera-t-il pas dauphin?

» — Oui de fait, mais ce nom ne lui siéra qu'à nos épousailles; en attendant icelles, je le baptiserai duc de Vendôme. »

A l'heure du départ, pendant que j'admirais un mouchoir richement brodé aux armes de

France et de Navarre, que Zamet m'avait offert en don, je reculai d'un saut comme si une main tâtât mon ventre.

« Par mon saint patron! m'écriai-je, c'est un garçon qui a remué du côté droit.

» — Par le jour qui m'éclaire! repartit le bonhomme Alibour examinant de l'œil et du doigt les apparences de ma grossesse, le petit aura barbe au visage.

» — Bonhomme, venez-vous de Mantes tout exprès pour me flatter de cet heureux présage?

» — Madame, nommez-moi âne, mange-chardon; déclarez-moi plus méchant médecin que La Rivière, si ce n'est un enfant mâle.

» — J'accepte ce bon augure, monsieur Alibour, et sitôt mes couches achevées, je vous manderai l'issue heureuse ou malheureuse.

» — Saint Hippocrate! madame, où donc allez-vous en voyage, au risque de faire périr votre fruit?

» — Dissuadez-vous de telles appréhensions, bonhomme, la route de Paris à Laon est aussi unie que le plancher de cette chambre, et les chevaux de mon carrosse ne prendront le mors aux dents.

» — J'arriverai devant vous, madame, avec mes instruments frais aiguisés et une boîte de drogues, à tout accident.

» — Non, non, monsieur Alibour, gardez de vous éloigner de Paris où les femmes grosses sont plus nombreuses qu'en nul endroit de l'univers; aussi bien êtes-vous habile à deviner qui a fait soit les bras, soit les oreilles, soit les cheveux du petit-né.

» — Par le jour qui nous éclaire! madame, je n'ai point encouru pareil blâme.

» — Certes vous ne répèterez point ici les belles choses que vous avez dites à M. de Sancy à l'égard d'un autre père que le roi.

» — Par Hippocrate! on m'a calomnié, et M. de Sancy n'est pas de mes amis à cause que je l'ai jugé impuissant.

» — En vérité je vous crois trop bon homme pour semer des bruits qui pourraient tourner à votre dam. Adieu, monsieur Alibour; lorsque je serai en mal d'enfant M. La Rivière m'assistera.

» — Par le jour qui m'éclaire! madame, j'en mourrai de vergogne; la faute en soit à La Rivière plutôt qu'à vous !

» — Pourquoi mourir, bonhomme? on ne doute aucunement de votre science; mais à l'instar de la mère du roi, je prétends accoucher sans l'aide du médecin.

» — Dieu vous soit en garde! madame; mais le sort en est jeté; je me résigne de mourir pourvu que l'enfant soit mâle, comme j'ai prédit. »

Je quittai ce pauvre fou qui pleurait me regardant aller, et de fait ce fut son coup de mort; car il se retira en sa maison de Mantes, et tomba malade le jour même que je mis au monde le petit César. Suivant ma promesse, je lui fis savoir cet évènement conforme à son présage; mais un présent d'argenterie que je lui envoyai réjouit moins ce bonhomme que mon heureux enfantement. Les jours suivants il rendit l'âme à Dieu, répétant sans trêve :

« Par le jour qui nous éclaire! La Rivière est un oison pour soigner les femmes grosses! »

Sancy et d'Aubigné osent répandre que j'ai clos la bouche à ce vieillard par un empoisonnement ; mais, par l'ange Gabriel ! si j'étais versée en l'art des poisons, sans crainte des jugements de Dieu et des péchés mortels, j'eusse châtié ces deux imposteurs artisans de méchanceté et d'hérésies. Le bonhomme Alibour ne fut empoisonné que par l'ennui dont je fus cause involontaire.

Le siége de Laon fut mené avec des fortunes diverses; le roi travaillait aux tranchées ainsi que son moindre soldat, et fatiguait tant à marcher tout le long du jour et la nuit souvent, qu'il en eut aux pieds des ampoules et plaies, lesquelles lui refusant tout office de ses jambes, le mirent dedans le lit jusqu'à l'entière guérison. Vers la fin du mois de juin, et non celle du siége, un soir que, sentant mon terme approcher, je me tenais au chevet du roi logé avec moi au château de Coucy, Henri me contait les circonstances de sa venue au jour, et madame d'Albret chantant un air béarnais, et la brebis engendrant un lion, et son vieux grand-père frottant d'ail les lèvres du nouveau-né :

« Ma mie, disait-il, j'ai idée qu'une femme qui chante en mal d'enfant ne fait point un petit pleureur et rechigné.

» — J'estime fort cette manière d'agir, repartis-je, et sans doute votre grand courage provient de votre naissance héroïque.

» — De fait, je ne pleurai ni criai au sortir du ventre maternel, et j'ai goûté du vin avant le lait de ma nourrice.

» — Souvenez-vous, reprit Périnet, de saluer l'enfant du nom de César, afin de lui rendre ce qui lui appartient.

» — Est-il un saint de ce nom au calendrier? demandai-je.

» — Voirement, dit le roi, s'il n'y était, il faudrait l'y mettre; car César est le patron des gens de guerre. »

Cette même nuit les douleurs me prirent si vives, que j'appréhendais que le roi et le médecin arrivassent trop tard.

« Ma chère dame, dit Périnet, qui survint en ma chambre et s'en alla ensuite, efforcez-vous de retarder l'enfantement jusqu'à ce que la disposition des astres soit changée; la destinée du petit César en dépend, bonne ou mauvaise. »

Ce n'était pas chose facile que de vaincre la nature, et toutefois je me contins en des souffrances dignes du purgatoire; la sueur me coulait de partout, et quand de loin j'entendis Henri accourant, oublieux des blessures de ses pieds, je poussai un hélas qui faillit emporter mon âme avec, et sans plus retenir mon fruit en mes entrailles, je chantai à voix haute un couplet de la chanson du roi, lequel couplet commence ainsi :

> Et comme la couronne
> Fut le prix du vainqueur.

Sans doute chantant à ce moment douloureux, je fis plus d'une fausse note, et pour accompagnement les pleurs me coulaient des yeux par fontaine :

« Ventresaintgris ! cria le roi avant que d'entrer applaudissant, voilà qui s'annonce bien, ma belle Gabrielle ; dois-je mettre aussi en tes armes la brebis mère d'un lion ?

» — Sire, répondis-je, je vous donne un digne héritier, et César ressemblera sans faute à Henri

» — Le soleil entre dans la maison du lion ! s'exclama par trois fois Périnet d'un ton si perçant qu'on l'ouït en tout le château. »

Aussitôt je fus délivrée sans assistance. Henri prit en ses bras le petit, moite et souillé, et le baisant au front, reconnut qu'il était mâle :

« César, dit-il comme s'il priait, mon fils chéri, mon premier-né, tu seras mon successeur au trône de France et de Navarre ; Dieu te donne longue vie et règne prospère !

» — Sire, repris-je émue de joie, suis-je pas maintenant votre légitime épouse ?

» — Mon amie, vous avez ma parole ; mais d'abord soyez marquise de Monceaux. »

Ayant dit, le roi, pour accomplir les cérémonies usitées à sa naissance, porta le petit

César en sa chambre, lui frotta d'ail les lèvres et la langue, puis versa quelques gouttes de vin d'Arbois en sa bouchette.

Sur ce entra doctoralement La Rivière, qui, me voyant si calme, dit cet oracle :

« Madame, patientez jusqu'à demain; je ne puis rien tant que le mal d'enfant ne commencera.

» — Monsieur, répondis-je, la chose est faite; un roi de France vous est né. *Alleluia.* »

Alors revenait Henri avec son petit fillot, fort brave de taire ses vagissements. Mesdames de Sourdis et de Brancas étaient non moins ébahies que le docteur.

« Madame la marquise de Monceaux, dit le roi, la naissance de César sera publiée au bruit des canons et des trompettes; c'est jour de réjouissance en mes États.

» — Il faut pleurer d'un œil et rire de l'autre, dit Périnet; habits de fête et habits de deuil, baptême et enterrement! »

CHAPITRE VII.

Visites à l'accouchée. — Les sœurs jalouses. — Le frère courtisan. — Les deux sacres. — Les absents ont tort. — Le deuil. — Mort du marquis de Cœuvres. — L'homme de guerre et l'homme d'église.— Le père de famille. — L'évêché et le bâton de maréchal de France. Changement d'état. — Perte réparée. — Soupçons du roi. — Bellegarde et le petit César. — La calomnie. — Les serments. — Moyen de justification. — Tout vient à point à qui veut attendre. — Mort du cardinal de Bourbon. — Sa maladie. — Charité chrétienne. — Récit de maître Guillaume. — Les médecins. — Mieux vaut goujat debout qu'empereur enterré. — Les collatéraux. — Le lit de mort d'un cardinal prince du sang. — La couronne et le chapeau. — Épitaphe. — Les vers. — Police de Paris. — Prise de Laon. — Quatrain. — Équivoques. — La cour à Saint-Germain. — Entrée solennelle à Paris. — Gabrielle en litière. — Richesse de son costume. — Le roi et ses gentilshommes. — Mesdames de Montpensier et de Nemours spectatrices malgré elles. — Revers de fortune. — L'hôtel de Bouchage. — L'appartement du Louvre. — *Hôtel d'Estrées*. — La chambre de Gabrielle. — Signes astrologiques. — Souhaits étranges. — La maison de Jean Châtel, drapier. — Le jeu de paume de la Sphère. — La partie du roi et de M. d'O. — Revanche. — Le nacquet insolent et battu. — Le voleur impuni. — Usage de l'argent. — L'héritage de M. d'O. — La chasse et les cerfs. — Principaux faits. — Constance de la douleur physique. — La fièvre. — Collo. — L'assassin de soi-même. — Henri IV et Gabrielle à l'hôtel d'O. — Dernières consolations et dernières paro-

DE GABRIELLE D'ESTRÉES. 359

les. — Ce que c'est que l'homme.— Le père des pauvres et la mort des tailles. — La langue de Crillon. — Les comptes de M. d'O. — Le conseil des finances. — A quoi servent les prières.

Le mauvais présage de Périnet s'en vint troubler la joie de mes relevailles.

M. d'Estrées mon père me sachant accouchée d'un gentil fils, quitta Cœuvres malgré sa goutte et ses soucis de toute sorte, et se rendit au château de Coucy où j'étais, avec mes deux sœurs Diane et Françoise. Celles-ci se montrèrent jalouses de mes honneurs, et requirent un mari de ma main, tant elles avaient peur de mourir filles, chose honteuse de soi.

« Madame ma sœur, disait la superbe Diane, vous n'aviez que faire d'un nouveau-né, car ce fils de roi n'est qu'à demi légitime.

» — Ma sœur, repartis-je malignement, quant au nouveau-né, vous savez ce qu'il en coûte (1), M. d'Epernon vous l'a appris, et je

---

(1) Nouvelle allusion sans doute à la fille naturelle que Diane d'Estrées avait eue de M. d'Épernon. En ce temps-là les bâtards étaient fort communs. (*Note de l'Éditeur.*)

désire que vous preniez un époux qui s'en accommode; mais de plus légitime que mon fils, il n'en est pas en la famille royale, et le duc de Vendôme aura bon air dessous une couronne.

» —Oui-dà, reprit Françoise, notre père, qui sait le train des choses, craint que le parlement retienne le duché de Vendôme comme inaliénable.

» — Voudrait-on dire que je ne suis pas bel et bien marquise de Monceaux?

» — Certes, madame la marquise, s'écria Diane, vous avez là un beau château non loin de Meaux, si toutefois il est bâti présentement.

» — Mes sœurs, dis-je, pour vos péchés vous me verrez sacrer reine de France. »

Mon frère Annibal, évêque de Noyon, s'empressa en bon courtisan de me venir visiter, et apporta pour sa bienvenue des ornements royaux enrichis d'or, d'argent et de pierres précieuses, à l'usage de mon petit César, jà souriant et épanoui, contre l'habitude de ceux de même âge.

« Mon frère, dis-je en remerciements, j'aurai soin que le petit se souvienne que vous l'avez sacré et couronné avant l'archevêque de Reims. »

Mais j'étais grandement étonnée que M. de Cœuvres notre aîné, qui faisait le siége de Laon, ne parût en tout ceci. Je me doutais que sa grosse fierté tenait rancune à ma progéniture, comptant pour rien le glorieux sang du père. Or souvent je jetais des plaintes de ne le voir pas, n'ayant garde d'excuser cet abandon, d'autant que Coucy n'était guère distant de la ville.

Les larmes ne firent écouler mes reproches, et j'en parlais en des termes fort tendres sans que personne inventât une raison à cette absence ; au contraire chacun se taisait là-dessus, et mon père, de même que le roi, évada de répondre à mes questions réitérées.

Finalement, le temps des couches passé, M. d'Estrées s'offrit à moi en la compagnie de mon frère Annibal, tous deux portant le deuil et un visage tout contristé.

« Par mon saint patron ! m'écriai-je, qui est-ce qui est défunt ou défunte ?

» — Madame, reprit Annibal, pleurez et priez pour l'âme de feu notre frère, de son vivant marquis de Cœuvres et officier du roi.

» — Seigneur Dieu ! dis-je tout en pleurs, la mort serait-elle entrée en notre maison ?

» — Pauvre vieillard inutile, criait M. d'Estrées se battant la poitrine, as-tu pas trop vécu pour voir ce malheur irréparable, et ton antique noblesse détruite en ses espérances !

» — Hélas, interrompis-je, comment cette grosse perte ? le marquis de Cœuvres est-il vraiment ravi à ses parents et amis ?

» — Sainte Astrée ! repartit monsieur mon père continuant ses regrets, maudit soit Laon, où il fut blessé à mort au milieu de ses faits héroïques ! maudit l'arquebusier qui a fait de ce brave jeune homme une proie aux vers du sépulcre.

» — Ayez courage et foi en Dieu, dit Annibal, et ne vous laissez aller à une douleur stérile ; exaltez votre âme à la patience par ces paroles évangéliques : Seigneur, votre volonté soit faite !

» — Il sied bien à vous, homme d'église, d'appeler prières et évangile en consolation des maux les plus extrêmes ; mais je perds cent fois plus que vous en cette occurrence fatale. Je perds le chef et le nom de ma race, la plus noble de France.

» — En tout, il faut considérer le meilleur côté ; donc si d'une part s'éteint la famille d'Estrées en la personne de feu mon frère, d'autre part il est issu de ma sœur Gabrielle un royal rejeton de Bourbon.

» — Ah ! qui me rendra pour tout prix mon digne marquis de Cœuvres, mort de ses grandes blessures !

» — Mon second père, dit le roi entrant à ces derniers mots, je m'unis d'âme à cette affection paternelle qu'a suscitée le trépas de feu François-Louis, marquis de Cœuvres, et je donnerais volontiers du meilleur de mon sang pour racheter sa vie, ce que n'a pu faire la médecine.

» — Sire, reprit M. d'Estrées, je voudrais être mort dès long-temps plutôt que de souffrir ces angoisses mortelles; mon aîné, mon fils unique, mon héritier et successeur, vous en avez privé mes cheveux blancs.

» — En ce désastre, dit Henri, je ne saurais vous bailler qu'un avis pour la conservation de votre ancienne noblesse. Il est urgent que, par dispense du pape, M. Annibal délaisse les ordres et son évêché pour se marier et continuer la branche d'Estrées, de Cœuvres et de Valieu.

» — Par ma crosse! sire, se récria M. Annibal, suis-je élevé au métier des armes et de la politique? D'ailleurs voulez-vous que je devienne un objet de risée ainsi que M. frère ange de Bouchage?

» — L'avis du roi est le seul réparateur du mal, interrompit M. d'Estrées, et mieux vaut un bon capitaine que six mauvais évêques.

» — Certainement, repris-je, M. Annibal a forcé ses goûts, mœurs et vocation, pour suivre la carrière ecclésiastique, et je le sais plus attaché à la cour qu'à l'église.

» — Pour Dieu ! ma sœur, reprit Annibal rougissant, à vous ouïr, je serais méchant prêtre, et n'en veux rien rabattre; mais attendrai-je qu'on me rende en paradis mon évêché de Noyon et ma charge d'aumônier de Sa Majesté?

» — Mon cher fils, répondit M. d'Estrées, l'église de Jésus-Christ a foison de prélats pour la défendre, et moi je suis sans enfant pour perpétuer ma maison.

» — Annibal, dit le roi, vous avez nom à l'instar d'un fameux général carthaginois, et le siége de Noyon a démontré que vous pouviez faire figure aux canons de l'ennemi mieux qu'aux canons de l'église; c'est pourquoi je vous promets le bâton de maréchal de France avant peu, en cas que vous le vouliez gagner

» — A ce prix, sire, arrière crosse et mitre ! vite un cheval et des armes ! je veux combattre sous vos yeux, m'animant de votre exemple.

» — Saint Antoine ! s'écria M. d'Estrées, viens çà que je t'embrasse, mon digne fils; mes larmes sont taries à leur source, et voici que mon premier-né est ressuscité en toi.

» — Mon frère, dis-je, aussi bien en demeurant évêque vous ne seriez point béatifié en cour de Rome ! »

Sitôt dit, sitôt fait, M. Annibal d'Estrées devint marquis de Cœuvres, et rendit au roi l'évêché de Noyon en échange d'une promesse qui aura son effet à la première promotion de maréchaux de France. Ainsi fut remplacé feu mon frère François-Louis d'Estrées. Mais si M. Annibal n'est aussi bon capitaine que le défunt, il sera le plus habile ambassadeur que je sache. Henri se propose de l'employer à l'étranger et l'a dénommé *évêque des belles paroles*.

Le roi, rétabli de ses ampoules aux pieds, s'en allait souvent à son camp devant Laon, et toujours il revenait plus morose et inquiet. Mes questions pour savoir la cause de ses chagrins secrets n'obtenaient que des réponses confuses et couvertes ; il regardait de plus mauvais œil son petit César, qui aux bras de sa nourrice souriait à son père comme s'il l'eût connu. J'appréhendai d'abord que madame Catherine par ses lettres eût contre ma lignée révolté la tendresse du roi ; mais une certaine fois que Sa Majesté, de retour de la tranchée, avait les yeux gros et humides d'avoir pleuré :

« Sire, dis-je, c'est trop pâtir de vos ennuis cachés ; j'ai droit au partage, et ce serait preuve que vous m'aimez moindrement, si je ne sers point à votre allégeance.

» — Gabrielle, repartit-il d'une voix à l'étouffée, je ne puis croire sans voir ; mais aussi je crois ce que je vois.

» — Sire, qu'est-donc que vous avez vu ?

» — M. de Bellegarde qui s'en est venu vous visiter en couches.

» — Voirement, sire, le beau mystère! M. de Bellegarde, en fin courtisan, a rempli son devoir envers vous et moi.

» — Telle est la source de mes sourcis, pleurs, désespoir et envie de mourir ; car il appert de ce fait et d'autres plus griefs, que monsieur mon grand-écuyer, par une insigne félonie, a persévéré en ses amours jusqu'à la naissance de celui qui n'est point mon fils.

» — Par mon saint patron! sire, vous errez! cessez par grâce ce méchant propos, horrible en votre bouche.

» — Oui, madame, la vérité m'est venue en l'esprit, et je renie César pour mon sang.

» — Sire, sire! quel pervers ennemi de l'un et de l'autre a jeté cette pomme de discorde? tuez-moi plutôt de votre épée qu'avec ces injustes soupçons. »

Ce disant, je tombai pamée à l'envers et demeurai long-temps évanouie sans souffle ni mouvement. Le roi, ému de pitié, ne quitta pas que je n'eusse repris le sentiment, et sans appeler du monde, fit auprès de moi l'office de médecin.

« Madame, dit-il me voyant remise un peu, oubliez les paroles amères issues de ma bouche sans mauvaise intention.

» — Ah! sire, les oublierez-vous pareillement? Mais étant innocente, je veux être tenue pour telle.

» — Faites-moi serment que vous n'eûtes

depuis votre brouille aucun rapport charnel avec M. de Bellegarde?

» — Sire, je le jure à genoux vis-à-vis Dieu, et vous témoin! je le jure par mon saint patron et gardien l'ange Gabriel!

» — Ma mie, après ce serment ouï, j'aurais tort de vous croire parjure; mais dorénavant je n'aurai foi qu'en votre avis.

» — Dites-moi, sire, l'imposteur qui a souillé vos oreilles de ces mensonges; dites, que vous présent j'ôte le masque à sa perfidie.

» — J'ai promis, mon menon, de ne révéler à quiconque l'auteur de ces imprudentes paroles.

» — Non, sire, il importe que mon honneur soit lavé de toute tache, et je veux être accusée de foi mentie, si je ne réussis à prouver clair comme le jour à son midi la fausseté manifeste de ces avertissements.

» — Non, ma mie, je tiendrai ma promesse de ne révéler point celui-là qui s'autorise du docteur Alibour, mort ces jours derniers, et partant de nul témoignage.

» — Sainte Vierge ! c'est M. de Sancy !

» — Mon menon, quel qu'il soit, je ne puis le nommer sans me parjurer.

» — Ah! sire, vous méritez une rude semonce pour avoir cru de léger si graves calomnies.

» — Il est un moyen de nous rendre contents tous les deux, avec une ferme assurance du vrai ou du faux.

» — Ce moyen me semblera bon s'il fait éclater mon innocence et foule aux pieds l'insolence des traîtres.

» — Certes, ma mie, il s'agit d'attendre une année environ, jusqu'à la légitimation de mon fils César.

» —Sire, vous me navrez au fin fond de l'âme par un retardement qui tournera malgré tout à ma honte.

» — Ventresaintgris ! ma belle marquise de Monceaux, je vous donne ma foi de gentilhomme que ce temps d'épreuve passé, le petit César sera duc de Vendôme, ce qui rendra camus bien des gens.

» — Votre volonté soit faite après celle de Dieu, sire, et quand il vous plaira de tenir une autre promesse concernant votre divorce avec la reine Marguerite, je suis prête à vous dire un grand merci.

» — Ma mie, vous seule êtes ma véritable épouse, et l'autre fut ma concubine; laissez le pape reconnaître d'abord ma royauté et mon abjuration, puis l'affaire du divorce ira comme de cire en cour de Rome.

» — Sire, quoi que vous disiez, je n'excuserai point M. de Sancy, coupable d'une telle malignité, et je lui nuirai de tout mon pouvoir et de bon cœur.

» — Ainsi, ma belle Gabrielle, vous voilà prévenue de veiller à votre conduite durant l'année, et je vous supplie de ne point me faire haïr notre César, que j'aime déjà tout plein.

» — Vous, sire, engardez-vous des langues venimeuses, et croyez de préférence la grande tendresse que je vous porte.

» — Vive Dieu! ma mie, vous m'avez convaincu de votre fidélité; et encore que vous me tromperiez, je prie Dieu de n'être point éclairé pour mon repos. Ah! mon cher petit César, j'ai désir de penser que tu me ressembleras de cœur plutôt que de visage, sinon de point en point.

» — Sire, je ne redoute que madame votre sœur, qui a tous les vices pour nuire au prochain, et sa méchanceté contre moi recourra volontiers aux mensonges les plus noirs.

» — Ma mie, tâchez d'aimer ma sœur ou faites-en le semblant : je vous en saurai d'autant plus de gré qu'il vous en coûtera davantage.

» — Sire, vous êtes mon maître dessus la terre comme Dieu au ciel, et vos ordres me seront toujours agréables. »

En suite de cette explication, plus violente que je n'ai dit, je fus par plusieurs affermie en mon idée, que M. de Sancy avait machiné ces calomnies, et ma rancune fut poussée à l'extrême. Je n'ai point travaillé à le chasser de la cour, ce qui fut entre mes mains ; mais je n'omis une occasion de le maltraiter ; si bien que notre haine mutuelle s'accrut au point où elle est aujourd'hui.

Le roi au reste tint sa parole donnée ; avant que l'an ne fût consommé, il légitima son petit César au su de tous. Je suis impatiente d'achever le divorce promis non moins solennellement.

Ce pendant que le siége de Laon semblait ne devoir jamais finir, arriva la nouvelle de la mort du cardinal de Bourbon, et en même temps maître Guillaume, qui l'assista jusqu'au dernier soupir pour tirer sa part du butin.

Le cardinal, qui possédait tant de revenus et de bénéfices, était d'un esprit sage, poli et élégant ; mais certains flatteurs le poussèrent à être chef du tiers-parti, et ayant allumé son ambition démesurée, mirent la mort en son sein ; car ses intrigues échouant, il fut pris d'une grosse tristesse, et s'en alla s'amaigrissant ; puis entra dedans son lit pour ne s'en plus relever. Quoique moribond, deux mois avant sa mort il s'occupait de menées obscures, tellement qu'il s'érigea défenseur de la compagnie de Jésus, qui était en procès avec l'université. M. de Rosny, qui fut dépêché à Paris avec des instructions secrètes, le trouva exténué de maladie, et s'en revint dire au roi qu'il était temps d'ordonner le tombeau du cardinal.

« Mon ami, répondit le roi, je pourrais guérir mon cousin de Bourbon en lui cédant mon trône ; mais ce remède à ses maux serait trop à mon désavantage, et la charité la plus chrétienne, à moins d'être saint, ne va pas jusqu'à se mettre nu pour vêtir les autres. »

Toutefois ce bon roi ne se montra pas joyeux d'être délivré d'un ennemi si dangereux, et maître Guillaume, qui s'était fait payer comptant chacun de ses bons mots, eut bel à faire pour faire éclore les ris des larmes.

« Sire, conta-t-il avec mainte gentillesse, vie de soudard, pain dur et vin gâté ; vie de cardinal, c'est un régal. Je vous certifie que j'ai gagné en graisse, et ma bourse en monnaie sonnante, plus en trois mois qu'ailleurs en cent ans; mais le démon a permis que feu monseigneur de Bourbon fût atteint d'un mal intérieur : en goutte, médecin ne voit goutte ; et dix-sept médecins qui le soignèrent eurent faute de science et non de drogues.

« Monsieur le cardinal, disais-je hardiment, désistez-vous de rester au lit, de peur de rêver trop d'être roi, car ce souci vous mène droit à la fosse. Soyez cardinal, et pape si vous pouvez; riez, chantez, dansez, faites bombance, et foin des médecins, nargue des apothicaires ! Mieux vaut goujat dessus terre que monarque dedans. »

« Ces braves raisons ne le persuadèrent qu'à demi; car sa maladie empirant, la faculté déclara que mort devait s'ensuivre. M. Jean Duret de Chevry, premier médecin dudit cardinal, proposa de prudents conseils qui ne furent seulement écoutés ; car, dit-on,

Trente moines et un abbé
Ne feraient manger un âne contre son gré.

» M. de Bourbon ne mangea point, mais fut huit jours pleins en agonie, criant : Vive le roi ! comme pour se faire honneur.

» Lors parents, amis et domestiques, voyant tout salut désespéré, se répandirent à la curée dans l'hôtel de l'abbaye Saint-Germain-des-Prés, pillant comme voleurs de nuit. Les gens de loi, quelque diligents qu'ils fussent, ne dressèrent l'inventaire qu'après que la maison fut nette de la cave au grenier. Qui fait conscience de cracher à l'église fait pis derrière l'autel.

» Je courus, à l'exemple des plus grands seigneurs, pour choisir quelque chose en ce pillage ; mais j'arrivai des derniers, et ne trouvai ni meubles ni rien à emporter, voire les outils de cuisine étant déménagés, sauf un vieux couteau rouillé, attaché à une chaîne, sans quoi n'y fût-il pas demeuré.

» Je m'en allai en la chambre du cardinal, qui gisait seul, demandant de l'eau pour boire aux échos ; mais je fus bien empêché, ne trouvant tasse ni verre par tout l'hôtel ; j'empruntai à une vieille des environs un pot de grès mi cassé, et l'ayant empli au puits prochain, je retournai l'offrir au pauvre agonisant, qui tendit la main vers cette chétive boisson sans la saisir ; car il retomba dessus l'oreiller, remua la tête en adieu, et trépassa.

» Ce digne cardinal était homme de précaution : voyant commencer le sac de sa maison, il cacha dessous ses draps son chapeau de cardinal et une espèce de petite couronne qu'il était accoutumé de porter par fantaisie singulière. Je vous les rends, sire, ces reliques d'un bon prince qui n'a que faire en paradis des biens d'ici-bas : riche assez qui Dieu aime, et le diadème des élus est fait de sorte que la mort n'y mord. »

Le roi récompensa maître Guillaume de n'avoir point vendu à l'orfèvre ladite couronne, qui était d'or pur, et le nomma *son cardinal*, à cause que feu M. de Bourbon l'avait instruit en dévotion.

Le secrétaire Nicolas, qui enviait le bouffon autant qu'il en était envié, rima cette épitaphe du cardinal de Bourbon-Vendôme, vraie plus qu'honnête :

> Les Durets et maître Guillaume
> Ont perdu leur maître à ce coup ;
> C'est à eux de dire un sept psaume,
> La France ne perd pas beaucoup.

« Marotte ! repartit Guillaume en oyant ce quatrain, en cette mort comme en mille, les vers ont de quoi paître. »

Le roi ne pouvait sans risque s'absenter plus longuement de Paris, où renaissaient les troubles et factions. Mesdames de Nemours, de Guise et de Montpensier étaient venues à lui prêter serment de fidélité ; mais l'esprit de ces dames n'avait quitté la ville, où s'aiguisaient les poignards des moines.

M. d'O, nonobstant ses débauches et ses souffrances de vessie, faisait une police sévère : il donna congé à un bourgeois qui avait baptisé son chien Henri de Bourbon, à un jésuite qui avait un portrait du roi ceint de serpents et de bêtes immondes, à des prédicateurs insolents, à maint ligueur puant le crime.

D'autre part, madame Catherine, qui tenait le prêche au beau milieu du Louvre, soulevait des murmures parmi le petit peuple. En ce temps finit bien à propos le siége de Laon, après des fortunes diverses, des morts et des blessés, et la perte de M. Anglure de Givry, excellent capitaine.

Le secrétaire Nicolas, qui parlait en rimes comme un autre en prose, me fit hommage de ce quatrain rencontré sur le nom de la ville réduite :

> Le roi Numa par sa prudence
> Composa l'*an* de douze mois,
> Mais notre roi par sa vaillance
> L'a su réduire à moins de trois.

Guillaume voulut en moins de mots outrepasser cette équivoque, et dit au roi :

> Il ne faut être *lent*
> Pour prendre *Laon*
> Avant la fin de l'*an*.

Mais l'avantage demeura du côté du secrétaire.

La prise de ladite ville amena la réduction d'Amiens et l'amoindrissement de la Ligue, si ce n'est que le cardinal de Gondi n'avançait guère les affaires de Sa Majesté auprès du pape Clément VIII, qui prétendait ruiner la France.

La cour fut plantée à Saint-Germain-en-Laye jusqu'à l'entrée solennelle du roi à Paris, laquelle fut réglée par M. d'O avec une magnificence merveilleuse. Pour intimider les plus rebelles, on avait fait une recherche exacte et punition exemplaire des assassins du président Brisson et des conseillers Tardif et Larcher. Les conquêtes du roi et les belles fêtes données par le gouverneur aux dames et aux demoiselles de Paris ayant contenté tous les esprits, l'entrée fut fixée pour le quinzième de septembre, et eut lieu aux flambeaux entre sept et huit heures du soir. Ce fut un triomphant spectacle, et je ne répéterai l'ordre des cérémonies qui furent gardées, selon la relation imprimée.

Les garnisons de Mantes et de Saint-Denis, les archers de la ville, furent à notre rencontre; le parlement s'en alla en robes rouges à Notre-

Dame pour nous attendre au *Te Deum* qui devait être chanté en musique.

Le roi ne voulut permettre que je chevauchasse à côté de lui ; mais il fit marcher au devant ma litière, sous la conduite de M. de Longueville, qui depuis mes couches faites s'était par mon entremise élevé haut en la faveur du roi.

Je savais que la parure et les beaux atours plaisent singulièrement aux badauds de Paris et aux marchands, qui n'ont d'yeux que pour leur commerce. Donc j'avais fait la montre de mes plus riches perles, pierreries et diamants, qui reluisaient à offusquer la lueur des flambeaux, et j'entendis plus d'un s'écrier : « Voici la reine en personne ! »

J'étais vêtue, à cause de mon deuil, d'une robe de satin noir toute houppée de blanc, et en ma litière découverte je montrais un port superbe ; ce qui fit dire aux femmes et filles de bourgeois : « Les reines et princesses sont faites autrement que nous ne sommes, plus blanches de teint et plus belles de toute leur personne. »

Suivait Sa Majesté montée sur un cheval gris pommelé, habillée de velours gris chamarré de dorure, avec un chapeau gris de même et un blanc panache. Il avait incessamment le chapeau au poing, saluant par-ci par-là les dames aux fenêtres, et plus volontiers les plus jolies, et souriant à chaque cri de Vive le roi.

Bon nombre de cavalerie, pour complaire à ma prière, engardait la personne sacrée contre l'approche d'aucun ; et deux cordeliers ayant tenté de percer jusqu'au roi, furent envoyés en prison.

Henri était mieux défendu encore par sa nombreuse et brillante noblesse, qui le pressait de toutes parts. A ce moment, il dit tout haut : « Mes enfants, pourquoi cette presse autour de moi ? Ce n'est pas jour de combat, ce me semble. »

Passant dessus le pont Notre-Dame, j'avisai en leurs carrosses mesdames de Nemours et de Montpensier ne pouvant aller en avant ou en arrière, tant la foule était immense à cet endroit ; et par ainsi condamnées de paraître à l'entrée du roi, elles se cachaient de leur mieux, la face rouge et confuse.

M. de Longueville s'enquit auprès d'un échevin si ces fières ligueuses étaient présentes de bon gré; mais il sut que, voulant se retirer en un coin écarté le temps des cérémonies, ces dames furent arrêtées audit pont de Notre-Dame par les corps de la ville allant au-devant de Sa Majesté; puis les gens du peuple s'amassant dessus le pont leur fermèrent tout passage à la retraite.

J'avoue que l'embarras de ces tueuses de rois m'excita de rire ouvertement, et je fus réjouie de voir que pas un ne les saluât, sinon le secrétaire Nicolas, qui mit la main à son chapeau; les autres les regardaient au nez sans faire semblant de les connaître.

Le roi me conduisit à l'hôtel de Bouchage dont il me fit don en ces termes : « Madame la marquise, acceptez de ma main le présent domicile en attendant que votre appartement soit prêt au Louvre. »

En vérité, les honneurs de l'entrée semblaient à moi seule destinés. J'admirai ce grand et bel hôtel superbement bâti, et décoré au dedans de sculptures, peintures et dorures. Tout ceci m'appartenait sans coût, et serait ma maison de ville, comme celle de plaisance était mon château de Monceaux.

« Ah, sire! dis-je émue de joie, je vous sais gré d'avoir élu mon domicile si près du Louvre.

» — Ma mie, j'espère avant qu'il soit long-temps rapprocher cette distance. En attendant, comment nommer votre hôtel, qui n'est plus celui de Bouchage?

» — Sire, je vous prie de permettre que je l'intitule hôtel d'Estrées, pour complaire à monsieur mon père; aussi bien ce nom figurera honorablement dessus le frontispice.

» — Cette chambre, de laquelle les meubles sont à mes armes, vous fut destinée, ma chère belle, et je m'y donne rendez-vous à toute heure du jour et de la nuit dorénavant.

» — Çà, Périnet, mon fils, quels signes avez-vous tracés dessus le plancher?

Or Périnet, qui nous suivait tacitement par toutes les salles, s'arrêta en ma chambre, et, à genoux, d'un charbon dessinait curieusement des lignes, des figures et des chiffres; mais considérant sa tâche, soupirait et se plaignait.

« Sire, dit-il en sanglotant, que si j'étais Votre Majesté, j'ordonnerais de jeter bas ce somptueux hôtel.

» — Ventresaintgris! messire astrologue, invente l'art de faire de l'or, et me l'enseigne, pour que je paie l'architecte et le maçon.

» — Vraiment, Périnet, repartis-je, l'hôtel de Bouchage fait l'étonnement des étrangers, et à moins d'être fée, on ne trouverait pas le moyen de le refaire plus magnifique.

» — Moi, je souhaiterais qu'il n'en restât point pierre sur pierre, et que le lieu où il est fût un gouffre sans fond.

» — En effet, conclut le roi, je suis du même avis que Périnet; cette demeure est bien chétive en comparaison de votre beauté.

» — Sire, s'écria Perinet en extase, gardez-vous de la fin de l'an ! »

Cet avertissement fut compté pour rien, de même qu'un autre plus remarquable visant au même objet; car passant en carrosse avec Périnet devant la principale porte du Palais, mon astrologue dit tout-à-coup, de l'index me montrant une boutique sise en face :

« Madame, voyez-vous pas ce couteau hors de sa gaîne ?

» — Non, fis-je étonnée, mais l'enseigne de Jean Châtel, drapier.

» — Si j'étais roi régnant, je n'attendrais guère pour faire raser cette maison et semer du sel en la place labourée.

» — Périnet, mon ami, vous n'êtes pas en votre bon sens rassis, et, comme on dit, vous avez moult de lunes dedans la tête. »

Le mois de décembre suivant prouva que Périnet était moins fou qu'il semblait. Désormais je le croirai, annoncât-il la fin du monde.

La vie que menait le roi à Paris était fort

occupée par le jeu de cartes et le jeu de paume. Un certain jour qu'il jouait dans le jeu de la Sphère, contre M. d'O, trop habile courtisan pour avouer ses souffrances aiguës, je les allai voir jouer, Périnet m'accompagnant.

Je trouvai Henri tout en chemise, encore était-elle déchirée par le dos, et portant des chausses grises à jambes de chien, ce qui faisait un accoutrement peu royal. Il suait à grosses gouttes de lassitude, et jurait Dieu et diable parcequ'il perdait ses écus, fort apprivoisés à la poche de son surintendant des finances.

Ce pauvre d'O était si pâle et si débile, que j'avais pitié de le voir tenir la raquette, et lorsqu'une partie finie et gagnée malgré lui, il méditait la retraite pour se mettre au lit, le roi le retenait au jeu, disant : « Baillez-moi ma revanche, monsieur d'O, pour divertir madame la marquise de Monceaux. »

C'était avec une piteuse mine que M. d'O, s'efforçant, recommençait le jeu, et souventes fois envoyant l'éteuf, il envoyait à la fois un petit cri de cuisante douleur. Les sommes qu'il gagnait ainsi étaient mises sans compter en son chapeau par terre.

Mais auprès, un nacquet sous la galerie ayant dit à son compère: « M. d'O a l'âme et le corps également gâtés de toute sorte de vilenies! » M. d'O, qui ouït ce propos railleur, oublia sa fatigue et ses peines pour répondre à grands coups de raquette, tellement que le petit nacquet s'enfuit, criant merci, et que le roi en colère vint au secours du battu.

« Monsieur, dit-il mécontent de ses pertes, n'est-ce point assez de me battre à la paume, moi qui suis le roi de France, sans pousser cet enfant comme la balle?

» — Sire, reprit M. d'O s'asseyant pour reprendre haleine, n'est-ce point assez que ce mitouard me dérobe mon gain sans me piquer de ses injures? »

De fait, ledit nacquet avait mis à vide le chapeau, et le roi, riant du larcin, défendit qu'on poursuivît le larron.

«Monsieur le gouverneur, dit Périnet, vous

n'avez aucunement besoin de cet argent, qui n'a cours que dessus cette terre.

» — Oui bien, reprit M. d'O, de triste devenu gai, mais voilà de quoi acheter des messes pour le salut de mon âme.

» — Un si vrai catholique que vous êtes, dit le roi, a toujours force indulgences en réserve.

» — Sire, repartit-il ; le mal de la pierre me cause de si effroyables tortures, que je me ferai tailler.

» — C'est justice, répondit Sancy là présent, que pour avoir si bien taillé les autres, vous le soyez à votre tour.

» — Monsieur de Sancy, répliqua d'O, voulez-vous accepter mon héritage de dettes ?

» — Non, dit impudemment Sancy, je veux votre surintendance des finances, et j'ai la promesse de Sa Majesté. »

L'air dont je le regardai le décontenança tout à plat.

Le roi, plus amoureux de la chasse que le beau chasseur Adonis, allait courre le cerf aux environs, et m'écrivait les exploits de la journée, à savoir : « Mon menon, j'ai pris un cerf, ou bien deux. » La chasse, dont le roi Charles neuvième a écrit un beau traité, est un délassement digne des princes.

Les principaux faits qui marquèrent les mois de septembre et d'octobre furent, s'il m'en souvient, la mort de M. Louis Revol, secrétaire d'État, et la déclaration de M. de Villeroi en sa place; la réception de M. Turenne de Bouillon maréchal de France, sans tirer à conséquence, fut-il dit, à cause de sa religion, et le trépas angoisseux de M. d'O, seigneur de Frènes et de Maillebois, chevalier des ordres du roi, surintendant des finances, et gouverneur de Paris et de l'Île-de-France. J'ai grandement regretté ce fidèle ami.

Il se sentait vexé d'insupportables douleurs qui lui faisaient jeter des pleurs, cris et soupirs. « Ah, mon Dieu ! disait-il à voix haute, notre Seigneur Jésus-Christ au mont des Oliviers et dessus la croix a-t-il souffert tant que je souffre ? Je souhaiterais être le plus misérable portefaix ou le plus vil faquin qui soit aux Innocents de Paris, plutôt que d'être travaillé et martyrisé si cruellement. Bellegarde, mon fils, mon mignon, d'un bon coup de ta lame envoie mon corps au cimetière, et mon âme à cinq cents millions de diables ! »

Ceux qui le virent en ce piteux état retournèrent convertis, louant Dieu et le sollicitant de ne tomber pas au précipice des tourments et ennuis. Enfin M. d'O, par un délibéré courage, ayant tenu conseil avec Bellegarde tout malade de ses maux, fut taillé par Collo, expert en chirurgie, mais si avaricieux que les trésoriers lui ouvrirent leur bourse afin qu'il pansât soigneusement M. d'C, lequel était leur père à tous.

Toutefois la médecine eut le dessous, et le mal triompha. Ce pendant que M. d'O, sa plaie mi-close, espérait guérison, il apprit que vingt ou trente sergents étaient en sa maison comme s'il fût déjà trépassé, et la fureur qu'il en eut corrompit tout son sang. M. de Bellegarde, pour le rendre content et l'empêcher de sortir du lit hors, tira l'épée et fit le logis net de sergents; mais revenant vers M. d'O, il s'arracha les cheveux de le voir quasi mourant :

« Las! hélas! criait-il, mon cher d'O, que va-t-il advenir de ton Bellegarde après que tu seras défunt? »

Or il est patent que M. d'O lui baillait tous les ans cent mille livres à dépenser. M. d'O s'aperçut que l'instant de la mort était proche, et bon chrétien à son heure suprême, reçut les sacrements, et fit M. le président Séguier exécuteur de son testament. Le mal empirant, il supplia le roi de le venir visiter pour qu'il mourût tranquille, et le roi n'eut pas la dureté extrême de refuser sans bouger de son Louvre.

Je pensai que d'O n'avait osé m'adresser même prière quoiqu'il m'aimât de franche amitié, et pour lui donner surprise agréable, je m'en allai à son hôtel avec le roi tout chagrin à mon exemple.

Entrant en la chambre pleine de gens de finances, de gentilshommes et de prêtres, le patient, qui écoutait messieurs ses frères répétant : *Miserere mihi, Deus !* rouvrit les yeux à notre encontre, et nous remercia d'un sourire éclos parmi les pleurs :

« Sire, dit-il, je m'en vais vous quitter, et Dieu fasse que ce soit pour bien long-temps ; vous saurez mieux après mon trépassement de quoi je vous servais, que vous ne l'avez su durant ma vie.

» — Mon très cher d'O, criait Bellegarde inconsolé, efforcez-vous de ne mourir pas, ou avisez que je meure aussi.

» — Mon ami, dit le roi, la perte sera grande et sentie ; mais je me réjouis en ce deuil, de ce que vous ferez une fin si chrétienne.

» — Monsieur d'O, ajoutai-je, n'éprouvez-vous nulle peine de laisser si hautes dignités et si prodigieuses richesses ?

» — Madame, reprit-il à voix claire, mes héritiers n'auront que douze cents écus, mes hôtels, des dettes, et des procès pour occuper le parlement à perpétuité.

» — Combien il fut calomnié du temps de

sa prospérité, se récriait Bellegarde! on l'accusait de presser le peuple! Les méchants! ce fut le père des pauvres.

» — Sire, quel ferez-vous gouverneur de Paris? demanda le moribond.

» — J'ai bonne envie de me donner ce gouvernement là, répondit le roi, car j'y pourrai bien faire mes affaires comme les autres, si à Dieu plaît, et regarderai à m'acquitter.

» — Quel sera surintendant, sire?

» — Moi, pour accommoder les prétendants.

» — Sire, je vous dresse requête de me conserver en vos prières, sinon en mes honneurs; et vous, madame, un chapelet en vos belles mains à mon intention fera merveilles pour la rédemption de mon âme et le pardon de mes péchés. »

Le roi jugea qu'il fallait se retirer, et les sanglots, les plaintes et les *Oremus* accompagnèrent le dernier soupir de M. d'O. Nous étions à peine hors de la chambre que nous entendîmes le président Séguier dire haut et solennellement à l'assistance :

« Messieurs qui assistez ici, vous voyez un bel exemple devant les yeux, qui vous démontre ce que c'est que de l'homme : voilà celui qui gouvernait toute la France il n'y a que trois jours, regardez l'état où il est. »

Je pleurai et passai outre, tenant le bras du roi.

A la porte de l'hôtel, domestiques et petites gens se dépitaient, criant :

« Le père des pauvres est défunt, cet homme de bien tant bon catholique ! Qui nous rendra un pareil protecteur ? Les finances du roi étaient en si dignes mains ! »

J'ai pour assuré que les trésoriers avaient corrompu ces faquins par argent ; mais, quoiqu'en pleine rue aucuns disaient : « Dieu soit béni ! ce méchant d'O est mort ; les tailles meurent avec ! » je tiens que ce surintendant, de qui la mémoire est haïe, n'a rien fait qui méritât tant de blâme, sinon qu'il raillait la pauvreté du roi par des prodigalités superflues.

M. de Crillon, qui ne savait contenir sa langue, n'épargna point davantage M. d'O défunt que vivant ; car ce même jour il dit à madame Catherine, toute satisfaite de cette mort, d'autant que M. d'O pour la forcer d'abjurer la faisait mourir de faim : « Madame, le surintendant des finances est à Dieu ou à tous les diables, et si tant est qu'il faille rendre des comptes là-haut, je crois qu'il se trouvera bien empêché à fournir de bons acquits, quant aux siens. »

M. de Sancy, comme j'ai dit, fondé sur d'anciennes promesses du roi, prétendait à l'administration des finances ; mais je renversai son espoir, et persuadai à Sa Majesté d'établir, au lieu d'un seul surintendant, un conseil des finances formé de huit ou dix seigneurs, dont M. de Nevers fut chef. M. de Sancy eut la honte de ne faire partie dudit conseil, et j'eus la joie de le punir de ses discours hardis encontre ma personne :

« Monsieur, dis-je pour me gausser de son déplaisir, aviez-vous pas intercédé le ciel pour hâter le décès de M. d'O ?

» — Mes oraisons, madame, visent ailleurs, repartit l'insolent; mais les prières ne tuent ni empoisonnent, ce dont j'ai regret. »

CHAPITRE IX.

Accouchement de madame de Sourdis.— Jeune chair et vieil poison. —L'évêque de Maillesay. — Insolence de Sancy. — Le cocu content. — Comme vous-même! — Le parrain. — Les deux pères. — Les noms du nouveau-né. — Les sceaux de l'État. — M. de Cheverny page. — La *métamorphose d'un homme en coucou.* — Le mathématicien Trisaccalza.—La science des nombres.—Quatorze! — Prédiction de la mort de Henri IV. — Résignation du roi. — Le baptême. — Parure de Gabrielle. — Malice féminine. — Les *chambrières* de la marquise de Monceaux. — L'habit ne fait pas le moine. — Les robes noires. — L'évêque esprit fort. — Embarras de la paternité.—Le filleul.—Les patrons.—Le convulsionnaire.— Maudits jésuites.— Le soldat d'Aumale.—Générosité d'Henri IV. — Le prix du sang.— Traité du roi avec M. de Guise.— Bidet.— Les trois baisers.— Le jour du retour.

Le premier jour de novembre, de bonne heure, Sa Majesté assistant à mon lever, comme aussi plusieurs dames, entre autres mesdames de Nevers et de Rohan, plusieurs gentilshommes, entre autres MM. de Longueville et de Saint-Paul son frère, et d'autres, tels que maître Guillaume et Périnet, survint madame de Brancas ma sœur, hors d'haleine et en joyeuse humeur arrivant de l'hôtel de Sourdis.

« Madame, dit-elle parlant à moi, notre tante Isabelle Babou d'Escoubleau-Sourdis est accouchée sans accidens d'un beau petit fils.

» — Où donc l'a-t-elle pris pour qu'il soit beau? repartit madame de Rohan qui excelle à se gausser du pauvre monde.

» — Ventresaintgris! dit Henri, M. de Cheverny sait qu'il est d'un bon serviteur d'imiter son maître en tout point.

» — Le proverbe de jeune chair et vieil poisson est en défaut, répartit maître Guillaume, car la mère est de l'âge du père.

» — Messieurs, du nouveau-né qu'en ferons-nous? remarqua le roi.

» — Un archevêque (1), s'écria Périnet

---

(1) Ce bâtard, en effet, fut depuis archevêque de Bordeaux. Périnet ne risquait pas de se tromper dans sa prédiction, car il est dit ensuite que M. d'Escoubleau, évêque de Maillesay, frère de M. de Sourdis, destinait son neveu à lui succéder aux honneurs ecclésiastiques.

(*Note de l'éditeur.*)

regardant au ciel la marche et les formes des nuages.

» — Vraiment, dis-je, l'évêque de Maillesay, mon oncle, voyant poindre le ventre fécond de madame de Sourdis sa belle-sœur, prophétisait que mauvais arbre peut porter bon fruit, malgré le texte évangélique, de même qu'un vilain porc de moine, tout maculé de vices claustraux, baille à ses pénitens de très excellentes absolutions.

» — Aussi bien, fit le roi souriant, un bâtard duquel je me rends parrain est prédestiné à de grandes choses.

» — Par mon saint patron ! me récriai-je, vous aurez ce courage de tenir dessus les fonts ce triple bâtard ?

» — Vive Dieu ! ainsi ferai-je, ne vous déplaise, et vous serez la marraine.

» — Non, sire, ce ferait faire éclater le déshonneur de ma famille; car quoique l'enfant soit légitime par le fait de sa naissance en plein mariage, il est d'ailleurs avéré que tout fils d'une catin est bâtard.

» — N'est-ce pas, interrompit madame de Brancas, cette même proposition de M. de Sancy, laquelle vous mit si fort en colère?»

Je rougis de l'apostrophe, et regrettai mon masque de velours, d'autant que ledit Sancy avait proféré cet insolent propos, venant de lui, et comme à mon adresse; je demeurai en silence et rejetai mes torts de langue sur certaine querelle animée entre nous.

M. de Sourdis parut à ce moment, si confit en joie et si glorieux de son équivoque paternité, que le roi, contre son habitude, lui lança d'aigres lardons, tant pour lui apprendre la honte que pour divertir les dames.

« Sire, dit M. de Sourdis, je suis venu en toute hâte vous porter une nouvelle qui vous intéresse à cause de notre grande amitié pour monsieur notre chancelier; ma femme nous a donné à tous deux un fort gentil fils.

»— Mon ami, repartit le roi, je n'y suis de rien et n'ai pas coutume de nier mes œuvres.

»— Comme vous-même, sire; mais le contentement de M. de Cheverny passe le mien:

Car, dit-il, Votre Majesté n'y voudra pas croire.

» — Monsieur de Sourdis, objecta madame de Rohan, le petit a-t-il pas des cheveux blancs, à moins qu'il porte perruque ?

» — Monsieur, repris-je, pensez-vous que l'enfant vive et soit venu à terme?

» — Comme vous-même, madame, lorsque vous naquîtes, et j'y étais, j'en sais bien mieux le blanc et le noir.

» — Suivant ma parole donnée, dit le roi, je veux être le compère, et madame la marquise de Monceaux la commère; et vous, monsieur de Sourdis, qu'allez-vous être?

» — Comme vous-même, sire, je regarderai faire; monsieur le chancelier portera la salière.

» — Que porterez-vous, en ce cas, monsieur de Sourdis? réitéra le roi.

» — Comme vous-même, sire, ce qu'il vous plaira me faire porter; M. de Cheverny ordonnera la cérémonie.

» — Çà, êtes-vous tant réjoui? Que vous semble d'avoir cette progéniture?

» — Comme vous-même, sire, lorsque madame Gabrielle vous a fait père d'un noble rejeton; mais, de vrai, M. de Cheverny est quasi de triomphe devenu bouffi et insensé.

» — Oh! le beau baptême que ce sera! dit maître Guillaume ; monsieur le chancelier paiera les dragées.

» — Sire, reprit Périnet, audit baptême, qui sera moult dangereux pour le plus noble de France, sortez de l'église à reculons.

» — Vive Dieu! c'est ainsi que j'y suis entré, comme les écrevisses. »

M. Huraut de Cheverny, l'air grave et compassé comme toujours, mais tenant à la main une façon de berceau, vint offrir le petit né à la bénédiction du roi.

« Sire, dit-il, de même qu'en 1553 votre vénérable aïeul Henri d'Albret vous reçut en ses bras du sein de votre mère, et recommanda votre sort au bon Dieu, veuillez bénir cet enfant qui étant grand vous fera un loyal serviteur à l'instar de son père.

» — Mon petit filleul, répondit le roi la main haute, je prie le ciel d'une seule chose, savoir, que tu ressembles à ton père ci-présent.

» — Ensuite je vous requiers, au nom de M. d'Escoubleau de Sourdis, que vous soyez parrain pour l'amour de moi, et je vous en saurai gré infini.

» — Dites quel nom lui sera imposé devant l'église? demandai-je.

» — Il sera plus fortuné que nous, madame, répondit le chancelier, de tenir de Sa Majesté le nom royal de Henri. Qu'en pensez-vous, d'Escoubleau?

» — Comme vous-même, monsieur Hurault de Cheverny; sinon que je prétends octroyer en outre à notre fils le nom de Philippe, que vous avez.

» — Non, sur mon âme! il sied mieux qu'il soit appelé François, à votre exemple.

» — Je ne causerai point cet ennui à madame de Sourdis, qui déjà et dès avant l'enfant né l'avait baptisé Philippe et non François.

» — Pour vous accorder ensemble, conclut

le roi, je suis d'avis que les deux noms soient attribués à votre enfant.

» — Soyons ménagers de noms, dit en raillant M. de Cheverny, car M. d'Escoubleau nous tient plus d'un baptême en réserve.

» — Comme vous-même, mon cher chancelier, reprit M. d'Escoubleau; mais ne faites si longue absence, de peur que madame de Sourdis soit en peine de vous.

» — A qui donc mon petit neveu est-il ressemblant? fis-je considérant tour à tour un chacun des assistants.

» — A personne et à tout le monde, dit madame de Rohan; cette digne madame de Sourdis a réuni quelques traits pris de plusieurs.

» — Comme vous-même, madame, repartit M. de Sourdis sans se fâcher.

» — Mon Dieu! que l'enfant est gros et pesant! m'écriai-je.

» — Faut-il vous en ébahir? dit tout haut madame de Rohan par vengeance; il serait moins lourd s'il n'avait les sceaux de l'État pendus au cul.

» — Ah, monsieur le chancelier! s'exclama M. de Sourdis, vous n'avez pas affaire à un ingrat.

» — Mon ami, vienne l'année 1610 ou environ...!

» — Puisse-t-elle ne venir jamais! gronda en ses dents Périnet.

» — Oui-dà, continuait M. de Cheverny, vienne l'année 1610, cet enfant adoré sera d'âge à servir Sa Majesté, car en 1541, moi, Philippe Huraut, j'étais page de madame Marguerite de Navarre, sœur du roi, et passais pour bien appris en courtoisies. Par les sceaux! n'est-ce pas, d'Escoubleau; ce petit sera notre Benjamin? ne préférez-vous point le fruit de vos vieux jours?

» — Comme vous-même, monsieur de Cheverny.

» — Coucou, coucou! cria maître Guillaume pour faire rire les dames.

» — Oui bien, reprit le roi (M. de Sourdis sortant avec le chancelier); mais on ne dira onc de M. de Sourdis ces deux vers de la *métamor-*

phose d'un homme en coucou, par maître Passerat :

> Se souvenant qu'on vint pondre chez lui,
> Venge ce tort et pond au nid d'autrui.

» — Sire, reprit Périnet plus tristement, Dieu fasse qu'en ce baptême on ne répande que de l'eau ! »

Or il y avait là un grand mathématicien italien nommé Risaccasza, de nouveau arrivé à la cour, où le roi, fort curieux des lettres, sciences ou arts, le reçut honorablement sur sa bonne renommée; mais depuis son séjour ledit mathématicien, comme s'il eût fait des calculs à part lui, n'avait pas dit quatre paroles; nonobstant il se montrait courtisan avant tous les autres, prodigue de saluts, de Dieugard! et de baise-mains; il était sans cesse autour de moi comme Périnet et mon grand lévrier.

Donc ayant ouï le souhait de Périnet, il s'avança devers le roi et compta les diamants de son ordre du Saint-Esprit.

« Quatorze! dit-il.

» — Mon maître, répondit le roi, ne jugez point à ces indices trompeurs ma puissance; car le pape, voire même le premier reliquaire, reluit de plus de pierreries, et je suis de force contre vingt papes, s'il y en avait.

» — Quatorze ! reprit le mathématicien.

» — Ajoutez 13, dit Périnet, car Sa Majesté naquit le 13 de décembre.

» — 14 et 13 sont 27 !

» — Ventresaintgris, se récria Henri, est-il besoin d'être un puits de science pour accoupler deux nombres? Quel mystère cabalistique est enfermé en ceci?

» — 27, reprit Périnet, sera un jour funeste plus ou moins, eu égard aux conjonctions des astres.

» — Vive Dieu ! dit le roi prenant un visage sinistre, astrologues et magiciens sont bien faits pour alarmer le pauvre monde sans lui être d'aucun secours. Je te donne à penser, Périnet, ce qui me profitera de savoir que le 27 d'un certain mois, d'une certaine année, je serai mis à mal, courrai quelque péril ou y succomberai.

» — Ce sera le mois où vous naquîtes, sire, remarqua Périnet.

» — Et l'année ? car chaque an étant formé de douze mois, j'aurais le loisir d'attendre cette mauvaise fortune moins impatiemment qu'une bonne.

» — Sire, répondit Périnet, mettant le nombre 14 à l'envers je trouve 41; ce qui fait votre âge aujourd'hui.

» — Ainsi, décembre suivant, je suis condamné par les destins à la male heure.

» — Ce nombre 14, reprit doctoralement Risaccasza, se retrouve, sire, dans les plis de vos chausses, et je tiens pour assuré que vous mourrez le quatorzième d'un mois.

» — Or, fit Périnet, vous êtes Henri quatrième de nom; enlevant 4 de 14 je trouve le nombre pair 10 de lamentable augure, marquant l'année de votre trépas.

» — Mes amis, répondit le roi en riant, sans que j'en eusse fantaisie, prenez garde à m'assigner trop longue vie ; car nous n'aurons que l'an 1610 au plus près possible, et ce pendant les poignards et les jésuites ne mourront pas.

» — Sire, persista le mathématicien, vous êtes devant périr en la cinquantième-sixième année de votre âge, et je le prouve, doublant le nombre 14 par 4, qui fait le quantième de votre nom Henri.

» — Le calcul de 56 est rigoureux et véritable, repartit Périnet ; car il résulte que vous aurez cinquante-six ans d'âge en l'année 1610, comme j'ai annoncé ; reste à vous dire le mois au quatorzième jour duquel vous serez occis à notre dam.

» — Le premier chiffre de l'âge est 5, dit Risaccasza.

» — Oui, mais le second est 6, dit Périnet.

» — Séparez les deux chiffres du nombre 14, les joignant ensemble, et vous avez 1 et 4, c'est-à-dire 5.

» — Vous avez raison en cette numération ; car ôtant ledit nombre 5 de 14, le restant est 9, qui démontre que ladite mort aura lieu dans la neuvième quinzaine de l'année et dans la dix-huitième semaine, ce nombre 9 étant doublé.

» — Voilà d'admirables mathématiques, interrompit le roi ; mais j'ai ferme et chrétienne persuasion qu'elles ne me feront décéder un jour plus tôt ; quant au nombre 14, j'ai pressenti depuis long-temps qu'il me nuirait toujours et partout ; entre mille chagrins advenus au quatorzième du mois, je vous citerai la noyade de Fleurette que j'aimais moins que j'aime présentement madame Gabrielle.

» — Périnet, m'écriai-je, retirez les mauvais sorts attachés audit nombre 14, et préservez le meilleur des rois de tout fâcheux contre-temps.

» — Messieurs, dit Henri se tournant vers l'assistance blême et muette de stupeur, si quelqu'un de vous publiait les plaisants contes de messires les mathématiciens, je serais irrité contre sa langue indiscrète. Quant à vous, qui savez la science des nombres, je vous prie dorénavant de me faire ces graves confidences en particulier, car je n'ai pas peur de la mort, mais des vilaines pensées qu'elle excite chez mes amis et ennemis ; les uns s'en réjouissant, les autres se désespérant à l'avance. »

Il se fit un silence troublé par des pleurs, et chacun fut terrifié de voir Périnet et Risaccasza correspondre par signes, levant, baissant et agitant les doigts.

Tous sortirent de la chambre, où je demeurai seule avec le roi, qui fit croître mes ennuis par cette étrange consolation : « Mon menon, ce qui est écrit est écrit, et puisque par malheur je ne suis immortel non plus que vous, vaut-il pas mieux savoir le temps de sa mort pour se préparer à la faire bonne et utile au salut éternel ? Vive Dieu ! le nombre quatorze est maudit ! »

Sur ma foi ! les horoscopes de Périnet sont si exacts soit par astrologie, soit par chiromancie, soit par mathématiques, soit autrement, que je n'ose m'en ressouvenir : ce qu'il m'a prédit l'autre hier m'a jetée en une épouvante qui dure encore.

Le baptême du fils de M. de Sourdis, plutôt

de M. de Cheverny, fut célébré à peu de jours de là en l'église de Saint-Germain-l'Auxerrois, auprès de la maison de ma tante, qui put ouïr de son lit d'accouchée les beaux *oremus* chantés.

J'avais, nonobstant mon deuil quasi cessé, la plus resplendissante apparence qui fut vue onc aux plus grandes princesses, car ma robe de satin noir tailladée et bouffetée rayonnait de pierreries plus que le soleil, et j'en fus toute lassée par le poids des perles et des bijoux.

Mesdames de Nemours et de Montpensier me visitèrent le matin, ce pendant que je m'habillais pour la cérémonie, et eurent des éblouissements à me regarder. Je me donnai la jouissance de faire de ces dames orgueilleuses mes servantes : feignant d'être mal contente des services de La Rousse, je disais à l'une ou à l'autre : « Ma chère dame, ce nœud à serrer sollicite votre main; baillez-moi des épingles; je vous prie d'attacher cette agrafe; présentez-moi le miroir. »

Ces dames n'osaient me refuser, et allaient au-delà de mes souhaits, car l'idée ne leur vint pas que je voulusse tirer avantage de leurs complaisances. J'amusai le roi et la cour des humiliations que je leur fis endurer, et si bien qu'elles acquirent à ce baptême le nom de *chambrières* de la marquise de Monceaux.

Le roi, comme pour ne m'ôter un regard de ce monde de curieux, était simplement habillé de gris quasi sans dorures ni diamants, de sorte que parmi ses gentilshommes tous gentiment accoutrés et brillants d'or, de soie, de velours et de pierreries, on hésitait à reconnaître qui fût le roi, et tantôt M. de Longueville, tantôt M. de Saint-Paul, ou M. de Bellegarde, ou M. de Praslin, ou quelque autre des mieux vêtus avait l'honneur d'être pris pour Sa Majesté.

« Ma mie, disait Henri à mon oreille, voyez que je suis encore étranger à mon peuple, quoi que j'aie fait pour m'en faire bien aimer.

» — Sire, dit Périnet planté à mon côté

et la physionomie plus sombre que son habit, ne vous plaignez de ce qui maintefois vous a fait la vie sauve, et présentement si vous étiez mieux connu ou plus aisé à discerner en cette troupe, il vous faudrait porter cuirasse comme en pleine bataille. »

Passant dessous le porche de l'église, je tournai la tête oyant des prières dites à voix basse auprès de moi, et reculai subitement à cause de mainte robe noire de jésuite en cette tourbe de gens, et plutôt à cause d'un petit garçon tel qu'un écolier, à deux genoux contre un pilier, disant son chapelet hautement et battant sa poitrine en cadence.

Il me sembla qu'icelui ne me fût pas étranger, et j'eus quelque idée de l'avoir rencontré en l'église des jésuites où me mena le père Varade; la sueur m'en coula de partout, et des frissons me saisirent après. Périnet, qui le considéra pareillement, se tint derrière jusqu'à ce que le roi fût entré : « Quatorze et treize! dit-il, le mathématicien a vu clair dans les choses à venir. »

Le baptême fut célébré en bel ordre par M. d'Escoubleau, évêque de Maillesay, le plus forcené ennemi des moines qui soit en la chrétienté.

« Madame, ce dit-il me tirant à part, j'ai ferme espérance que nous ferons de ce petit un digne prélat en mitre et camail; mais s'il devait être élevé et instruit par les jésuites, je prierais Dieu qu'il le rendît sur l'heure aveugle, sourd et muet. »

Madame de La Châtre portait l'enfant, et M. de Montpensier la salière, pour ce que monsieur le chancelier avait dit ne vouloir jouer aucun rôle en public, et n'imiter pas le feu roi François Ier, qui, l'an 1526, fut parrain en Espagne d'une fille qu'il eut d'une dame mariée.

« C'est chose équitable, disait ledit roi, que l'époux n'ait aucun des embarras paternels; et, foi de gentilhomme! le premier parrain fut ce que je suis, père de fait sinon de droit. »

M. de Sourdis n'était pas de moins belle humeur que M. de Cheverny, et disait à tout venant son dicton renouvelé du juge Bridoie en Rabelais : *Comme vous-mêmes, messieurs.* Le roi s'amusait beaucoup de cette comédie, et de voir chacun demander au chancelier plutôt qu'au mari des nouvelles de l'accouchée.

« Sire, lui dis-je, ne riez point à visage découvert, de peur qu'on ne vous accuse de profaner la maison de Dieu.

» — Pourquoi en la maison de Dieu, sous le semblant d'un baptême, montre-t-on semblables farces? Si tous les pères de ce marmot étaient ci-présents outre M. de Cheverny, encore faudrait-il agrandir l'église. »

Quand je vins à lever l'enfant pour le présenter aux fonts, il me parut si pesant que je faillis le lâcher des mains.

« Par mon saint patron! dis-je, il est si gros que j'ai grand'peur qu'il m'échappe : aidez-moi, sire, à le soutenir un peu.

» — Madame, reprit le roi, ne craignez rien, il n'a garde de choir tant il est bien scellé. »

Quant aux noms à bailler à mon filleul, je ne me souvins que de Henri; ce que voyant,

M. de Sourdis me rappela Philippe, patron de M. de Cheverny, lequel en même temps me nomma François, patron de M. de Sourdis.

« En somme, dit l'évêque de Maillesay, quel nom a l'enfant ?

» — Comme vous-même, sire, » répondit M. de Sourdis.

Le baptême parachevé au milieu de rires et gausseries, les pauvres et gueux de la porte crièrent à M. de Sourdis :

« Mon très digne seigneur, faites l'aumône afin que le bon Dieu conserve votre paternité.

» — Mes amis, repartit Sourdis, voyez ce que M. de Cheverny peut faire pour vous. »

Au retour, je regardai si les jésuites n'étaient point retournés à leurs affaires, et je vis dessus le pavé de l'église le jeune écolier non plus à genoux, mais agité en convulsions diaboliques, criant à voix enrouée, les yeux à l'envers, et assisté d'un tas de prêtres et de moines.

« Saint Satanas ! dit haut Périnet, si on arrêtait tous les jésuites, ce serait prévenir bien des malheurs.

» — Mon fils, répondis-je, gardez-vous de tenir tels propos aux oreilles de ce peuple, qui fait grand cas de ces maîtres d'école.

» — Ne le cuidez, madame, il a toujours souvenir amer qu'au siège de Paris la compagnie de Jésus bien fournie de vivres ne se souciait qu'il pérît de male faim. »

Voici que par devant l'hôtel de madame de Sourdis, comme le roi montait en carrosse, où j'étais d'abord montée, une espèce de soldat, mal en point et sans armes, vint tout éploré à travers le gros des courtisans se jeter aux pieds du roi, le tirant par son pourpoint. Plusieurs, pensant qu'il eût de mauvais desseins, sortirent l'épée du fourreau.

« Ventresaintgris! cria Henri, qui me tient ainsi par derrière ?

» — Sire, dit ce soldat, je suis venu à vous crier justice, d'autant qu'un roi doit être juste.

» — J'y fais mon possible, répondit ce bon prince, et voudrais que tout le monde fût content, vous le premier, mon ami.

» — Sire, je me plains grandement de

M. Cossé-Brissac, lequel m'a exclus de votre armée, sire, parceque c'est moi qui vous blessai d'un coup de mousquet à la bataille d'Aumale.

» — Vive Dieu ! mon brave, je suis aise de te connaître.

» — En ce temps-là, sire, j'ai fait mon devoir alors, comme d'à présent je le ferais encore, et s'il se peut, je blesserai M. de Mayenne pour venger votre blessure.

» — Çà, mon ami quelle récompense as-tu méritée pour un si beau coup ? car les ligueurs se montraient généreux de l'or d'Espagne.

» — Ah, sire ! je n'étais point prédicateur, et je suis demeuré soldat comme devant ; encore ai-je encouru le blâme de mes chefs pour ne vous avoir tué plutôt que blessé.

» — Ventresaintgris ! j'ai à cœur de réparer les fautes de la Ligue ; c'est pourquoi je te nomme capitaine en ton régiment, et te prie de jouer aussi bien du mousquet que tu fis contre ma personne.

» — Sire, votre bonté passe votre justice, et

je sens tel regret d'avoir attenté à un si grand roi, que je souhaiterais avoir tourné mes armes contre moi-même.

» — Je n'oublierai certainement que tu m'as blessé, et je dirai te montrant : Voilà le soldat qui me blessa à la journée d'Aumale. »

Ledit soldat ne put se tenir d'exhaler sa gratitude en cris de *Vive le roi,* et baisait la trace de ses pas, et suivit le carrosse, réitérant ses acclamations.

«Sire, dis-je, combien de rois, sans être tyrans, eussent puni cet homme, au lieu que vous le caressez pour avoir versé votre sang précieux.

» — J'aime le courage, ma mie, voire chez mes plus cruels ennemis, et l'honore autant que possible. Je me souviens en effet de ce soldat, qui, tapi sous une feuillée, m'envoya une balle dans les reins, et déjà rechargeait son mousquet pour redoubler, si je n'eusse éperonné mon cheval hors de ce pas difficile.

» — Ah, sire ! je ne pourrai onc voir sans colère ce méchant assassin plus digne de la corde que de vos bienfaits. »

Sa Majesté fit un voyage en Picardie jusqu'à la fin de l'année, pour veiller à l'exécution du traité conclu avec M. de Guise, qui ayant de sa propre main tué ce brutal de Saint-Pol, en face de la cathédrale de Reims, pour le payer de ses insolences, reconnut le roi et lui rendit la Champagne.

Pendant l'absence de Henri, je menai une tristesse continue, nonobstant les efforts de M. de Longueville à me plaire, et une correspondance honnête dont je parlerai en autre lieu. Donc je fus bien joyeuse de savoir le prochain retour du roi, qui ce pendant m'écrivait nombre de lettres très amoureuses, me mandant en bref ce qu'il faisait, et me recommandant de bien aimer madame sa sœur.

Il m'annonça par Bidet, qui près de lui remplaçait le Maheutre, disparu sans qu'on ait su où et comment ; il m'annonça, dis-je, que le vingt-septième, au soir, il me baiserait un million de fois les mains, les pieds et la bouche. Ces trois différents baisers, tour à tour employés en ses épîtres, indiquent le respect quant aux pieds, l'amitié quant aux mains, et l'amour quant à la bouche.

Or, ayant appris la nouvelle du retour de Henri, comme j'ai dit, le mathématicien Risaccasza, d'après la science des nombres, fut d'avis que le roi n'entrât point ledit jour à Paris.

J'écrivis à Sa Majesté d'attendre jusqu'à la Noel, qui était propice à nos amours ; mais soit que sa jalousie, ravivée par les perfidies d'aucuns, soit que ses affaires lui défendissent tout répit, soit qu'il n'eût guère foi aux présages, il arriva à l'heure dite, trop plus malencontreusement que je ne craignais.

FIN DU TOME TROISIÈME.

TABLE DES SOMMAIRES

DU TOME TROISIÈME.

Chapitre Iᵉʳ. — M. de Bellegarde gouverneur de Quillebœuf. — La couronne. — Obstination du mari. — L'autorité royale. — La femme sans dot et la dot sans femme. — Madame Gabrielle. — Conférences de Gisors. — Villeroi, Jeannin et Zamet, envoyés de Mayenne. — Intrigues du cabinet espagnol. — Embarras de Henri IV. — Plaintes de MM. de Nevers et de Rosny. — Siége d'Épernay. — Exploits amoureux de M. de Cheverny. — Un baiser au plus vaillant. — Belle défense de Quillebœuf par Bellegarde. — Fâcheux pronostic. — Le maréchal de Biron entre deux vins. — Un seul homme pour prendre une ville. — Curiosité. — La tête qui branle. — A la grâce de Dieu! — Le fils et le père. — Le coup de fauconneau. — Mort du maréchal. — Le coup de hache. — Prise d'Épernay. — Mort de madame Babou d'Estrées. — La mendiante. — Orgueil blessé. — Les aumônes. — Chute d'un portrait. — La bonne sœur. — Récit de Françoise d'Estrées. — Haine publique. — Deux conspirateurs. — Singulière mode. — L'émeute. — Siége du château d'Issoire. — La garde-robe. — Les corps morts et les rubans. — Fuites. — Messes des morts. — Le roi rassemble son armée. — Succès des royalistes en province. — Le duc de Joyeuse et le tyran Maxence. — Une dépêche du Maheutre. — Conjectures. — Mort du duc de Parme. — Oraison funèbre. — Le mort capucin. — M. de Bouchage défroqué. — Pauvre Maheutre! 1

Chap. II. — Les amiraux et maréchaux de France. — Les états de la Ligue et la *Satire Ménippée*. — Un bon mot coûte cher.

— Madame Catherine de Bourbon, sœur du roi. — Jalousie de femme. — Le comte de Soissons. — Mariage manqué. — Voyage de madame en France. — La femme de tout le monde. — Hardiesse satirique de d'Aubigné. — Les fiancés de madame Catherine. — Pardon des offenses. — Départ du roi. — *Proposition des princes*, etc. — Arrivée à Saumur. — Portrait de madame Catherine. — Haine entre elle et Gabrielle. — Amitié de ces dames. — La sœur et la maîtresse. — Conseil et conséil. — Querelle de femmes. — Le coureur de noces. — L'héritage du roi. — Le divorce futur. — Tristesse du roi. — L'armée du feu du duc de Parme. — Secret gardé. — Songe expliqué. — Message du Maheutre. — Le KK de la nièce du cardinal de Pélevé. — Siége et prise de Noyon. — Pertes réparées par des promesses. — La charge de grand-maître de l'artillerie. — Le congé. — L'aumônier du roi. — Découragement de Henri IV. — Catholique ou protestant. — Avis. — Faux bruit. — Le roi n'est pas mort ! — Tentative contre sa vie. — Le Maheutre parle. — Coups d'arquebuse. — Assassinat manqué. — Conférences de Surène. — Députés ligueurs et royalistes. — Moyen de convaincre un amant. — Avis. — Gabrielle derrière la tapisserie. — Discussion si le roi doit abjurer ou non. — Opinions de MM. de Rosny, de Nevers, Duplessis-Mornay, de Bellegarde, d'O, de Sancy, d'Aubigné, de Givry, de Biron, de Sourdis, de Cheverny, de Bellièvre, l'archevêque de Bourges et maître Guillaume. 44

CHAP. III. — Conférences de Surène. — Disputes et délais. — Les doublons d'Espagne. — Déclaration des catholiques. — MM. d'O et d'Aubigné. — Les ministres protestants Morlas, Rottam et Salettes. — Devoir et intérêt. — Controverse religieuse. — Cas de conscience. — Les deux religions. — Tolérance calviniste. — Gabrielle convertisseuse. — L'amour, la politique et l'abjuration. — Raison péremptoire. — Jésuitisme protestant. — Deux manières de faire son salut. — La plus sûre. — Siége de Dreux. — L'audace plaît aux dames. — Les musiques. — Ce qu'on attend le moins arrive. — Le passeport. — Espionnes de la Ligue. — M. de Guise roi de France. — Une intention de courtisan. — Suzanne au bain. — Ordre du cortége.—Madame Catherine et mesdames de Guise.—Les Dieu gard'.—Les femmes entre elles. — Où l'orgueil va-t-il se nicher?— Réconciliation replâtrée. — Le jeu du roi. — Morale. — Les pertes du roi François Ier. — Promenade matinale. — Le roi au camp. — Le pain du soldat. — Souper à Dreux et chez Pluton. — Le canon des assiégeants. —La robe perse. — Assaut. — M. de Rosny mineur. — La blessure de M. de Montpensier.—La mine de M. de Rosny. — Ses effets. — Humanité de Henri IV. — Gravelle et neuf autres pendus. — Les récompenses et les services.— Le bonnet et le moule du bonnet. — Départ de mesdames de Guise. — Résignation du roi à Dieu. — Les sermons des jésuites. — Mission de Zamet. — Le roi et M. de Mayenne.— L'élection d'un roi par les états. — L'ambassade des deux partis. 99

Chap. IV. — Maladie de Gabrielle. — Les deux médecins. — Le ventre. — Chanson de Pernette du Guillet. — Arrivée à Saint-Denis.— Les curés. — Transports d'allégresse. — Conférences des docteurs. — Le médecin tenace. — Grossesse imaginaire. — Étonnement du roi.—L'idée fixe du bonhomme Alibour. — Entêtement comique. — Il n'est pas de petites vengeances. — Mort du bonhomme. — Gabrielle accusée d'empoisonnement. — La religion dans ses rapports avec la génération. —Vigilance du Maheutre. — Pauvre cher enfant! — Singulière visite. — Le bon roi et les hallebardes. — Le jour de l'abjuration. — Costume du roi. — Les pendants d'oreilles. — Le saut périlleux. — Ce qui touche les dames. — Pompe du cortége. — Le courtisan et le fanatique. — Réception du roi à l'église —Profession de foi. — Perfidie du cardinal de Bourbon. — Péripétie au milieu de l'église. — L'inconnu. — Les écus d'or. —Cérémonies de la conversion.—Vive le roi!—Vision.—Pressentiments ordinaires de Henri IV. — Joie dans Paris. — Prédicateurs en délire. — L'emploi d'une nuit. — Politique de Mayenne. — Négociations. — La plus forte arme. — Ambassade à Rome. — Trêve de trois mois. — Heureux effets de la trêve. — Un mauvais présage. — Le roi à Melun. — Route en tête-à-tête. — La soif. — Le pommier. — L'écuyer impromptu. — Le roi sauvé d'un grand danger. — Le portrait et le modèle. — Le père Séraphin Bianchi, jacobin. — M. de Brancaléon. — Soupçons. — Bonté admirable. — Pierre Barrière arrêté. — Son portrait. — Interrogatoire. — Aveux. — La servante de la reine Marguerite. — L'assassinat érigé en principe par les jésuites. — Dernier effort de clémence. — Le couteau. — Chiromancie. — La ligne de vie. — Supplice de Barrière. — Suites de cette affaire. — Faut de la bonté, pas trop n'en faut. — Les provinces pendant la trêve. — Comparaison de la Ligue à un soldat blessé. — Véritable grossesse. — Le train des cours. — Lettres du roi. — Douleur du Maheutre. — Defection de MM. Boisrosé, Vitry, La Châtre et autres chefs ligueurs. — La couronne payée comptant. — Voyages du roi. — Intrigues du sacre. — Un mensonge de Henri IV. — Gabrielle au couvent. — Sa sœur Angélique. — Les hommes et les nonnains. 141

Chap. V. — Les religieuses en goguette. — Les bâtards et les péchés. — Signes astrologiques. — Une abbesse comme il y en a beaucoup. — Le couvent et la cour. — Le mouchoir, le collier, la couronne et la lettre. — Sacre du roi. — Confession. — Premier mouvement de colère. — Départ pour Paris. — Adieux à Maubuisson. — Un compagnon de voyage. — Le jésuite. — Son portrait. — Une scène de tartufe. — Charité chrétienne. — Le baiser de paix. — La maison des jésuites de la rue Saint-Antoine. — Saint-Ignace de Loyola. — Les deux complices. — Morale jésuitique. — Les tableaux d'église et l'anagramme. — L'ange gardien. — Le père Varade ! — Flagrant délit. — Gabrielle sauvée des jésuites. — L'amitié est causeuse. — Le talisman de rats en poudre. — Serment du roi. — Serment du père

Varade. — Le comte de Brissac, gouverneur de Paris. — Intrigues pour la réduction de Paris. — Fausses nouvelles. — Anxiété générale. — L'art de feindre. — Le pétillement des flammes. — *Jac, Cle* et *pris*. — Sorcellerie. — Le coq noir et les grains de mil. — Les oracles. — Superstition. — Chant du coq. — Bonne nouvelle. — Cas de conscience de Zamet. — La veillée. — Paris pendant la nuit du 22 mars. — Le galop d'un cheval. — Attente. — Henri IV à Paris. — Les amants réunis. — Le marquis de Cœuvres, frère de Gabrielle. — La ville prise. — Le Maheutre parle encore une fois. — Le roi sauvé de l'escopette d'un jésuite. — Le débiteur et le créancier. — Un roi qui a bon appétit. — Futur siége de Laon. — Le bienheureux fauteuil. — Repos du roi et de Dieu 204

CHAP. VI. — Souvenirs du livre d'Heures. — Pudeur fraternelle. — Sermens en chansons. — *Charmante Gabrielle* avec variantes. — Thibaut et la reine Blanche. — Pour et contre M. d'O. — Le repas. — Embarras de Zamet. — Paix à faire. — L'hydre. — Réveil de Paris. — La porte Neuve. — La cuirasse du bon roi. — De loin et de près. — Entrée de Henri IV. — Principaux seigneurs. — Visite à la portière d'un carrosse. — Les deux écharpes. — Les clefs de la ville. — Mauvais temps. — Les rues de Paris. — Départ de Zamet. — Regret de M. de Givry. — Gabrielle au Louvre. — Le roi revient de Notre-Dame. — Prédication commencée et interrompue. — Clémence royale. — L'abomination de la désolation. — Mathurine, la folle du feu roi. — Une reconnaissance. — Fidélité domestique. — Le dîner du roi. — L'art de se faire des amis. — Les bouteilles vides. — Le président de Nully. — Les mânes du président Brisson. — Le président de Hacqueville. — L'homme qui souffle le chaud et le froid. — Le secrétaire Nicolas. — Le rival de maître Guillaume. — Les santés. — Les chansons. — Échec au fou. — Embellissements du Louvre. — L'appartement de la reine. — M. de Lanoue. — Les équipages saisis. — La dette du roi. — Les pierreries de la couronne en gage. — Le roi dans son Louvre. — Rendre à César ce qui est à César. — Les vendeurs. — Le tableau de Notre-Dame. — Les prêtres et les ambassadeurs. — Les souvenirs de M. de Cheverny. — Le ventre à la poulaine. — La cuillerée de miel et la tonne de vinaigre.—Le curé de Saint-André. — Les vrais ennemis du roi. — Le pâtissier ligueur. — Listes et billets d'exil. — Gabrielle à la porte Saint-Denis. — Sans cuirasse et sans danger.—La pierre et le billet. — Nos amis les ennemis. — Sortie des troupes espagnoles. — Adieux réciproques. — Le pèlerinage à Saint-Jacques-de-Compostelle. — MM. d'O et de Rosny dans le carrosse du roi. — Prêté pour un rendu. —Le gouvernement de Paris. — Le solliciteur désappointé. — Députés de la ville. — Échanges des cœurs.—Les dragées. — Ivresse de la joie. — La plus agréable musique. — La moue de maître Guillaume. — Entrée de Henri II à Paris. — Mot sublime. — Les vêtements mouillés et les pieds moites. —Souhait de Henri IV. — Mesdames de Nemours et de Montpensier. — Accueil politique. — Sujet d'étonnement. — Regret de ligueuse.— Propos de femme.— Costume du prophète Jonas. — Le vainqueur au jeu de cartes. — Projet d'une entrée solennelle. — Le plus beau jour et la plus belle nuit. — Gabrielle couche au Louvre. 250

Chap. VII. — Le bien vient sans qu'on y pense. — Légèreté des Français. — L'ange. — Enfant miraculeux. — Impunité vendue. — Les prédicateurs Commolet et Lincestre. — Lincestre au Louvre. — Le *mea culpa !* — Gare au couteau ! — Inconvénients du froc. — Premiers effets de la réduction de Paris. — Les plongeons. — Le sommeil d'Épiménide. — La loi du plus fort. — Les clefs des villes de France. — Maître Guillaume change de maître. — Le cardinal et le fou. — Procession du roi. — Le talisman. — Ignorance du temps. — Les reliques et d'Aubigné. — Les linges de la Vierge, et saint Guignolet.— Ordre de la procession. — Les échafaudages.— Le bûcher, et le pape brûlé en effigie.— Le *De profundis.* —

Les larmes de madame de Montpensier. — Femme morte de déplaisir. — Mort du cardinal de Pélevé. — Ligueur incorrigible. — Les perroquets de Paris et M. de Brissac. — Le défi de M. de Bourg. — Convoi d'un cardinal. — Pardon des injures. — L'oraison funèbre. — Le poison et le poignard. — Retour de Zamet. — Philippe Desportes. — Deux sortes de flatteries. — MM. de Sancy et de Cheverny renvoyés. — Ressentiment contre Gabrielle. — L'audience des Ambassadeurs de la Ligue. — Distiques sur Brissac. — La paix impossible. — La raison de Mayenne. — La poésie et la politique. — Le sonnet. — Les ligueurs convertis. — Apollon intéressé. — Le roi et le sujet. — Le sel. — Partie gagnée. — Qui trop entend mal entend. — La femme folle de son corps. — Les calomnies. — Baisement de main mystérieux. — Dernière apparition du Maheutre. — Apparition plus inattendue. — Les courtisans confondus. — Arrivée à Paris de madame Catherine et du comte de Soissons. — Haine féminine. — La maîtresse du roi. — Le Louvre et l'hôtel de Bouchage. — Nouveau-venus. — Le rang de la reine. — Regrets de M. de Villars. — Mariage avec la terre. — Le mari qui ne sait pas rougir. — Comme vous-même. — Le peintre de son déshonneur. — Argent fait merveilles. — Siége de la Capelle et de Laon. — Le dauphin et le duc de Vendôme. — Le mouchoir. — Alibour en fonctions. — C'est un garçon. — L'accoucheur malgré vous. — Le médecin en disgrâce. — Mort singulière. — Les empoisonnements. — Empoules aux pieds. — Souvenir de la naissance de Henri IV. — Façon de faire des enfants qui ne pleurent pas. — Le mal d'enfant. — A quoi tient notre destinée. — La chanson de l'accouchée. — La brebis et le lion. — Le petit César. — Gabrielle, marquise de Monceaux. — Bon et mauvais présage. 306

Chap. VIII. — Visites à l'accouchée. — Les sœurs jalouses. — Le frère courtisan. — Les deux sacres. — Les absents ont tort. — Le deuil. — Mort du marquis de Cœuvres. — L'homme de guerre et l'homme d'église.— Le père de famille. — L'évêché et le bâton de maréchal de France. — Changement d'état. — Perte réparée. — Soupçons du roi. — Bellegarde et le petit César.— La calomnie. — Les serments.—Moyen de justification. — Tout vient à point à qui veut attendre. — Mort du cardinal de Bourbon. — Sa maladie. — Charité chrétienne. — Réci de maître Guillaume. — Les médecins. — Mieux vaut goujat debout qu'empereur enterré. — Les collatéraux. — Le lit de mort d'un cardinal prince du sang. — La couronne et le chapeau. — Épitaphe. — Les vers. — Police de Paris. — Prise de Laon. — Quatrain. — Équivoques. — La cour à Saint-Germain. — Entrée solennelle à Paris. — Gabrielle en litière. — Richesse de son costume. — Le roi et ses gentilshommes.—Mesdames de Montpensier et de Nemours spectatrices malgré elles. — Revers de fortune. — L'hôtel de Bouchage. — L'appartement du Louvre. — *Hôtel d'Estrées*. — La chambre de Gabrielle. — Signes astrologiques. — Souhaits étranges. — La maison de Jean Châtel, drapier. — Le jeu de paume de la Sphère. — La partie du roi et de M. d'O. — Revanche. — Le naquet insolent et battu. — Le voleur impuni. — Usage de l'argent. — L'héritage de M. d'O. — La chasse et les cerfs. — Principaux faits. — Constance de la douleur physique. — La fièvre. — Collo. — L'assassin de soi-même. — Henri IV et Gabrielle à l'hôtel d'O. — Dernières consolations et dernières paroles.—Ce que c'est que l'homme. — Le père des pauvres et la mort des tailles. — La langue de Crillon. — Les comptes de M. d'O. — Le conseil des finances. — A quoi servent les prières 358

Chap. IX. — Accouchement de madame de Sourdis. — Jeune et vieil poisson. — L'évêque du Maillezay. — Insolence de Sancy. — Le cocu content. — Comme vous-même. — Le parrain. — Les deux pères. — Les noms du nouveau-né. — Les sceaux de l'État.— M. de Cheverny page.— La *métamorphose d'un homme en coucou.* — Le mathématicien Risaccasza.—La science des nombres. — Quatorze ! — Prédiction de la mort de Henri IV. — Résignation du roi. — Le baptême.—Parure de Gabrielle. — Malice féminine. — Les *chambrières* de la marquise de Monceaux. — L'habit ne fait pas le moine.—Les robes noires.— L'évêque esprit fort.— Embarras de la paternité. — Le filleul.— Les patrons. — Le convulsionnaire. — Maudits jésuites. — Le soldat d'Aumale. — Générosité de Henri IV. — Le prix du sang. — Traité du roi avec M. de Guise. — Bidet. — Les trois baisers. — Le jour du retour. . 398

FIN DE LA TABLE DU TOME TROISIÈME.

www.ingramcontent.com/pod-product-compliance
Lightning Source LLC
Chambersburg PA
CBHW071059230426
43666CB00009B/1757